高等院校文化素质教育系列教材

Ying Yong

应用

Wen Shu

文书

Xie Zuo

写作 （第2版）

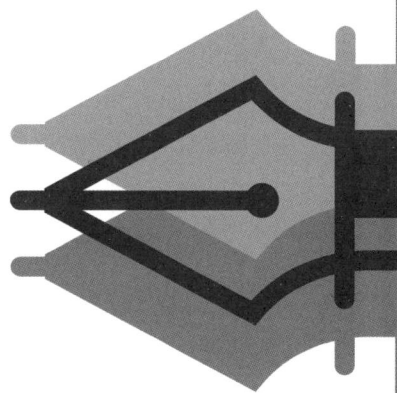

主 编／杨怀勇 张晓艳

副主编／杨 逸 赵 萍 叶 莉

重庆大学出版社

图书在版编目(CIP)数据

应用文书写作 / 杨怀勇，张晓艳主编. -- 2 版.
重庆：重庆大学出版社，2025. 1. -- (高等院校文化素
质教育系列教材). -- ISBN 978-7-5689-4957-6

Ⅰ. H152.3

中国国家版本馆 CIP 数据核字第 20252H73F6 号

应用文书写作(第2版)

主　编　杨怀勇　张晓艳
副主编　杨　逸　赵　萍　叶　莉
策划编辑：唐笑水

责任编辑：唐笑水　　　版式设计：唐笑水
责任校对：邹　忌　　　责任印制：张　策

*

重庆大学出版社出版发行
出版人：陈晓阳
社址：重庆市沙坪坝区大学城西路 21 号
邮编：401331
电话：(023) 88617190　88617185(中小学)
传真：(023) 88617186　88617166
网址：http://www.cqup.com.cn
邮箱：fxk@ cqup.com.cn (营销中心)
全国新华书店经销
重庆正文印务有限公司印刷

*

开本：787mm×1092mm　1/16　印张：13.25　字数：275 千
2015 年 8 月第 1 版　2025 年 1 月第 2 版　2025 年 1 月第 10 次印刷
ISBN 978-7-5689-4957-6　定价：58.00 元

再版前言

在当今社会生活和工作中,应用文体种类日益增多,使用日益广泛,其发挥的作用日益显著。应用写作能力已成为各行各业从业人员必备的基本技能之一。能否得心应手地撰写工作所需的实用文书,是衡量员工工作能力强弱的重要标准。高等职业教育旗帜鲜明地把培养高素质、技能型人才作为其办学的基本定位,应用文写作课程因其有利于培养学生的逻辑思维能力、语言表达能力和处理具体工作事务能力而备受关注和重视,同计算机、外语一样,现已成为高等院校普遍开设的一门基础课、技能课。

在长期的教学实践中,我们深知教材对教学内容、教学方式、教学手段及教学效果具有导向和制约作用。目前国内出版的应用文写作教材版本林林总总,令人目不暇接。从整体上来看,大多数教材还没有突破传统的教材建设路线,体系庞大,内容繁杂。文种多以法定公文为"重头戏",再以此为基础介绍其他各类应用文。涉的日常应用文极其有限,且往往不是介绍和教学的重点,以致教学的文种不一定常用,常用的文种不一定教学。在体例上多重阐述、轻例文,重理论、轻训练。选择的例文与实训材料,往往远离学生日常的学习和生活,远离将来从事的工作,使学生学习起来疏离感较大,妨碍了他们对应用文重要性的积极认知,限制了他们对应用文写作课程学习的兴趣。

鉴于以上的情况,我们几位长期从事应用文写作教学和研究的同仁,编写了工程类本科《应用文书写作》一书。本书紧扣工程类高素质技能型人才培养目标的要求,按照"基于工作过程建构教学内容"的理念,结合专业特点,加强针对性,注重实践性,强化能力培养,创新特色鲜明。

一是坚持以生为本,守正创新体例。落实"课程思政"建设理念,提出了每个文体教学的三维目标,特别是在素质目标中,明确了思政目标,在例文的选择上,更注重价值引领。落实"以学生为中心"建设理念,按目标引领、理论导航、例文示范、实作体验、反思提升五步法的学习模式组织教学,彰显学生的主体地位。落实"做中学,学中做"建设理念,采用任务订单的方式,让学生在完成一个文书写作任务后有获得感、幸福感,让枯燥的写作活动变得有用且有趣。

二是精选教学内容，突出适应原则。紧密联系学生的学习、生活实际和将来的岗位工作实际，选取了日常使用频率高、较为常见的应用文书。全书从事务文书、公务文书和专用文书三个方面设计教学任务，按照由易到难、由常见到专用、由必修到选修的顺序进行编写。在例文的选择上，注重选择与学生群体或个体日常的学习和生活密切相关的例文，让他们感受到应用文就在自己的身边，注重选择与学生今后职业生涯、专业工作可能相关的例文，让他们体会到应用文写作就是处理工作事务，应用写作能力是职业能力的重要组成部分。

三是强化能力训练，规范习惯养成。坚持精讲多练原则，在理论知识够用、管用的前提下，加大写作技能训练内容比例。创设真实写作情境，在每个学习任务中配有技能训练题，在每章后还配有一套应用能力水平测试题，供检测学习效果。打破以教师理论知识传授为导向的传统学科课程建设模式，注重"精理论，重实训"，致力于"如何写"，让学生在不断地了解、示范、写作、修改、反思过程中循序渐进、潜移默化地养成良好的思维、写作习惯，增强应用写作能力。

本书不仅是一部可用于各高等院校的教材，也适宜作为各类从业人员的培训教材及工具书。作为教材使用时，教学方法建议采用讲练结合的方法，以练习、评析为主；作为工具书等使用时，学习方法建议采用读写结合的方法，以写作、修改为主。

本书由杨怀勇、张晓艳任主编，杨逸、赵萍、叶莉任副主编，马福群、黄曼红、夏文利、蒲虹羽参编。具体分工为：杨怀勇负责前言和第一章的撰写及全书统稿，张晓艳负责第三章和第四章的撰写，杨逸负责第一章、第四章和参考文献的撰写，赵萍负责第二章的撰写，叶莉负责第二章和第四章的撰写，马福群、黄曼红、夏文利、蒲虹羽参与本书部分内容的编写与校勘工作。

本书在编写过程中，搜集了很多来自生产、建设、管理、服务一线的材料，参考了大量的文献资料，吸收了最新的研究成果，特别是援引、借鉴、改编了大量的例文和训练素材。为了行文方便，对于所引成果及材料未能在书中一一注明，在此表示歉意并致以衷心感谢！

本书于2015年8月首次出版，经过9次印刷，得到了广大师生和读者的充分肯定，体现了本书的特色和价值。本次修订，对内容进行了较大幅度的更新，对结构进行了重新编排，使本书针对性更强，教学更实用，特色更鲜明。但由于编者水平有限，书中可能会有疏漏和错误之处，敬请广大读者、同行批评指正，以便下次修订。

编　者

2024 年 12 月

目　录

第一章 应用文书概述

应用文是应用写作实践活动的结晶,是社会组织或个人在工作、生活、学习各方面广泛应用的实用文书。应用写作在我国已有 3000 多年的历史,可谓历史悠久,源远流长。经过几千年的发展,形成了较为系统的理论知识体系,留下了不计其数、流芳千古的名篇。了解应用文的发展沿革,掌握应用文的含义与分类、主旨与材料、结构与语言、思维与表达等基础知识,有利于我们把握实用文体与非实用文体的区别,掌握实用文体自身的特点,对学习应用文写作具有十分重要的意义。

第一节 应用文的产生与演变

一、应用文的萌芽与产生

原始社会氏族公社后期是应用写作的萌生时期。至少在距今 8000 年时,中华民族的祖先们已步入氏族公社后期,有组织的群体活动趋于丰富与复杂,部落与部落联盟相继出现。群体组织的劳动与生活需要交流与协调,部落内部需要沟通与管理,于是逐渐萌生了原始的应用写作活动。祖先用结绳、绘画以及契刻等方法,记载生产与生活事项,是应用写作的原始形态。

商周时期出现了应用文的雏形。甲骨卜辞是迄今所知我国有据可查的最早的应用文。考古发现,距今 3000 多年前的殷商时期,在龟甲和兽骨上刻有大量文字,这些文字基本能连贯成文,记载了王室世系及占卜、祭祀等活动。这一时期还出现了刻在铜器上的钟鼎铭文,也记载了王室的各种活动,包括帝王的文德武功、统治者的命令、贵族间的物物交换活动等。其中,贵族之间订立的契约,是我国最早的私务文书。

成书于先秦时期的《尚书》,它所收录的主要是春秋战国前历代帝王和部族首领的言论,是我国现存最早且保存完好的一部应用文总集。《尚书·序》记载:"芟夷烦乱,剪截浮辞,举其宏纲,撮其机要,足以垂世立教,典、谟、训、诰、誓、命之文凡百篇,所以恢弘至道,示人主以轨范也。"这里列出了六种主要文体。典:用于记载上古典章制度,如《尧典》;谟:用于记载帝王首领的谈话和他们的治国之策,如《皋陶谟》;训:用于教诲开导,给后人以警示,如《伊训》;诰:训诫勉励的文告,用于告诫鼓舞民众,如《大诰》;誓:军人将士的誓词,如《甘誓》;命:是帝王赐命的诏书,如《顾命》。这些文体相当于今天的规章制度、命令、公告、纪要等行政公文,用于治政管理。

二、应用文的成型与自觉

秦汉时期是应用文文体成型与文书制度确立的时期。秦王朝建立后,在强力推行"书同文,车同轨"的同时,也统一了文书体制,建立起了我国最早的文书制度。如将皇帝的命令称为"制"和"诏",将臣下的上书改为"奏"。在写作上也建立了抬头制度、避讳制度、用印制度、谏议制度,形成了开头、结尾用语程式。汉承秦制而有所创新,应用文文体分类更趋细密,体式更趋规范。明确臣下对皇帝用章、表、奏、议等;皇帝对臣下用诏、制、策、敕等。官府下行文有告、令、教、敕等,平行文有移书、移文、檄移、品约等。另外还建立了公文签收、签发与转发制度,文书档案保密与管理制度等。"公文"这一称谓也在汉代出现。东汉荀悦《汉纪》有"书记繁于公文,私务重于官事"的记载。

魏晋南北朝是应用文写作的自觉与理论建立的时期。应用文从诗赋文章中分离而来,直陈其事,明白达意,有习惯格式,以实用为本,自成一体。如曹操《让县自明本志令》、诸葛亮《出师表》、陶渊明《与子俨等书》与《自祭文》、李密《陈情表》、王羲之《与恒温笺》、沈约《答陆厥书》等。应用文的理论研究也取得重大成果。曹丕在《典论·论文》中,将文章归纳为四类八体,提出了"夫文本同而末异。盖奏议宜雅,书论宜理,铭诔尚实,诗赋欲丽"的观点。奏议、书论、铭诔都是应用文。晋代挚虞的《文章流别论》是我国第一部文体学专论,所论多为应用文。陆机《文赋》云:"诗缘情而绮靡,赋体物而浏亮。碑披文以相质,诔缠绵而凄怆。铭博约而温润,箴顿挫而清壮。颂优游以彬蔚,论精微而朗畅。奏平彻以闲雅,说炜晔而谲诳。"对应用文写作特点、写作要求等作了深入的研究。南朝齐梁时期的刘勰《文心雕龙》是我国第一部规范宏大的文学理论著作,也是我国第一部写作和应用理论的汇集。书中深入论述了34种古代公文的名称、功能、源流、构成要素、写作要求及注意事项等,奠定了我国应用文写作的理论基础。应用文写作由此进入到一个有理论指导的自觉阶段。

三、应用文的成熟与稳定

唐宋时期是应用文的成熟时期。这一时期应用文理论研究进一步发展,由韩愈等人倡导的"古文运动",对应用文的发展及文风的转变,产生了巨大影响。应用文是进入朝廷科举考试的主要科目之一,大批文人加入应用文写作队伍,涌现出了大量的优秀应用文范本。真可谓是名家辈出,名篇如云,情文并茂。如韩愈《上宰相书》、柳宗元《答韦中立论师道书》、李白《与韩荆州书》、刘禹锡《陋室铭》、颜真卿《乞米帖》、范仲淹《答手诏条陈十事》、苏轼《上神宗皇帝书》、王安石《上仁宗皇帝言事书》、欧阳修《谢致仕表》、胡铨《戊午上高宗封事》、岳飞《南京上高宗书略》、辛弃疾《议练民兵守淮疏》、司马光《训俭示康》等。"应用文"一词也在这一时期出现,北宋苏轼《答刘巨济书》中说:"向在科场时,不得已作应用文,不幸为人传写,深可羞愧",这句话表明科举考试的文章也是"应用之文",至于"深可羞愧"之语,是苏轼谦虚之辞。

经历了唐宋的辉煌之后,应用文的发展在元明清时期进入了一个相对稳定的发展时期。这一时期涌现出了一批应用文理论专著。如元代陈绎曾《文说》、明代王志坚编《四六法海》、明代徐师曾《文体明辨》、清代姚鼐《古文辞类纂》、清代刘熙载《艺概·文概》等。尤其是刘熙载,在《艺概·文概》里说:"文有'辞命'一体,'命'与'辞'非出于一人也。……若出于一人而亦曰'辞命',则以主意为'命',以达其意者为'辞',义亦可通。……辞命体,推之即可为一切应用之文。应用文有上行,有平行,有下行。重其辞乃所以重其实也。"论述了应用文重实用和有行文方向之分的特点。同一时期涌现出的应用文名篇有海瑞的《治安疏》、宗臣的《报刘一丈书》、夏完淳的《狱中上母书》、龚自珍的《与吴虹生书》、林觉民的《与妻书》等。

四、应用文的变革与繁荣

从辛亥革命到中华人民共和国成立是应用文的变革期。在这一时期,应用文完成了由古体向新体的重大变革。主要表现在:一是语言由文言文变为白话文,语言形式更贴近生活;二是封建色彩减少,民主意识增强;三是大量反映经济文化生活的新文体不断涌现;四是使用了新的标点符号。1912年(民国元年),南京临时政府《公文程式》的主要文种有令、咨、呈、示、状等。1916年北洋政府重新公布的《公文程式》,增设了布告、公函等,公文文种增至13种,还规定"凡处理公事之文件曰公文",第一次对公文作出了明确解释。

中华人民共和国成立后,应用文写作得到了大发展。从1951年起,中央人民政府相继颁布了一系列法规规章,建立起了新的公文体制,极大地推进了以公文为主体的应用文的发展。1957年,国务院原秘书厅颁布的《关于对公文名称和体式问题的几点意见》中规定的文种有:命令、令、指示、报告、请示、批复、批示、通知、通报、布告、通告、函。自1983年到1993年,国务院三次公布关于公文处理的行政法规。

进入20世纪90年代,现代应用写作学呈现出蓬勃发展的良好势头,应时代要求产生了很多新的应用文体。如财经应用文写作、科技应用文写作、法定公文写作、司法文书写作、新闻写作、交际文书写作等都在社会主义市场经济条件下,展示出全新的面貌,发挥着不可替代的作用。随着现代经济和科学技术的发展,应用文写作的手段也在更新,运用电脑进行现代应用文写作,已成为主要方式。1996年中共中央办公厅印发《中国共产党机关公文处理条例》,2000年8月24日国务院办公厅公布《国家行政机关公文处理办法》,由此我国公文处理迈上了科学化、系统化、规范化的道路。2012年4月,中共中央办公厅、国务院办公厅印发《党政机关公文处理工作条例》(2012年7月1日起施行,以下简称《条例》),第一次统一了党政机关公文处理规范标准,建立起了一个完善的现代公文体制,使我国应用文写作步入了国际化、现代化、专业化正轨,进入了一个前所未有的繁荣时期。

第二节　应用文的含义与特点

一、应用文的含义

应用文也称实用文。顾名思义,应用文是"应"对生活,"用"于实务的"文"章。它是党政机关、企事业单位、社会团体、人民群众在日常生活、学习、工作中使用的具有直接应用价值和惯用格式的一种实用文书,是处理公私事务、传递信息、沟通关系、表达思想、指导实践的工具。

二、应用文的种类

我国应用文源远流长,经历了3000多年的发展,种类繁多,常用的就有200多种。应用文分类标准不同,分法也不一样。一般来说,人们按照其功能把应用文分为公务文书和私务文书。公务文书按其使用范围又分为通用文书和专用文书。通用文书按其法定效力又分为法定公文和事务文书。根据《党政机关公文处理工作条例》的分类,法定公文有决议、决定、命令(令)、公报、公告、通告、意见、通知、通报、报告、请示、批复、议案、函、纪要15种。事务文书有条据类文书、告启类文书、计划与总结、述职报告与调查报告、简报、规章制度等。专用文书按其适用领域有经济文书、外交文书、科技文书、法律文书、礼仪文书等。

三、应用文的特点

1.实用性

与其他文体相比较,每一篇应用文都有其直接的用途,都是因社会生活、工作的实际需要而产生,直接对社会生活、工作发生作用,具有实际的使用价值,因而实用性是应用文最本质的特点。叶圣陶先生曾说,大学毕业生不一定要能写小说诗歌,但一定要能写工作和生活中的实用文章,而且非写得既通顺又扎实不可。应用文不仅要写清楚是个什么问题,还要写清楚解决这个问题的意见、办法、措施。为"用"而写,有"用"才写,写了有"用",这是应用文与非实用文体的最大区别。

2.模式性

应用文的模式性是指结构的程式性和语言的惯用性。应用文在长期的发展中,形成了为社会所公认和接受的程式性结构和惯用性语言。如书信与启事各有自身的程式化格式,同一文体的过渡语、结束语可以相同。

3.真实性

应用文的真实性是指内容符合客观实际。应用文是解决学习、工作、生活中的实际问题的文章,不允许有任何的想象与虚构。文中涉及的人物、事件、时间、地点、数字等,都必须是真实准确的,不夸大,不缩小,不虚构,不以偏概全,不模棱两可,不产生歧义。

4.简明性

应用文的简明性是指语言上应尽量做到简洁明确。简洁才能提高办事效率,明确才能保证工作质量。在语言的表达方式上,主要使用记叙、说明、议论三种表达方式,一般不使用描写、抒情。

5.时效性

应用文的时效性是指内容的时代性,写作的及时性,作用时间的有限性。应用文是为处理现实生活、工作、学习中的具体事务而写,无论是公务还是私务都应及时办理,否则会贻误时机,影响生活、工作、学习。事务办理完结,应用文的作用时限就结束了。

四、应用文的作用

1.宣传教育作用

在工作中,我们经常借助应用文来宣传和贯彻党的路线、方针、政策和国家的法律、法规。如公文中的公报、决议、决定、通告、通报、会议纪要等。

2.协调交流作用

应用文是机关、团体、企事业单位、人民群众之间联系、协调、交流的一种工具。如信函、简报、启事、广告、报告、意见等。

3.法律法规作用

应用文中的公文和规章制度具有法律法规的性质,对于规范人们的行为、维护正常秩序、实施管理、依法行政等方面有重要作用。如通告、规定、章程、制度、规则等。

4.凭据记载作用

应用文是一种确定的文字记录,它可以作为一种文字材料,作为今后检查和监督的依据,也可为以后单位或个人的历史研究提供方便,如请假条、合同、计划、审计报告、公告、通报、议案、纪要等。

第三节　应用文的主旨与材料

一、应用文的主旨

1.主旨的含义

主旨即目的或用意。应用文的主旨是指应用文所表现出来的基本思想或观点,即这篇应用文写作的目的或意图。主旨是客观社会生活与作者主观思想及意图相结合的产物。

从内容看,主旨是文本的灵魂,它决定着应用文质量的高低、价值的大小和社会作用的强弱等。从形式看,主旨又是文本的统帅,它制约着应用文的材料取舍、谋篇布局、遣词造句等。

2.主旨的要求

正确、鲜明、集中是对应用文主旨的基本要求。

主旨正确是指应用文的思想内容和基本观点应符合党和国家的路线方针政策,符合国家法律法规,符合客观实际,不可违背或偏离。

主旨鲜明是指立足于应用文的写作目的,将文本的观点和作者的意图、态度清晰明确地表达出来。无论是同意还是反对,主张还是要求,意见还是建议等,都应直截了当地表达出来,避免模棱两可、含糊不清。

主旨集中是指一篇应用文主旨要单一,确立一个中心,并围绕中心进行深入阐述,要说"明"、说"深"、说"透"。所谓"意多文乱",因此应用文应避免多中心或多主旨。原则上,应用文应当遵循"一文一事"的原则,即一篇应用文只解决一个实际问题。

二、应用文的材料

1.材料的含义

应用文的材料是指写入文本中的事实,包括时间、地点、人物、事件、背景、原因、结果、目的、根据、措施、办法、意见、规定、数据等。材料是形成主旨的基础。作者通过直接参与和调查研究获取第一手材料,或通过文件、图书档案、信息网络、单位内部职能部门等渠道获取间接材料。对搜集的材料进行分析、归纳,逐渐形成一定的观点;再立足于写作目的,将有内在联系的观点加以综合、提炼,从而确立主旨;然后按照表达主旨的要求,将材料进行选择、组合,最终形成文本。一般的写作过程表明,没有材料,就谈不上主旨和文本。

应用文的材料主要分为理论材料和事实材料。理论材料主要包括方针、政策、法律法规及科学原理、定律、学说等。事实材料主要包括事件及情况、实物与现象等。

2.材料的要求

真实、典型、新颖是对应用文材料的基本要求。

真实材料是指在工作、生活中实际发生或存在的事物。对所选的材料不能添枝加叶,不能夸大和缩小,更不能随意编造。同时,必须对选用的材料加以核实、查对,以确保材料的真实性与可靠性。

典型材料是指那些最能说明事物的本质与特点,最能反映客观事物的发展规律,最能表达观点、突出主旨,最有代表性和说服力的材料。

新颖材料是指那些反映新事物、新情况、新问题和新矛盾的内容,它们具有鲜明的时代特色,并包含新经验、新见解和新结论。

需要特别指出的是,几乎没有材料是先天就具备典型性和新颖性的。作者必须广泛搜集第一手材料,并对原始材料进行分析、归类、整理、挖掘和提炼。只有材料越丰富,分析提炼越深入,才越能彰显材料的典型性和新颖性。

第四节　应用文的结构与语言

一、应用文的结构

所谓结构,指的是文章内部的组织构架。它是作者根据观点表达的需要,对精选材料进行系统化、科学化地组织时所采用的特定形式与格式。具体体现在作者在写作过程中对写作材料的主次、详略以及先后顺序所做的精心安排上。

(一)结构的特点

1.规范性

规范性是应用文在格式上的显著特点。这种规范性在法定公文写作中体现为"法定使成",即公文必须按照《党政机关公文处理工作条例》《党政机关公文格式》等法规要求的格式来制作。而对于各类事务文书、专用文书,其外在结构则体现为"约定俗成",采用的是人们普遍认可的固定惯用格式。

2.条理性

条理性是应用文在结构要素上的主要特点。它指的是段落层次、过渡与照应、开头与结尾都必须体现思维的规律性与有序性,充分反映作者的逻辑思路和客观事物的发展规律。应用文经常使用"首先""其次""再次"或"第一""第二""第三"等来明确表示层次与段落。

(二)结构的要素

1.标题

应用文标题一般有公文式标题、论文式标题、新闻式标题、文种式标题四大类。

(1)公文式标题。这类标题由发文机关、主要事由、文种名称三个主要部分构成,通常会在主要事由前加上"关于"一词以明确主题。公文一般采用此类标题,如《重庆市人民政府关于加强烟花爆竹管理的通告》。根据实际需要,可以省略发文机关或主要事由,但文种名称必须要有。例如,《关于增加 2023 年招生计划的请示》。

(2)论文式标题。这类标题主要包括以论题为标题和以论点为标题两种类型,其广泛应用于学术论文、调查报告等文体。例如,《论新时代弘扬伟大建党精神的文化逻辑》《北京人最看好哪种职业》《把课程思想理念贯通应用写作教学全过程》。

(3)新闻式标题。这类标题主要包括消息类与通讯类两种类型。消息类标题的主要部分直接陈述事实,如《华为 5G 技术取得重大突破》;通讯类标题一般包括正副两部分,正题点明主旨、揭示意义、烘托气氛,副标题标明内容、范围和文种等。例如,《写在蓝天上的忠诚——记空军某试飞团功勋飞行员李中华》。

(4)文种式标题。这类标题通常以文种名称为标题,常见于告启类文书、部分礼仪文书等。例如,《公示》《启事》《慰问信》。

2.称谓

称谓是指对方单位名称或个人姓名。在某些应用文中,若指向对象不明确,可以省略称谓。

3.正文

(1)开头。开头是一篇文章的起笔,对于全篇文章起到十分重要的作用。在应用文中,开头常被称为导言、导语、前言、引言等。常用的开头方式有:

缘由式。开篇即交代事项的缘由起因、目的意义和依据。如启事、通报、请示等。

引据式。通过引据(先引标题,再引发文字号),来表明写作意图。如批复、复函。

概述式。通过简要叙述主题对象的基本情况,帮助读者建立起对全篇文章内容的总体印象。如总结、调查报告等。

结论式。开篇即根据文章内容作出总体评价,提出总体看法。如学术论文、述职报告等。

问候式。以表达问候作为主要内容。如慰问信、讲话稿、倡议书等。

（2）主体。应用文的主体部分应注意段落与层次的安排，以及过渡与照应的处理，以保证主体部分思路清晰，表意明确。

段落与层次要体现出文章内容表达的逻辑顺序。其常见的形式有小标题式、标序式、条目式。过渡与照应是使文章前后连贯、一气呵成的手段。如"现将有关事宜通知如下""综上所述"等。

（3）结尾。应用文结尾应力求简洁明快，对主体起强调和补充作用。常见的结尾方式有：

执行要求式。公文中的下行文往往采用这种结尾形式，作者在结尾处向下级提出贯彻执行要求，如"请认真贯彻执行"。

模式用语式。应用文常用模式化的惯用语作结，如"特此通知""此复""专此函达，请予函复"。

祈请企盼式。一般用于公文的上行文、平行文中，表示请求批准、批示、支持、帮助之意。如"盼复""希望给予大力支持""当否，请批示"。

希望号召式。在结尾处发出号召，提出希望，如决定、决议、通报、纪要等多采用这种形式。例如，"希望被表彰的先进集体、先进个人再接再厉，继续努力，号召全体员工向先进学习，形成人人争当先进、人人争作贡献的良好氛围，为公司的发展贡献自己的力量"。

4.结语

为了表达的需要，应用文有一个专门的结语，体现应用文书表达的庄重性或语言的得体性等，例如证明信的结语"特此证明"，是体现表达的庄重性，请示的结语"以上请示妥否，请批示"，是体现语言的得体性。有些应用文有需要特别强调的内容，就需要结语；不需要特别强调的内容，则可以不要结语。

5.落款

落款是指署名与日期，这是应用文生效的重要标志。

二、应用文的语言

应用文的内容是通过语言来表达的。与其他文章相比较，应用文的语言有其独特的风格，具有特殊的规定与要求。

1.语言的特点

（1）使用通用书面语体。应用文是处理公私事务、解决现实问题的工具，因此其语言以实用性为准则，一般不追求形象生动、感人肺腑的表达效果。为了达到应用文的写作目的，必须使用得到社会认同的通用书面语体，以免造成阅读理解上的误解与偏差。应用文不使用方言俚语、口语以及网络语言,也一般不使用个性化语言以及生僻字词。

(2)沿用模式化语言。应用文在长期的使用过程中,为了表达的庄重、简洁,还保留相当数量的文言语汇,如"拟""兹""予以""业经""为盼"等,形成了很多习惯用语,成了模式化语言。沿用这些模式化的词语与句式,可以保证应用文语言的凝练庄重、言简意赅。

开端用语:根据、查、兹、兹因、兹有、为了、关于、按照、前接、近查等。

称谓用语:本、我、贵、你(您)、该等。

经办用语:兹经、业经、即经等。

引述用语:悉、近悉、惊悉、欣悉、收悉、前接、近接等。

期请用语:即请查照、希即遵命、希、希予、请、拟请、恳请、烦请、务必、务求等。

表态用语:照办、同意、可行、不宜、不可、不同意、遵照执行、准予备案、请即试行、迅即办理等。

征询用语:当否、可否、妥否、是否可行、是否妥当、是否同意等。

期复用语:请批示、请批复、盼复、请批准、请告之、请批转等。

结尾用语:为要、为盼、为荷、特此通知、特此函达、函告、此复、敬礼、谨致谢忱等。

承接用语:为此、据此、鉴此、综上所述、现将……如下等。

(3)运用书面辅助语言。应用文中经常使用书面辅助语言来代替、补充文字语言,从而使表述更为直观、简洁。图形、表格、符号、公式等是应用文中最常见的书面辅助语言。

2.语言运用的要求

应用文是处理具体事务、解决实际问题的工具,因而其语言运用应力求准确、简洁、朴实、得体。

(1)准确。应用文语言的准确性,是对应用文语言的第一要求。准确是指语言确切、周密,无歧义。

(2)简洁。应用文语言要求文字简短,表述直截了当、明白通畅,不累赘,不晦涩。

(3)朴实。应用文重在实用,要求语言平易自然、朴素实在,不言过其实,不堆砌辞藻,不用描述性语言,不用抒情性语言。

(4)得体。应用文有特定的读者群,写作时应根据行文目的、接受对象、场合情境,选择恰当的语体、语气。上行文用语宜恭敬诚恳,下行文用语宜带有权威性、指令性,平行文用语宜委婉有礼,泛行文用语宜严肃明晰,学术科技文用语宜严谨缜密,礼仪文书用语宜端庄大方、情感适度。

第五节 应用文的思维与表达

一、应用文的思维

从心理学的角度看,写作是一个精神产品的生产过程。应用文写作亦是如此。但是,应用文写作的思维过程却有别于文学创作,它始终以抽象思维为基本形式。

人类基本的思维方式可分为形象思维与抽象思维。文学创作为了表达的需要,一般会用形象思维。应用文写作所需要的抽象思维,主要以一般的概念作为思维运动的形式,它运用抽象的概念进行判断、推理,构成思维运动。写作者在抽象思维过程中,完全舍弃了事物表象的感性外衣,主要通过对感性材料进行抽取,对抽取出的某些属性或关系进行分析、综合、归纳、演绎,寻找其中的本质和规律,从而或概括或间接地反映事物。抽象思维所反映的不是客观事物的个别属性,而是某类事物共同的本质属性或事物之间的内部联系。应用文写作者在认识和反映客观事物的抽象思维过程中,在深入分析、研究客观事物时,必须采取冷静、清醒、客观、科学的态度,不能掺入个人爱好与感情倾向成分,也不能任意显示自己的个性特色。

人类思维还可分为创新思维与模式思维。创新思维一般也是文学创作时所用到的。应用文写作从本质上看,要抛开事物的感性形式,寻求其内在的联系、内在的规律。其写作思维具有明显的模式化的特点。在应用文写作时要求写作者熟悉此类应用文的基本结构、主要内容、基本格式、习惯用语等,按照相应文体长期形成的一般模式进行模拟套用,从而完成应用文的写作。在具体构思时,不要求创新,也不能创新,而是按部就班地完成应用文的写作。

二、应用文的表达

写作的表达方式主要有五种:叙述、说明、议论、描写、抒情。叙述主要是用于交代情况,陈述事实;说明主要用于介绍事物,解释事理;议论主要用于阐明观点,发表见解;描写主要用于描绘情境,刻画神态;抒情主要用于表达感觉,抒发情感。应用文最本质的特性是实用性,因此应用文的主要表达方式是叙述、说明和议论,一般不用描写和抒情。

1.叙述

叙述的基本特点在于陈述"过程"。人物活动的过程,事物发生、发展、变化的过程,前因后果,来龙去脉,构成叙述交代和介绍的主要内容。

叙述的方法有详叙和略叙。详叙就是把某一情况或事情的发展过程详细地叙述出来,如调查报告、情况报告等。略叙就是进行简略的叙述,如对事情的处理决定的叙述、新闻中的导语、总结中的前言等。

叙述的方式有顺叙、倒叙、插叙、补叙等。在应用文写作中,以顺叙为主,按照事物或事件的发生、发展过程的先后顺序进行叙述,使表达的效果有头有尾、条理清晰。偶用倒叙,如工作总结、情况通报、新闻报道等,将事情的结局或最突出的效果提到前面,强调结局,突出重点。一般不用插叙、补叙。

叙述人称三种都可以运用。第一人称常用词为"本""我(我们)",是作者或发文机关的自称;第二人称常用"你""贵",是对受文者的称呼;第三人称常用"该""他们"或直述其名称。值得注意的是,当行文者与受文者非常明确时,可用无主句而省去人称。

2.说明

说明是对事物的种类、概况、状态、特性、性质、功能、成因等的介绍、解说的一种表达方式。其作用在于把事物的客观状况或者事理的固有联系如实地介绍或揭示出来,让人了解,给人知识。这种表达方式常在教科书、实验报告、说明书、解说词等中运用。

常用的说明方法有 8 种。

①举例子。举出一个事实事例说明某一种道理。

②下定义。揭示出某一事物的本质特征。方法:被说明的对象(概念)=种差(指与属概念的差别,即自己的本质特征)+属性(属概念)。表述的方法:"……是什么""……叫什么"。

③列数字。需注意的是列举的数字必须准确,什么时候该用确数,什么时候该用约数,都要准确把握好,不可模棱两可。

④打比方。用比喻的方法说明事理会增强文章的形象性。像一般比喻的用法一样,它要求从事物的各种不同角度出发,选取各自的特点,选取喻体。

⑤作比较。选好比较点,从比较点出发对事物进行比较,从而说明该事物的特征。

⑥作诠释。诠释与下定义一定要区别好,下定义必须揭示出事物的本质内涵,而诠释则可以从多个角度对事物进行说明。从语言表达上看,下定义的语言更精练,作诠释的语言则语句较多。

⑦列图表。它是用图、表进行直观说明的一种方法。

⑧分类别。将事物分成若干类别,然后分别进行说明的方法。

3.议论

议论是对某一事物、现象或问题进行分析、作出判断、表明观点和态度的一种表达方式。其目的在于讲清道理、说服别人,让别人接受自己的观点或看法。在学术论文、经验总结、述职报告等文体中经常运用。

一篇或一段完整的议论,通常由论点、论据和论证三要素组成。议论分两大类,即"立论"和"驳论"。立论称"证明"式文章,驳论称"反驳"式文章。在说理性的文章中,议论是一种主要的行文方式,它要求论点明确、论据充分、论证周密。在记叙性文章中,议论是由叙述和描写引发的对事物的感想、认识和评价,是在关键处的画龙点睛之笔。但不宜多用、滥用。常用的论证方法有:举例论证、引用论证、比喻论证、对比论证等。

一般应用文中的议论的特点:一是夹叙夹议,在叙述的基础上,用议论的方式予以简要的分析与评判;二是简化论证过程,开门见山地提出见解,不作详尽论证、阐释;三是立论为主,即使有驳论,也是以"立"为主,以"破"为辅;四是以正面论证为主,旨在正面教育,正面引导。

应用能力水平测试(一)

一、单项选择题。(每题 1 分,共 25 分)

1.我国现存最早的应用文总集是(　　　)。

    A.《周易》　　　　B.《春秋》　　　　C.《尚书》　　　　D.《文赋》

2.迄今所知"应用文"的称谓最早出现于(　　　)。

    A.秦汉时期　　　B.南北朝　　　　C.唐代　　　　　D.北宋

3.迄今所知有据可查的我国最早的应用文是(　　　)。

    A.甲骨刻辞　　　B.《尚书》　　　　C.《周易》　　　　D.《黄帝内经》

4.我国早期的私务文书(贵族间所定契约)见于(　　　)。

    A.《尚书》　　　　B.甲骨刻辞　　　C.钟鼎铭文　　　D.甲骨刻辞

5.应用文文体成型和文书制度确立的时期是(　　　)。

    A.魏晋南北朝　　B.秦汉时期　　　C.唐代　　　　　D.北宋

6.我国应用文发展的自觉期和理论建立的时期是(　　　)。

    A.魏晋南北朝　　B.秦汉时期　　　C.唐代　　　　　D.北宋

7.在(　　　)时期,私人书信有很大发展,不少书信成为广为流传的名篇。

    A.元明清　　　　B.南北朝　　　　C.唐代　　　　　D.北宋

8.应用文有较为固定的程式性结构、程式性语言,这一特点被称为(　　　)。

    A.政治性　　　　B.时效性　　　　C.模式性　　　　D.实用性

9.我国第一部奠定了古代应用写作理论基础的论著是(　　　)。

    A.曹丕《典论·论文》　　　　　　B.陆机《文赋》

    C.挚虞《文章流别论》　　　　　D.刘勰《文心雕龙》

10.我国第一部文体学专论是（　　）。

  A.曹丕《典论·论文》   B.陆机《文赋》

  C.挚虞《文章流别论》   D.刘勰《文心雕龙》

11."公文"这一称谓最早出现于（　　）。

  A.秦汉时期   B.南北朝   C.唐代   D.北宋

12.文书即（　　）。

  A.应用文   B.法定公文   C.公务文书   D.法规性文书

13.应用文是处理公私事务、传递信息、指导实践的重要（　　）。

  A.资料   B.条件   C.工具   D.措施

14.应用文最根本的特点是（　　）。

  A.审美性   B.实用性   C.文学性   D.政治性

15.应用文具有规范性的结构,其形成的原因为法定使成和（　　）。

  A.约定俗成 B.自己随意 C.部门规定 D.领导安排

16.应用文结构的特点包括条理性和（　　）。

  A.独创性   B.规范性   C.个性化   D.专业性

17.应用文常用的书面辅助语言是图形、符号、公式和（　　）。

  A.漫画   B.表格   C.录音材料   D.录像材料

18.应用文一般不用方言俚语,反映了应用文语言的一大特点,即（　　）。

  A.形象化   B.通用性   C.模式化   D.准确性

19.应用文使用叙述方法以（　　）为主。

  A.顺叙   B.倒叙   C.插叙   D.补叙

20.（　　）在应用文写作中的作用十分重要,它是全篇的灵魂。

  A.材料   B.结构   C.语言   D.主旨

21.主旨的表达要清楚明白,这是对应用文主旨（　　）的要求。

  A.正确   B.鲜明   C.集中   D.得体

22.下列词语用于"祈请"的是（　　）。

  A.敬请   B.承蒙   C.恳请   D.业经

23.（　　）是应用文语言的"第一要求"。

  A.简洁   B.朴实   C.准确   D.得体

24.应用写作对叙述的基本要求是直接、真实和（　　）。

  A.详细   B.概括   C.准确   D.简洁

25.在应用写作中运用表达方式时,与叙述并用、联用的是(　　)。

　　A.描写　　　　　　B.说明　　　　　　C.抒情　　　　　　D.对话

二、多项选择题。(漏选、错选均不得分。每小题 2 分,共 10 分)

1.应用文最常用的表达方式是(　　)。

　　A.记叙　　　　B.议论　　　　C.描写　　　　D.说明　　　　E.抒情

2.应用文的时效性是指(　　)。

　　A.科学性　　B.实用性　　C.及时性　　D.时代性　　E.作用时间的有限性

3.应用文对主旨的要求有(　　)。

　　A.庄重　　　　B.正确　　　　C.丰富　　　　D.鲜明　　　　E.集中

4.应用文标题包括(　　)等几类。

　　A.公文式　　B.论文式　　C.新闻式　　D.文种式　　E.提要式

5.应用文语言表达的基本要求是(　　)。

　　A.准确　　　　B.简洁　　　　C.朴实　　　　D.得体　　　　E.生动

三、判断题。(每小题 1 分,共 15 分)

1.文字出现以前就有了应用写作活动。　　　　　　　　　　　　　(　　)

2.秦汉时期是我国应用写作的萌生时期。　　　　　　　　　　　　(　　)

3.唐宋时期是应用文写作的成熟期。　　　　　　　　　　　　　　(　　)

4.“应用文”称谓出现的时间早于“公文”称谓。　　　　　　　　　(　　)

5.最早提出“应用文”一词的是北宋的苏轼。　　　　　　　　　　(　　)

6.《文赋》的作者是陆机。　　　　　　　　　　　　　　　　　　(　　)

7.元明清是古代应用文发展的高峰和繁荣时期。　　　　　　　　　(　　)

8.政治性是应用文区别于其他文体的本质性特点。　　　　　　　　(　　)

9.应用文具有较为固定的结构和格式。　　　　　　　　　　　　　(　　)

10.应用文中可适当使用文言词,以使表达庄重、简洁。　　　　　　(　　)

11.应用文中可以用最新的外来词语、民间口语、网络语言。　　　　(　　)

12.应用文常用书面辅助的语言来替代、补充文字语言。　　　　　　(　　)

13.在应用写作中,大量使用描写、议论等方式进行表达。　　　　　(　　)

14.应用文可用于处理公务和私人事务。　　　　　　　　　　　　　(　　)

15.文学创作常用模式化思维、应用写作常用创新思维。　　　　　　(　　)

四、修改下列在应用文中不规范的用语。（每小题 3 分,共 30 分）

1.我们公司每天的营业额大约 500 万元左右。

2.截止昨日 17 时,2023 年度国考报名人数突破 250 万以上。

3.你单位的来信,收到了,内容全部晓得了。

4.做好疫情防控工作,决定于我们采取的措施是否有效。

5.以上请示要不要得? 请说一下。

6.请参与会议的代表于 9 月 10 日前去报到。

7.严格禁止不准买出"三无"商品。

8.现在把我市在地震灾难中受灾的情况写在下面的报告中。

9.专门写信答复你们。

10.我在操场丢失了一本《新华字典》,如有拾获,请务必从速送还。

五、评析题。（每小题 10 分,共 20 分）

1.下面是求职信中的一段话,请评析。

本人在校学习成绩优秀,表现良好,有开拓创新精神,请接受我当总经理的助手,如一时当不上,先安排我到分公司当经理,然后再当总经理助理也可考虑。

2.下面是一篇学习总结的前言,请评析。

金秋送爽的十月,正是瓜果成熟和收获的季节。苹果红彤彤,葡萄像水晶,好一派欣欣向荣的景象! 在这丰收的季节,我们为期一个月的技能培训班学习胜利结束,也获得了丰收。我们带着丰收的喜悦,遥谢北京城里的老师,真是"丰收果里有你的甘甜,也有我的甘甜"。静思我们学习中有哪些收获,还存在哪些不足? 该是认真总结的时候了。下面对这一个月的培训生活总结如下。

第二章　事务文书写作

事务文书,是人们在学习、生活、工作中,处理日常事务所使用的用来沟通信息、安排工作、总结得失、研究问题的一大类实用文书,如条据类文书、告启类文书、书信类文书、讲演类文书、规章制度、调查报告、简报、计划、总结等。事务文书是应用文的重要组成部分,使用范围广、使用频率高,内容单一、种类繁多。本章主要学习处理最常用、最典型的几类事务文书。

第一节　条据类文书

条据是"便条"和"单据"的合称,是人们处理日常临时性事务时或起说明作用、或起凭据作用的一种简单的应用文书。条据分为说明性条据和凭证性条据两大类。条据以较少的文字在人与人之间互通信息、处理事务,具有很大的实用价值。因此,条据具有行文简洁、使用方便的特点。

一、写作说明性条据

(一)目标引领

(1)知识目标:了解请假条、留言条的基本知识。

(2)能力目标:能熟练写作规范的请假条、留言条。

(3)素质目标:养成有事请假的规矩意识,有事留言的责任意识。

(二)理论导航

1.说明性条据的含义

人们在日常生活和工作中,临时遇到某种事情要告诉他人,但又不能面谈,就需要用到说明性的条据。说明性条据就是向有关人员说明相关情况时使用的条据。由于它具有行文简洁、使用方便的特点,又称之为便条。

2.说明性条据的分类

常用的说明性条据有:请假条、留言条。

请假条。因事、因病不能学习、工作,向有关方面和有关负责人讲明情况、要求请假的便条。

留言条。这是一种简短书信。因被访者外出,又有事相商或代人转告某事而留下的便条。随着现代通信技术发展,我们常以手机短信或微信聊天的方式来留言。

3.说明性条据的结构与写法

(1)标题。在条据正文上方居中,写明条据名称,如"留言条""请假条"。

(2)称谓。另起一行,顶格书写,后加冒号。一般由姓名或姓加上称呼组成。如"董刚同志""张老师",也可以在姓或名之后加上职务名称,如"潘经理""刘秘书"等。对年长者还可使用尊称,如"高老""梁老"。

(3)正文。另起一行,空两格,写明告知、说明的事项。正文结尾可以写上表示礼貌的敬语,如"谢谢""敬礼""拜托",或表达期望的语言,如"望批准""望见字后准时赴约"等。

(4)落款。在正文右下角处写上姓名和具体的年月日。

(三)例文示范

请假条

王老师:

　　我因患重感冒,听医嘱需要在宿舍卧床休息,特向您请假三天(自××月××日至××月××日),望批准。

请假人:电子 231 班×××(手签)

××××年××月××日

留言条

王经理:

　　因需乘坐高铁回渝,不能久等。你需要的签订茶叶买卖合同的相关资料,我已转交你办公室邻座的小李,请查收。如有疑问,请电话联系我。

×××(手签)

××月××日下午 3 时

(四)实作体验

(1)2023 年 5 月 8 日早晨,小王急性阑尾炎发作不能按时到公司上班,请你代写一张请假条,向销售部的领导张经理请三天假。

（2）业务员赵立山到重庆江北国际机场约见某服装厂王经理商谈批发服装事宜,久等未见,遂回机场附近的虹桥宾馆 508 房休息。请代写一条手机短信或微信,发给王经理。

（五）反思提升

（1）内容要素要齐全,表述要清楚。如请假条要写明请假缘由、请假起止时间。

（2）语言要得体。根据行文者的身份,选择恰当的语气、语言。

（3）落款要规范。签名要手写,日期要用阿拉伯数字写清楚年月日。

二、写作凭证性条据

（一）目标引领

（1）知识目标:了解收条、借条、领条、欠条的基本知识。

（2）能力目标:能熟练写作规范的收条、借条、领条、欠条。

（3）素质目标:养成认真严谨的作风和初步的法规意识,克服马虎,防止歧义。

（二）理论导航

1.凭证性条据的含义

凭证性条据,是单位与个人之间或个人与个人之间,在收到物品或借用钱物、出售商品时,写给对方作为凭证的单据。

2.凭证性条据的分类

常用的凭证性条据有:收条、借条、领条、欠条等。

收条。收到个人或单位送来的钱款、财物时,写给对方的一种凭据。

借条。借到个人或单位的现金、财物时,写给对方的一种文字凭据。

领条。领取钱物的个人或单位在领到钱物时,写给发放人留存的一种书面凭据。

欠条。欠款、欠物的个人或单位写给被欠人或单位的一种文字凭据。它通常是购买物品或归还钱物时,因有部分拖欠写给对方的条据。

3.凭证性条据的结构与写法

（1）标题。写在正文上方中间,字体要大一点。如"借条""欠条""领条""收条"。

（2）正文。要写清楚物品、钱款的质量、数量等内容。

收条。主要写明是谁送来的、送来什么、数量多少等内容。

领条。主要写明从什么单位、领到什么、领到多少等内容。

借条。主要写明向谁借、借什么、借多少、何时归还等内容。如果是大额借款,为保证借条的法律效力,还应当写明借款人身份证号、借款用途、出借方式、利率等。

欠条。主要写明欠什么人(单位)、什么东西、数量多少、何日还清等内容。

(3)结语。在正文的下一行写明"此据"两字,亦可不写。

(4)落款。署名写在正文右下方。有时只写个人姓名,有时加写单位名称。在个人姓名前面,可以写上"借款人""经手人""领取人"等字样。必要时还得加盖印章,这都要根据具体情况灵活处置。在署名下方,独占一行,写上年月日。

(三)例文示范

收 条

今收到×××归还的现金 24113 元(贰万肆仟壹佰壹拾叁元整),借条已销毁,抵押物已退还,债务两清。

此据

收款人:×××(手签)

××××年××月××日

领 条

今从公司库房领到办公桌壹张,靠背椅壹张,文件柜叁个,台式电脑壹台,计算器壹个,绘图工具壹套。

此据

经手人:×××(手签)

××××年××月××日

借 条

借款人××(身份证号:××)于××年××月××日通过银行转账方式(账户:××,开户行:××,账号:××)向××(身份证号:××)借到人民币伍拾万元整(¥500000 元),用于购房。双方约定于××年××月××日一次性还清此款,约定利息为年利率5%。逾期未还,则按照当期一年期贷款市场报价利率(LPR)的 4 倍计付逾期利息。

此据

借款人:×××(手签)

××××年××月××日

欠 条

原借张××人民币伍佰元整,已还叁佰元整,尚欠贰佰元整,壹个月后还清。

此据

欠款人:×××(手签)

××××年××月××日

（四）实作体验

（1）请写一张请假条。

（2）李四刚参加工作,向公司保管室借用制图工具 1 套,领到办公桌椅 1 套,收到同事张东临时借给他的出差费用 2000 元,请帮李四写出需要的条据。

（五）反思提升

（1）物品和钱款的数量要大写,在钱款的数额前面加币种,后面要写上"整"(正)字,以防他人增添涂改。大写金额数字应用正楷或行书填写,如壹、贰、叁、肆、伍、陆、柒、捌、玖、拾、佰、仟、万、亿、元、角、分、零、整(正)等字样。

（2）认真写作,不要涂改。一旦涂改,要么重写,要么在涂改处盖章或捺印,以示负责。

（3）条据可以打印,但签名一定要手写,有时还要求捺印。

（4）成文后要检查核实,以免出现差错或遗漏。

第二节　告启类文书

告启类文书是指机关企事业单位、社会团体或个人就某一具体事项公开陈述、说明,以使大众周知,希望有关人员参与或协助办理的一类事务性文书。常见的告启类文书有启事、公示、声明、海报、商业广告、产品说明书等。

一、写作启事

（一）目标引领

（1）知识目标:掌握启事的基本知识。

（2）能力目标:能熟练写作规范的启事。

（3）素质目标:养成认真严谨、实事求是的作风和诚恳热情与公众沟通的意识。

（二）理论导航

1.启事的含义

启事是单位或个人，需要向公众说明某事或希望公众协助办理某事时使用的一种事务文书。"启"，即叙说、陈述之意；"事"即事情。"启事"不能写成"启示"。"启事"的本意是公开陈述事情，而"启示"，是启发指示，使之有所领悟的意思。

2.启事的特点

（1）告启性。启事是面向公众告知事宜。它们只具有知照性，而没有强制力和约束力，不具有法规性。

（2）公开性。启事常张贴在公共场所，也可通过广播、电视、报刊、网络等新闻媒体公布。

（3）简明性。启事要求写得简洁明了。启事的简明性，除了为读者提供方便之外，同时也受篇幅版面限制。张贴的启事不允许写得太长。在电台、电视、报刊、网络上刊发的启事一般是要花钱的，这就更要精简字数，压缩版面，力求花尽量少的钱，达到最好的启事效果。

3.启事的种类

启事使用广泛，种类繁多。从内容角度，大致可分为三类：

（1）征招类启事。包括招聘、招生、招标、招领、征婚、征稿等启事。

（2）声明类启事。包括开业、停业、迁址、喜庆、更名、更正、遗失、作废等启事。

（3）寻找类启事。包括寻人、寻物等启事。

4.启事的结构与写法

启事通常由标题、正文、结语、落款四部分组成。

（1）标题。启事的标题写法比较灵活，可由制文者、事由、文种三者构成，如"北京国际贸易中心招工启事"；也可以由其中的两项构成，如"征稿启事"；也可以只用文种作标题写"启事"；还可以不写文种，只写事由，如"招聘""征婚""失物招领"等。

（2）正文。正文是启事的具体内容、要向大家说明的情况。一般先说目的、原因，次写内容、要求和有关办法。正文的内容写作比较灵活，视具体的情况而取舍。例如寻物启事，应将失物的名称、数量、特征、遗失时间和地点及失主的姓名、地址、电话号码写清楚，以便拾物人联系归还，而招领启事却不宜将拾物写得太具体细致，以免冒领。又如征文启事，应写清征文的目的、对象、内容、文体、字数、投递时限、地点及奖励办法等。如招聘启事，主要要写清楚招聘的对象、条件、待遇及招聘的时间、地点及具体办法等事项，以便让人应招。如果内容较多，可分条列项，逐一交代。

（3）结语。启事的结尾可用"特启""特此启事"等字样作结，也可不写。

（4）落款。在正文右下方写上启事单位的名称或个人的姓名及日期。如在标题或正文中已经写明单位或个人,此处则可不写。单位启事应加盖印章。日期用阿拉伯数字写明年月日。

(三)例文示范

招领启事

有同学在学校足球场拾到背包一个,内有学习资料等物品,现金若干,请失主到学校办公楼一楼 1128 室郭老师处认领。

学生处
××××年××月××日

第二章
例文示范

(四)实作体验

(1)拟写一则寻物或寻人启事。

(2)今年 9 月 10 日是山河职业技术大学建校 50 周年纪念日,学校决定举办校庆征文活动。请你以学校的名义拟写一则征文启事。

(五)反思提升

(1)不与公布类的法定公文相混淆。启事的内容和形式具有简易的特点,不宜公布重大和重要的公务。

(2)内容要完整,表述要清楚。需要别人参与或协助的启事,一定要写清楚参与的渠道与方式。如征文启事的交稿方式,招聘启事及寻物、寻人启事的联系方式等要素不能遗漏。

(3)用语恳切、真挚、合乎礼仪。启事不仅不具备约束力,经常还带有请求帮助的性质,因此不能带有强制性要求的语气,而应诚恳热情有礼。

二、写作公示

(一)目标引领

(1)知识目标:掌握公示的基本知识。

(2)能力目标:能熟练写作规范的公示。

(3)素质目标:养成实事求是的作风和公平公正公开的意识。

(二)理论导航

1.公示的含义

公示是单位或个人将有关公共事务向广大群众和社会各有关方面公布,使其周知并征求意见和建议的一种事务文书。

2.公示的特点

（1）公开性。所谓公开性，就是指它所写作的内容、承载的信息，都是要向一定范围内或特定范围内的人员公开出来的，是要让大家知道和了解的，具有较强透明度，不存在任何秘密和暗箱操作。

（2）周知性。所谓周知性，就是指它写作的目的，是让关注其内容与信息的人们都了解是怎么回事，从而参与其事。

（3）科学性。所谓科学性，就是指公示的时间要科学合理，不但要反映公示的过程，更要反映出公示的结果，反映出群众的意愿。公示是事先的公示，不是事后的公示。公示的内容是初步的决定而非最终的决定。如果是最终的决定就必须在"公示"前言中加以说明。

（4）民主性。所谓民主性，就是指公示的过程与结果，都是公开、公平、公正的，都是有群众参与和监督，并为他们所认可的。

3.公示的种类

公示从内容角度分，可分为：领导干部任前公示、机构设置及有关事项公示、机构服务与价格公示、行政执法信息公示、工程项目与大宗采购公示、评优晋级公示、检查评比结果公示等。

4.公示的结构与写法

公示通常由标题、正文、结语、落款四部分组成。

（1）标题。公示的标题写法比较灵活，可由制文者、事由、文种三者构成，如"沙坪坝区人事局局长任前公示"；也可以只写文种"公示"。

（2）正文。公示一般由公示缘由、公示事项组成。首先开门见山地写明公示的原因、目的、根据及相关背景等，并点明公示事由，然后用"现将……公示如下"承上启下。接下来用准确、清楚、简洁的文字将需要公开宣示的事务、信息逐一陈述。如果内容较多，可分条列项，逐一交代。

（3）结语。公示的结语是公示的重要组成部分。结语内容一般包括：公示期限、表明征求意见或建议的意图、意见和建议反馈的渠道与方式。

（4）落款。在正文右下方写上公示单位的名称及日期。如在标题或正文中已经写明单位或个人，此处则可省略不写。

（三）例文示范

关于拟确定×××等同志为发展对象的公示

经管理学院党委审查并于 2023 年 4 月 10 日召开党委会研究决定，同意确定×××等 3 名同志为发展对象，现予以公示。

1.×××,女,汉族,硕士文化,山东省潍坊市临朐县××镇××村人,1996年12月4日出生,2021年9月考入××大学管理学院学习。该同志于2021年11月24日提出入党申请,2022年3月7日被确定为入党积极分子。

2.×××,男,汉族,硕士文化,山东省滨州市××镇××村人,1996年11月17日出生,2022年9月考入××大学管理学院学习。该同志于2019年11月22日提出入党申请,2021年3月26日被确定为入党积极分子。

3.×××,女,汉族,本科文化,黑龙江省佳木斯市××管理局××社区人,1999年9月18日出生,2022年9月考入××大学管理学院学习。该同志于2020年1月8日提出入党申请,2020年9月28日被确定为入党积极分子。

公示期:2023年4月11日—2023年4月19日。

如不符合发展对象条件,请在7个工作日内向所在党支部或上级有关部门反映,以个人名义信函反映问题提倡署真实姓名及联系方式,便于核实、回复。

管理学院党委联系地址:知新楼B座512室。

联系电话:88886666　　　电子邮箱:glw@ sdu.edu.cn

中共××大学管理学院委员会

××××年××月××日

（四）实作体验

假如你所在的学院国家奖助学金评定的初步结果出来了,请以学院的名义,拟写一则公示,材料自定。

（五）反思提升

(1)要把需要公示的基本内容写清楚明白,让人一目了然,以便公众知晓监督。可用条款式写法,也可用列图表的办法。

(2)要将联系地址、联系人、联系电话和联系途径等写清楚,以便公众反馈信息。

三、写作声明

（一）目标引领

(1)知识目标:了解声明的基本知识。

(2)能力目标:能写作规范的声明。

(3)素质目标:养成严谨求实的作风和公开公平的意识。

（二）理论导航

1.声明的含义

声明是国家、政府、党派、团体、单位或个人就重要问题或事项表明立场、态度、观点、主张，或澄清事实而发表的文书。为了明确自己的法律责任，保障自己的合法权益不受到伤害，避免不必要的法律纠纷，国家、政府、党派、团体、单位或个人往往会发表声明，以正视听。由两个或两个以上的国家、政府或单位共同发表的声明称"联合声明"或"共同声明"。例如"中葡关于澳门问题的联合声明"。"声明"不能写作"申明"。

2.声明的特点

声明的特点因其发布者、发布事项、作用范围的不同而有很大的差异。政府、政党、外交声明等属于专用公文，具有权威性、重大性、庄严性特点。个人、事务（遗址、迁址、更名、离婚等）声明之类则具有公开性、告知性特点。

3.声明的种类

声明按性质可以分为两大类：

（1）政治声明。政府、党派表明政治立场、维护政治权益或伸张正义的声明。

（2）民事声明。团体、单位或个人维护经济利益或名誉权的声明。

4.声明的结构与写法

声明由标题、正文和落款三部分组成。

（1）标题。声明的标题通常有以下四种：一是文种作标题，直写"声明"二字；二是由声明的性质和文种组成，如《遗失声明》；三是由发表声明的单位和文种组成，如《中华人民共和国声明》；四是由发表声明的单位、事由和文种组成，如《中华人民共和国外交部关于中国承认巴勒斯坦的声明》。

（2）正文。声明的正文要叙述清楚有关问题或事件，并对有关问题或事件表明立场、观点、态度和主张。根据内容的多少，选用条目式或贯通式的写法。

（3）落款。声明在正文的右下方写明单位或个人的全称及日期。如联合声明，即在正文后写上各方的名字。比较庄重的声明，在标题之下写上发表声明的时间，用括号括起来。这种声明，就不需要署名和日期。

（三）例文示范

遗失声明

张德耀（产权人）领取的坐落于塔儿巷赵家巷 7 号的房屋所有权证（汉房字第 101000

号），不慎遗失，现声明作废。如有异议者，请在 6 个月内向汉中市房屋权属监理处提出，逾期将按规定申请补证。

声明人：张德耀

××××年××月××日

（四）实作体验

（1）假如你本人身份证遗失，请写一则遗失声明。

（2）近期发现有人打着"专升本"的旗号，冒充西华工程职业技术学院，进行"专升本"培训班招生宣传。西华工程职业技术学院从未举办"专升本"培训班。为此，请为西华工程职业技术学院写一则声明。

（五）反思提升

写作声明，应做到态度鲜明，条理清晰，语言简明通俗，措辞准确严密，语气严肃庄重。

四、写作海报

（一）目标引领

（1）知识目标：了解海报的基本知识。

（2）能力目标：熟练写作规范的海报。

（3）素质目标：养成实事求是的作风，反对夸大其词。

（二）理论导航

1.海报的含义

海报是机关、团体向广大群众报道或介绍某一消息、活动时使用的一种具有广告性质的文书。它多用于预告报告会、文艺演出、体育竞技、电影、戏剧、展览等消息，用来招徕公众参与或观看。海报的名称起源于上海，人们习惯把职业性的戏剧表演界称为"海"，从事职业戏剧表演叫"下海"，公布演出剧目的宣传招贴就称作"海报"。后来，海报的适用范围逐渐扩大，早已超出了最初的意义。海报可抄写张贴在公共场所，也可登报或通过广播、电视、网络传播。

2.海报的特点

海报具有内容告启性和形式灵活性两个特点。海报和广告有相近的内容和作用，既要向公众告知有关事项，又有吸引招徕之意。海报的写法比较灵活。为了新颖、美观，排版时字体、字号、图案都可以灵活安排，图文并茂；语言也不强求庄重性和规范化，可带有文采和鼓动性。

3.海报的种类

常见的海报大致可以分为商业海报、文化海报、公益海报等。商业海报是指宣传商品或商业服务的商业广告性海报。文化海报是指各种社会文化、体育、艺术等活动及各类展览的宣传海报,包括电影海报、学术活动海报、节日宣传海报、体育赛事海报、文艺演出海报、会展活动海报等。公益海报是指带有一定思想性,对公众有教育意义的海报,其海报主题通常是各种社会公益宣传、道德风尚的宣传或政治思想的宣传等。

4.海报的结构与写法

根据海报的用途不同,写法也非常灵活多样。一般商业宣传类海报,要求进行艺术设计,既要求文字精练,又要求图文并茂,达到实用性与艺术性的高度统一。下面仅介绍活动类海报的一般写法。

(1)标题。海报的标题写在正文上方居中,字体大而醒目,以引起人们的注意。其写法多样,有的只写"海报"二字,有的直接写海报内容,如"球讯""舞讯""联欢晚会"等,还有的在正题之上加写眉题渲染气氛,或在其下用副题做补充说明。

(2)正文。海报的正文主要写活动举办的目的、活动名称、具体内容、时间、地点举办单位、注意事项等。

(3)落款。海报在正文右下方写明制文单位和日期。如果有关内容在标题或正文已说明,也可以不落款。

(三)例文示范

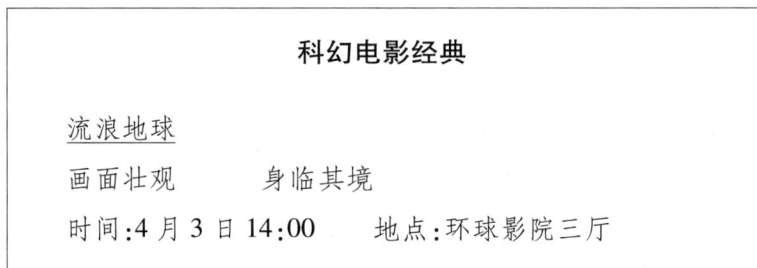

科幻电影经典

<u>流浪地球</u>

画面壮观　　　身临其境

时间:4月3日14:00　　地点:环球影院三厅

(四)实作体验

请根据下面材料,为××学院计算机系写一份海报。

我系邀请中国科技大学计算机系×××教授作《国外软件开发趋向》的报告。时间为2024年12月8日,地点为计算机系2号阶梯教室。

(五)反思提升

(1)要注意事项要件勿缺漏。必须具体、真实地说明活动的地点、时间和主要内容。我们可以用一些生动形象的话,但是我们不应该夸大事实。

（2）要注意增强宣传效果。文字应简洁明了,长度应短小精悍。在设计布局上可以进行艺术化处理,以吸引观众。

第三节　书信类文书

书信是人们在日常生活、学习和工作中交流思想、沟通感情、传递信息、协调工作经常使用的一大类应用文书。书信一般分为私人书信和公务书信。私人书信是以书面形式,与亲朋好友问候请安、交流情感、联系事宜。由于涉及个人隐私,一般不宜公开,因此写法也非常自由灵活。公务书信是在生活、学习、工作中经常使用的一类书信,如证明信、申请书、倡议书等。公务书信是用于个人与组织、组织与组织之间解决实际问题的事务文书,因此写法上要严谨规范。

一、写作证明信

（一）目标引领

（1）知识目标:了解证明信的基本知识。

（2）能力目标:能熟练写作规范的证明信。

（3）素质目标:养成严谨求实、诚实守信的品质。

（二）理论导航

1.证明信的含义

证明信是以机关、团体或个人的名义,证明有关人员或事项真实情况的专用书信。通常简称证明,具有凭证的作用。

2.证明信的种类

证明信可从内容、格式、用途等方面进行分类,根据不同分类标准,类别不一。一般有如下几种:

（1）作为材料存入档案的证明。这种证明一般以组织或单位的名义出具。多数情况是用来证明某个人的身世、经历和表现的。

（2）用来证明某人某事情况属实的证明。这类证明可以以组织的名义写,也可以个人的名义写。个人出具的证明,个人应当对所证明的内容负责。必要时,个人证明还须由写证明者所在单位签署"属实"与否的意见。

（3）作为证件用的证明。这类证明相当于介绍信。

3.证明信的结构与写法

证明信一般由标题、称谓、正文、结语、落款由五部分组成：

（1）标题。在第一行的正中写上"证明信"，字体可稍大些。

（2）称谓。顶格写上收信单位或个人的称呼。

（3）正文。另起一行，空两格写明事项的全部事实。做到事实确凿，态度明朗，语言准确、简明扼要。

（4）结语。"特此证明"。

（5）落款。在右下角署名，并在下一行写上日期。

（三）例文示范

证明信

××公司：

×××（身份证号：××），于××××年9月至××××年7月在我校计算机专业学习，学制四年，按期毕业，取得本科学历，获学士学位。毕业证书号：××；学位证书号：××。

特此证明

××大学（公章）

××××年××月××日

（四）实作体验

（1）请你以学校的名义拟写一份证明，证明你现在的身份，用于贫困生助学贷款。

（2）学生提前就业，毕业证尚未颁发，就业单位要求学校出具一份学历证明。请以学校教务处的名义，给自己写一份学历证明。

（五）反思提升

（1）宜用钢笔或签字笔书写，不宜用铅笔、红色笔书写。如有涂改，必须在涂改处加盖公章或按手印。

（2）以个人名义发出的专用书信要亲笔签字，以单位名义发出的专用书信必须加盖公章，方为有效。

二、写作申请书

（一）目标引领

（1）知识目标：掌握申请书的基本知识。

（2）能力目标：能熟练写作规范的申请书。

（3）素质目标：养成实事求是、言行一致的品质。

（二）理论导航

1.申请书的含义

申请书，顾名思义，就是申明请求的一种文书。它是个人或集体因学习、生活、工作方面的需求，向组织、团体、机关、单位说明情况，表达愿望和提出请求时使用的一种专用书信。请求性是申请书最根本的特点。无论是个人在政治生活上入会、入团、入党的申请，还是个人、单位在其他方面的申请，均是一种请求满足要求的一种通用文书。

2.申请书的分类

申请书根据申请的内容不同，可分为以下三类：

（1）思想政治生活方面的申请。这种政治申请一般是指加入某些进步的党派团体，如申请加入中国共产主义青年团、中国共产党、少先队、工会，参军等。

（2）工作学习方面的申请。求学或在实际工作中所写的申请，如入学申请书、在职进修申请书、工作调动申请书等。

（3）日常生活方面的申请。日常生活中，柴米油盐、吃穿住行，我们常常会遇到一些问题、困难，需要个人申请才可能被组织考虑、照顾或着手给予解决，如福利性住房申请、个人开业申请或困难补助申请等。

3.申请书的结构与写法

申请书由标题、称谓、正文、结语、落款五部分构成。

（1）标题。标题通常只写"申请书"。但有时也可把申请的事由写在标题上，如"入党申请书"。

（2）称谓。有明确对象的，写上对象的名称，如"中共电气工程学院党总支学生党支部""公司人力资源部"。

（3）正文。申请书正文包括三项内容：一是申请内容。开篇就要向领导、组织提出申请什么。要开门见山，直截了当，不含糊其词。二是申请原因。为什么申请，也就是说明申请书的目的、意义及自己对申请事项的认识。三是决心和要求。要进一步表明自己的决心、态度和要求，以便组织了解自己的认识和情况。正文部分应写得具体、详细、诚恳、有分寸，语言要朴实准确、简洁明了。

（4）结语。申请书可以有结语也可没有。结语一般是表示敬意的话，如"此致""敬礼"等。也可写表示感谢和希望的话，如"请组织考验""请审查""望领导批准"等。

（5）落款。按一般书信格式，在右下方写上单位名称或个人名字，在署名下写上年月日。

（三）例文示范

申请书

尊敬的××领导：

为提高个人素质与工作能力，以便更好地适应企业改革和发展的需要，本人于××××年××月参加全国硕士研究生招生考试，目前已被××大学录取为电气自动化专业硕士研究生。根据学校的要求与规定，被录用新生应进行至少一年的全日制脱产学习，待修完专业理论课程并发表规定数量的论文后，方可授予硕士学位与研究生学历。

为顺利完成学业，特申请全日制外出学习一年，相关待遇按公司规定办理。本人一定会珍惜这次宝贵的学习机会，努力学习专业知识，全面提高业务能力，争取毕业之后能更好地服务于企业。恳请领导批准。

此致

敬礼

申请人：×××

××××年××月××日

（四）实作体验

（1）请结合自己的学习、工作、生活、思想实际，向组织写一份申请。

（2）假如你刚成为远大实业公司的一名新员工，请写一份加入其工会的申请。

（五）反思提升

（1）内容要明确，开门见山，清楚明白地表明要申请什么，不要绕弯子。陈述理由要充分、客观，有理有据，排序由主到次，条分缕析，便于相关组织、领导研究批示。

（2）语言简洁，语气诚恳；行文朴实，情感真切。表意集中，一事一文，切勿头绪发散。

三、写作倡议书

（一）目标引领

（1）知识目标：掌握倡议书的基本知识。

（2）能力目标：能熟练写作规范的倡议书。

（3）素质目标：养成心怀天下、关心社会和他人的品质。

（二）理论导航

1.倡议书的含义

倡议书是个人或集体提出建议并公开发起，希望共同完成某项任务或开展某项公益活动所运用的一种专用书信。它具有广泛发动群众,调动集体和大多数人团结互助,群策群力,共同奋斗的作用。群众的广泛参与性、内容的公开性以及对象的不确定性是倡议书的特点。

2.倡议书的分类

倡议书根据倡议的内容不同,可分为以下两类。

(1)务实性倡议书。针对某一具体生活事件问题的倡议书。这种倡议书往往由某一具体的事件引起,由此发出的倡议能够引起相关人员的注意,同时也会引起其他人的警觉和关注,如"关于少给孩子压岁钱的倡议书"。

(2)务虚性倡议书。针对某种思想意识、精神状况的倡议书。这类倡议书不是由某一具体的事件引起,而只是作为一种希望掀起某种新时尚而发起的倡议,如"关于开展向雷锋同志学习的倡议书"。这类倡议书是直接服务于社会主义精神文明建设的。

3.倡议书的结构与写法

倡议书由标题、称谓、正文、结语、落款五部分构成。

(1)标题。标题通常只写"倡议书"。但有时也可把倡议的事由写在标题上,如"中国国际慈善基金会等致全国社会组织抗震救灾倡议书"。

(2)称谓。有明确对象的,写上对象的名称,如"××届毕业班全体同学"。倡议书有的对象很广泛,可以写"亲爱的朋友们",或省略称谓。

(3)正文。倡议书正文主要包括两项内容:一是倡议的背景、目的、意义。二是倡议事项。一般分条款写,要写得具体、可行。倡议事项简单的,可以紧接着倡议目的之后写。

(4)结语。倡议书的结语一般是重申倡议者的决心、希望以及建议,也可省略。

(5)落款。按一般书信格式,在右下方写上单位名称或个人姓名,在署名下行书写上年月日。

(三)例文示范

中国国际慈善基金会等致全国社会组织抗震救灾倡议书

2008年5月12日,我国四川省汶川县发生8.0级强烈地震灾害,波及陕西、甘肃、云南、重庆等多个省(市),给人民生命财产造成十分严重的损失。在此,我们向灾区同胞表示深切的慰问! 并向全国社会组织发出如下倡议:

积极响应党中央、国务院关于开展抗震救灾的号召,发扬"一方有难,八方支援"的中华民族优良传统,全力以赴投入到抗震救灾行动中,希望广大社会组织充分发挥各自的专长,强强联手,为抗震救灾提供相关服务。动员社会力量向地震灾区捐款捐物。我们相信,在党中央、国务院的坚强领导下,一定能赢取抗震救灾的全面胜利!

大家行动起来出份力吧!

中国国际慈善基金会

××××年××月××日

（四）实作体验

（1）请以学生会的名义，以"光盘行动，从我做起"为主题，写一封倡议书。

（2）阅读下面材料，请你以"我们应当怀有一颗感恩的心"为主题，代南京大学团委拟写一篇倡议书。

2004年11月1日下午，南京大学逸夫楼左前方的公告栏上出现了一封署名为"一位辛酸的父亲"的家信，使南京大学等高校的师生心灵受到了强烈撞击。信的原文如下：

亲爱的儿子：

尽管你伤透了我的心，但你终究是我的儿子。虽然，自从你考上大学，成为我们家几代里出的唯一一个大学生之后，心里已分不清咱俩谁是谁的儿子了。从扛着行李陪你去大学报到，到挂蚊帐、缝被子、买饭菜票，甚至教你挤牙膏，这一切，在你看来是天经地义的，你甚至感觉你这个不争气的老爸给你这位争气的大学生儿子服务，是一件特沾光、特荣耀的事。

的确，你考上大学，你爸妈确实为你骄傲。虽然现今的大学生也不一定能找到工作，但这毕竟是你爸妈几十年的梦想。我们那阵，上大学不是凭本事考的，要看手上的茧巴和出身成分，有些人还要用贞操和人格去换。这也就是我们以你为荣的原因。然而，你的骄傲却是不可理喻的。在你读大学的第一学期，我们收到过你的三封信，加起来比一份电报长不了多少，言简意赅，主题鲜明，通篇字迹潦草，只一个"钱"字特别工整而且清晰。你说你学习很忙，没时间写信，但同院里你高中时代的女同学，却能收到你洋洋洒洒几十页的信，而且每周一封。每次从收发室门口过，我和你妈看着你熟悉的字，却不能认领。那种痛苦是咋样的，你知道吗？

后来，随着你读二年级，这种痛苦煎熬逐渐少了，据你那位高中同学说，是因为你谈恋爱了。其实，她不说我们也知道，从你一封接一封的催款信上我们能感受到，言辞之急迫，语调之恳切，让人感觉你今后毕业大可以去当个优秀的讨债人。

当时，正值你妈下岗，而你爸微薄的工资显然不够你出入卡拉OK、酒吧、餐厅。在这样的状况下，你不仅没有半句安慰，居然破天荒来了一封长信，大谈别人的老爸老妈如何大方。你给我和你妈心上戳了重重一刀，还撒了一把盐。最令我伤心的是，今年暑假，你居然偷改入学收费通知，虚报学费。这之前，我在报纸上已看到这种事情。没想到你也同时看到这则新闻，一时间相见恨晚，及时娴熟地运用这一招，来对付生你养你爱你疼你的父亲母亲。虽然，得知真相后我并没发作，但从开学到今天，两个月里，我一想到这事就痛苦，就失眠。这已经成为一种心病，病根就是你——我亲手抚养大却又倍感陌生的大学生儿子。不知在大学里，你除了增加文化知识和社交阅历之外，还能否长一丁点善良的心？

一位辛酸的父亲

2004年10月30日

事发后,南京大学、南京工业大学等高校都在策划利用 11 月第二个星期四是西方感恩节的机会,开展校园系列感恩活动,给自己"辛酸"或不辛酸的父母写一封信。

(五)反思提升

(1)倡议书内容要密切配合当前形势,结合当地实际情况,实事求是、因地制宜,有针对性。

(2)倡议书措辞要恰切,感情要充沛真挚,既有鼓动性,以赢得大家响应,又不说大话、空话。

(3)要组织安排好倡议书的结构,或者采用散文笔法,或者分条款来写,篇幅不宜太长。

第四节　讲演类文书

讲演类文书是指为了在重要会议、重要活动上或其他公开场合表达自己意见、看法或汇报思想、工作、学习情况而事先准备好的应用文稿。讲演类文书包括发言稿、讲话稿、竞聘演讲稿、政治演讲稿、学术演讲稿、社会活动演讲稿等。讲演类文书具有内容上的针对性、情感上的共鸣性、表达上的通俗性、语言上的口语化等特点。

一、写作讲话稿

(一)目标引领

(1)知识目标:掌握讲话稿的基本知识。

(2)能力目标:能熟练写作规范的讲话稿。

(3)素质目标:养成言之有物、言之有理、言之有序,不说大话、不说套话、不说假话的习惯。

(二)理论导航

1.讲话稿的含义

讲话稿有广义和狭义之分。广义的讲话稿是人们在特定场合发表讲话的文稿;狭义的讲话稿即一般所说的领导讲话稿,是各级领导在各种会议上发表带有宣传、指示、总结性质讲话的文稿。

2.讲话稿的特点

(1)内容针对性。讲话稿的内容受会议主题、讲话者和受众等因素决定。在写讲话稿之前,必须要了解会议的主题、性质、议题,讲话的场合、背景,领导者的指示、要求,听众的身份、背景情况、心理需求和接受习惯等。

(2)篇幅规定性。讲话是有时间限制的,以讲话的正常语速来看,一分钟讲话稿以 200~250 字为宜。因此对讲话稿篇幅要有特定要求,不能不顾具体情况长篇大论。一般来讲,表彰、通报、庆典等会议上的讲话稿篇幅不宜过长,以免喧宾夺主。

（3）语言得体性。为了便于讲话者表达,易于听众理解和接受,讲话稿的语言既要准确、简洁,又要通俗、生动。另外,由于讲话具有现场性,因此撰写领导讲话稿时必须提前考虑和把握现场气氛和场合。

3.讲话稿的分类

按照会议内容的不同可把讲话稿分为专项工作会议类讲话稿,庆祝、纪念会议类讲话稿,总结、表彰会议类讲话稿,动员、誓师会议类讲话稿等。

4.讲话稿的结构及写法

讲话稿由标题、题注、称谓、正文四部分组成。

（1）标题。讲话稿的标题分为两种:一种一般是由事由和文种构成,如《在全省教育工作会议上的讲话》;另一种是由一个主标题和副标题组成,主标题一般用来概括讲话的主旨或主要内容,副标题则表明文种,如《进一步学习和发扬鲁迅精神——在鲁迅诞生 110 周年纪念大会上的讲话》。

（2）题注。讲话稿一般在标题下方注明日期和署名。

（3）称谓。讲话稿的称谓一般用广泛的礼貌性称呼,如"尊敬的各位领导、各位来宾""亲爱的朋友们"等。

（4）正文。讲话稿的正文包括开头、主体和结尾三部分。

开头。首先根据与会人员的情况和会议性质用极简洁的文字把要讲的内容概述一下,说明讲话的缘由或者所要讲的内容重点;接着转入讲话稿的主体部分。

主体。这是讲话稿的核心部分。工作会议类讲话稿,根据会议的内容和发表讲话的目的,可以重点阐述会议精神;庆祝、纪念会议类讲话稿主要突出庆祝的主题;表彰会议类讲话稿,重点渲染热烈的气氛,受表彰人的成绩等。可采用小标题式或序数词式安排主体部分结构,以确保主体内容层次清晰,便于听众听明白、记清楚。

结尾。结尾用以总结全篇,照应开头,发出号召,或者点明中心,突出主题等。

（三）例文示范

任凭风雨,自信征途
——在 2022 年本科生毕业典礼上的讲话

清华大学校长　王希勤
（2022 年 6 月 29 日）

亲爱的同学们、老师们:

今天,3000 多名同学完成大学本科学业,即将踏上人生新的征程。首先,我代表学校向你们和你们的亲友表示热烈祝贺！向悉心培养你们的老师们表示衷心感谢！

我和八字班的同学们特别有缘。四年前，我担任学生军训总指挥，与你们一起完成了"入学第一课"——军训。四年后的今天，我担任校长后的第一场毕业典礼，庆祝的是你们毕业！我还记得 2018 年 9 月 2 日午夜，电闪雷鸣、风雨交加，我经过再三考虑，最终下达命令，并和大家一起从东操出发，开始了 20 公里军训拉练。雨水打湿了面庞，积水没过了脚面，但我们一起在夜色下坚定前行，顺利走完全程。回到清华园后，紫荆园的师傅们已经给你们备好了姜汤米粥。在食堂窗外看到你们脸上疲惫却惬意的笑容，我想雨中拉练给你们的体验一定很深刻。你们经受了这场"风雨"的考验，用一段难忘的经历开启了大学生活的新篇章。

你们入学这四年来，中国和世界也经历了很多风雨，发生了深刻而复杂的变化，全球性危机不断出现。人们不禁发出"世界怎么了""人类向何处去"的时代之问。回顾历史，我们会看到，风雨越大，越要坚定自信，坚持走好自己的路。

千年文明不避风雨，走向伟大复兴。中国式现代化道路就是在风雨中摸索出来的。中华民族有五千多年的文明史，为人类作出了卓越贡献。1840 年鸦片战争后，中华民族遭受了前所未有的劫难，中国经历了长达一个多世纪积贫积弱、风雨飘摇的岁月，无数仁人志士为救国救民而苦苦追寻。中国共产党把马克思主义基本原理同中国具体实际相结合、同中华优秀传统文化相结合，带领中国人民栉风沐雨、不懈奋斗，创造了中国式现代化新道路，创造了人类文明新形态。我们在自己选择的道路上昂首阔步，创造了经济快速发展和社会长期稳定两大奇迹，实现了从生产力相对落后的状况到经济总量跃居世界第二的历史性突破，完成了人民生活从温饱不足到总体小康、全面小康的历史性跨越。我们由衷地感到骄傲和自豪！我相信，你们一定会对 2019 年的国庆节记忆犹新。在庆祝新中国成立 70 周年庆典上，由清华师生组成的"伟大复兴"方阵走过天安门广场，喊出"祖国万岁，青年加油"的口号，展示了当代青年对伟大祖国的热爱和对强国之路的信心。当然，中华民族伟大复兴，绝不是轻轻松松、敲锣打鼓就能实现的。当前，百年变局和世纪疫情交织叠加，国际形势错综复杂，单边主义抬头，经济全球化遭遇逆流。我们要更加坚定中国特色社会主义道路自信、理论自信、制度自信、文化自信，坚定站在历史正确的一边，向着中华民族伟大复兴和推动构建人类命运共同体的目标踔厉奋发、笃定前行。

万里山河不避风雨，造就巍巍高原。清华大学扎根中国大地建设世界一流大学之路也是在风雨中探索出来的。中国现代大学诞生于近代以来中西文明的交汇和碰撞之中，一路风雨兼程、砥砺前行。一批中国高校已率先实现突破，正在隆起为世界高等教育的高原。清华大学的发展历程，是我国高等教育发展的一个生动缩影。清华从一出生就铭刻着"庚子赔款"的屈辱烙印，清华人也因此铸炼出"耻不如人"的自强精神。1949 年 4 月，冯友兰先生在《解放期中之清华》中说，"清华由游美学务处，清华学堂，清华学校，至清华大学，由南迁到复员，历经帝制、军阀、国民党、各时期的统治，到今成为人民的清华大学，校史与国运，息息相关"。新中国成立以后,清华大学在党的领导下,深深扎根中国大地,秉承爱国奉献、追求卓越的光荣传统,坚持又红又专、全面发展的教书育人特色,锐意改革,不断战胜各种风险挑战,广育祖国和人民需要的各类人才,在建设中国特色世界一流大学的道路上实现了历史性跨越。去年4月19日,习近平总书记来到清华大学考察并发表重要讲话,高度评价清华110年来的办学成就,激励我们乘势而上向更高的目标迈进。还记得在西大操场欢送总书记时,师生们齐声高喊"祖国万岁,清华加油",那激动人心的场景让我们时时回想、难以忘怀。我们坚信,中国的高等教育是能够培养出大师来的。我们一定能够"高原上出高峰",经过长期持续努力建成世界顶尖大学!然而,前进的征途从来都不会一帆风顺。当前,党和国家事业发展对科学知识和优秀人才的需要比以往任何时候都更为迫切,但是世界高等教育的交流合作受到逆全球化因素的干扰,给全球高等教育交流合作带来重重挑战。越是面临阻力,越要迎难而上、坚持开放合作。我们要坚持中西融会、古今贯通、文理渗透的办学风格,坚定教育自信,努力在建设中国特色世界一流大学的征途上走在前列,为人类文明进步事业作出应有的贡献!

百年人生不避风雨,铸就时代脊梁。清华人的人生之路也必须是不惧风雨、行健不息的自信征途。回首四年的大学生活,也许你们会觉得有点遗憾,因为有两年半是在疫情中度过的。你们经历了老师在课堂、你们在家中的在线教学,也经历了你们在教室、老师在线上的在线教学,但你们还是克服了各种困难,圆满完成了大学本科的全部学业,并在这个过程中成长进步。你们是主动担当的战疫"清"年突击队员,勇敢地冲在守护清华园的第一线。你们是可亲可爱的冬奥志愿者,向世界展现了中国青年的真诚友善。你们是与新时代同向同行、共同前进的一代,也是平视世界的一代。看到你们在世界舞台上的那种自信,我感到十分欣慰,这是民族自信在你们身上的体现。但是,人生之路很长,有平川也有高山,有丽日也有风雨。你们的未来不仅与民族伟大复兴同步,也会与世界百年变局关联。世界格局的深刻变化一定会给你们的未来带来不少风雨。习近平总书记指出,"心中有阳光,脚下有力量,为了理想能坚持、不懈怠,才能创造无愧于时代的人生。"我相信,你们与国家、与学校共同经历的这些风雨,一定会让你们对中华民族共同体意识、人类命运共同体意识和人与自然生命共同体意识有更深刻的思考和体会。我也相信,凡是打不垮你们的风雨,都会让你们更强大!希望你们秉承"自强不息、厚德载物"的校训,增强做中国人的志气、骨气、底气,从我做起,从现在做起,努力成为可堪大任的时代新人!

沧海横流,更显本色。任凭风雨,自信征途。中华民族伟大复兴的中国梦终将在一代代青年的接力奋斗中变为现实。同学们,我相信你们已经做好了准备,祝福你们在青春的赛道上跑出最好成绩,期待你们为祖国为人类更加光辉灿烂的未来贡献力量!

祝同学们毕业快乐!

（四）技能训练

（1）学校校长拟在"庆国庆迎新生"文娱晚会上讲话，请为校长写一篇讲话稿。

（2）以被表彰的先进集体或个人的身份，写一篇在表彰大会上的发言稿。

（五）反思提升

（1）注意讲话稿与演讲稿的联系和区别。演讲稿，是在较为隆重的仪式上和某些公众场所发表的讲话文稿，有针对性、可讲性、鼓动性等特点。简单地说，演讲稿比讲话稿正式。

（2）注意讲话稿与发言稿的联系和区别。讲话稿和发言稿在不作为公务文书时，两者可以通用，一旦作为公务文书，应严格区别使用。讲话一般体现主办方或上级领导的意见，从整体出发，具有一定的原则性、政策性、权威性；发言一般体现参与方平级或下级领导的意见，从自身的实际出发，畅所欲言，具有一定的务实性、灵活性。如"在某个会议上的讲话"和"在某个会议上的发言"可能内容写法相同，但在实际使用时要注意标题的命名是选择"讲话"还是"发言"。

二、写作竞聘稿

（一）目标引领

（1）知识目标：了解竞聘稿的基本知识。

（2）能力目标：能写作规范的竞聘稿。

（3）素质目标：养成勇于挑战、敢于竞争的意识。

（二）理论导航

1.竞聘稿的含义

竞聘稿又称竞聘演讲稿、竞聘书，是竞聘者在竞聘会议上向与会者发表的一种阐述自己竞聘条件、竞聘优势，以及对竞聘职务的认识，被聘任后的工作设想、打算等的工作文书。

2.竞聘稿的特点

（1）目标的明确性。竞聘稿是针对某一岗位的竞聘，要鲜明地突出目标。

（2）内容的竞争性。竞聘演讲是为了竞争上岗，其重要特征就是具有竞争性，在写作中，要体现在岗位上的优势。

（3）演讲的技巧性。竞聘稿是除了内容的竞争性外，还需要打动别人，就需要注重演讲的技巧性，要展现自己的自信，注意渲染气氛。

3.竞聘稿的分类

按职位类属进行分类，竞聘稿可分为机关干部竞聘演讲稿、企业干部竞聘演讲稿、事业干部竞聘演讲稿等。

4.竞聘稿的结构及写法

竞聘稿通常由标题、称谓、正文、落款四部分组成。

(1)标题。有以文种为题的简单写法,"竞聘演讲稿";有以竞聘职位和文种为题的,如"人事处处长竞聘演讲稿"。

(2)称谓。一般写"尊敬的各位领导、同志们"。

(3)正文。以"大家好!首先感谢×××给了我这次竞聘的机会!"开头,接下来介绍自己的基本情况,阐述自己的竞聘优势和劣势,对竞聘职务的认识,被聘任后的工作设想、打算等,最后是结语。

(4)落款。姓名和时间,可以写出来,但不讲出来。

(三)例文示范

学生会主席竞聘词

各位领导、老师、同学们:

大家晚上好,非常高兴也很荣幸,能站在这个讲台上,参加学生会主席的竞选,今天我竞选的职位是学生会主席。过去的工作经验和能力的积累,使我觉得自己有能力肩负这一重任,调解好老师和同学们之间的关系,组织好我系各项活动,丰富同学们的生活,相信在领导和老师以及各位同学的支持下我会很好地完成各项工作。

对于学生工作我是有着深厚的感情的,在初高中时代我曾担任过班长的工作,获得了不少经验,一进入大学校门我就主动地加入了院学生会,成为了院纪律检查委员会的一员,这些年的学生工作的经验使我对学生会的结构和运作有一定的了解,也充满了热情,我自信能担任好学生会主席一职。

如果我当选了汽车系学生会主席,我将做好自己本职工作,在系领导、老师的指导下,以狠抓学风、班风建设为方向,积极开展学生思想教育,努力提高本系学生的整体素质。"求真,务实,开拓,创新",将我系的学生工作做"小",做"细",为同学服务,为老师分忧,在此基础上重点做好以下几点:

一是做好迎新工作,开展丰富、全面的入学教育活动,帮助t5级新生更快更好地适应在这里的生活,将"比学风,促班风"活动长久地开展下去,坚持开展以"三大竞赛"为代表的各项学习竞赛。营造我系浓厚的学习氛围,使同学们充分认识到"勤学积淀才干,奋斗铸就未来"的理念。并选拔一批成绩优异的同学成立学科兴趣小组,帮助同学解答学习过程中遇到的困难。

二是使学生会工作人性化,时常与班委及班级代表沟通,了解同学们在学习生活中的切实状况和存在的问题,切实解决广大学生的实际困难。开展主题丰富多彩的座谈会,让同学们与系领导面对面进行交流,鼓励并引导同学们参与到本系学生工作的讨论中,为学生工作添砖加瓦。在对待"热水收费""洗澡收费"等改革举措上,及时向系领导反映同学们的心声,积极探讨解决问题的方法;在针对"抵制日货"等一些敏感问题上,及时开展交流会,纠正部分偏激思想。

三是正确引导"学通社""蓝宙科技小组"这些优秀社团开展活动。充分发挥"英语角"等特色小组的榜样作用,开展形式多样的学习娱乐活动,充分发挥他们的优势,让"看到汽车系文字,听到汽车系声音,了解汽车系文化"成为现实,为汽车系打开一个又一个的交流窗口。

四是完善学生会内部的例会制度,做好各项会议的记录工作。精减学生会部门,明确各部门的工作范围,将各项工作细致地分配到部,提高办事效率,充分发挥各部的优势,让学生会每个成员得到充分的锻炼。

如果我竞选成功,我将努力做到:严格要求,严密制度,严守纪律;勤学习,勤调查,勤督办。以共同的目标来凝聚大家,以有效的管理来激励大家,以自身的行动来带动大家。努力做到大事讲原则,小事讲风格,共事讲团结,做事讲效果。我将用真诚、理解和信任对待我们的每一个部员,给他们一个宽松的自我发展和创造的空间。

参加这次竞选无疑又是一次绝好的锻炼机会,凭借这么多年的经验,凭借高涨的热情,我确信自己能够胜任学生会工作。今天我在这里努力争取这份责任,希望承担这份责任,不是为了荣誉和名号,或浮华背后的虚伪,而是希望伴随大家一起成长,一起为我系的学生工作献出一份微薄但很坚实的力量,大学生活,一路上有你有我,有彼此的祝福、期待与信任。

我期待你们的信任。

谢谢大家!

竞聘人:×××

××××年××月××日

(四)技能训练

创设一个竞聘情景,写一篇竞聘稿。

(五)反思提升

(1)气势要先声夺人。竞聘演讲的一个重要特征就是具有竞争性,而竞争的实质,是争取听众的响应和支持。而做到这一点的有效方法之一,就是要有气势,"气盛宜言"。这气势不是霸气,不是骄气,不是傲气,而是浩然正气。有了渊博的才识、正大的精神和对党的事业和人民的深厚的感情,就不难找到恰当的语言表达形式。

（2）态度要真诚老实。竞聘演讲其实就是"毛遂自荐"。自荐，当然应该将自己优良的方面展示出来，让他人了解自己。但要注意的是，在"展示"时，态度要真诚老实，有一分能耐说一分能耐，不能为了自荐成功而说大话，说谎话。

（3）语言要简练有力。老舍先生说："简练就是话说得少，而意包含得多。"竞聘演讲虽是展示自己的好时机，但也决不可"长篇累牍"。应该用简练有力的语言把自己的思想、见解和主张表达出来。

（4）心态要充满自信。著名演说家戴尔·卡耐基曾说过："不要怕推销自己。只要你认为自己有才华，你就应该认为自己有资格担任这个或那个职务。"当你充满自信时，你站在演讲台上，面对众人，就会从容不迫，就会以最好的心态来展示你自己。当然，自信必须建筑在丰富的知识和经验的基础上。这样的自信，才会成为你竞聘的力量，变成你工作的动力。

第五节　规章制度与简报

规章制度类文书是各级领导机关及其职能部门、社会团体、企事业单位，为实施管理，规范工作、活动和有关人员行为，在其职权范围内制定并发布实施的、具有行政约束力和道德行为准则的规范性事务文书的总称。规章制度是按照相关法律规定或职权范围制作的文书，因此具有很强的约束性、权威性和相对稳定性。

规章制度类文书，按使用范围的不同，可分为行政法规、章程、制度、公约四大类。行政法规类是行政机关按照法律规定制定的法定公文，以行政命令发布实施，包括条例、规定、办法、细则等，如《中华人民共和国公司登记管理条例》《国务院关于技术转让的暂行规定》《国家行政机关公文处理办法》等。章程类是党政机关、社会团体、企事业单位，用于规定其组织的性质、宗旨、组织结构、成员条件、权利、义务、纪律、活动规则等内容的纲领性文件，如《中国共产党章程》《××公司章程》等。章程必须通过集体讨论和全体成员或代表大会通过。制度类是单位或组织内部制定的要求全体成员共同遵守的规程和准则，包括制度、规定、规则、规程、守则、须知等，如《大学生守则》《实验室管理制度》等。公约类是人民群众或社会团体协商，达成共识而制定的共同遵守的准则。本节主要学习制度类文书的写法。

简报是由组织内部编发的用来反映情况、沟通信息、交流经验、促进了解的书面报道。一般由相关职能部门组织编写，定期在单位内部发行。其作用主要是沟通情况，交流信息，促进工作。

一、写作制度类文书

(一)目标引领

(1)知识目标:掌握制度类文书的基本知识。

(2)能力目标:能熟练写作规范的守则、规定、规程等制度类文书。

(3)素质目标:养成规矩意识和法治思维。

(二)理论导航

1.制度类文书的含义

制度类文书是党政机关、社会团体、企事业单位,为了建立正常的工作、学习、生活秩序,完成工作任务和目标而制定要求全体成员共同遵守的办事规程或行动准则的事务文书。例如作息制度、会议制度、安全制度、人事管理制度、工资薪酬制度、奖励处分制度、理论学习制度、组织生活制度等。制度涉及的内容十分广泛,不同系统、单位团体都有各自的管理制度,约束所属成员,对象明确,内容具体,针对性强。

2.制度类文书的特点

(1)内容约束性。制度类文书一经公布,有关方面及人员必须贯彻实施和遵照执行,具有强制性和约束力。

(2)逻辑严密性。制度类文书所涉及的内容都要做出恰当的规定,不能有疏忽和遗漏,以免在贯彻执行时被别人钻空子。每条每款的规定,都必须含义准确、清晰可辨,不产生歧义。

(3)表述规范性。分条列项是制度类文书区别于其他文种的显著特点,因此,写作该文种在表述上一律采用条理分明的条目化结构。它所规定的内容和事项,采用层次清楚、条分缕析的方法使内容鲜明、具体、规范。

3.制度类文书的分类

制度类文书是一个系统或单位根据实际需要而制定的、要求有关人员共同遵守的办事规则和行动准则。它也是严格组织纪律、加强有效管理的手段。制度种类繁多,根据内容和要求的不同,常用"制度""规定""规则""规程""守则""须知"等名称。制度、规定、规则侧重强调规矩纪律意识,规程侧重强调操作流程的规范性,守则、须知侧重强调言行的规范性。

4.制度类文书的结构及写法

制度类文书由标题、正文、落款三部分构成。

(1)标题。常有以下三种形式。

制发单位+事由+文种,如《中华人民共和国全国人民代表大会常务委员会议事规则》

《××公司廉政建设制度》等。

事由+文种,如《档案管理制度》《入学须知》等。

制发单位+事由+文种,如《××建筑公司高空作业规程》《××市××局关于保持清正廉洁的若干规定》等。

(2)正文。这是制度类文书的主体和核心内容,一般应先用简明扼要的语言交代制定制度的缘由、目的、依据、总体要求以及适用范围等基本情况,然后采用分条列项的形式,将制度内容,按照一定的顺序,一一具体阐述清楚。常见的表述方式有两种。

引言+条文+结语。先写一段引言,介绍制定制度的缘由、目的、依据、总体要求以及适用范围等。然后将有关规定的内容一一列出。最后写一段结语,强调制度的生效时间、执行要求、注意事项等。

条文式。条文式就是将全部内容都列入条文,包括开头部分的缘由、目的、依据以及结语部分的生效时间、执行要求等。一条贯通,逐条表述,句式整齐,直观明了。如果内容比较复杂,还可以条下设项,项下设款,多层编写序号,按照一定的逻辑,把相关内容表述清楚。

(3)落款。在正文右下方写上订立规章制度的单位和日期,如在标题中已出现或在标题下面已以题注形式注明,此处则省略不写。

(三)例文示范

高等学校学生行为准则

一、志存高远,坚定信念。努力学习马克思列宁主义、毛泽东思想、邓小平理论、"三个代表"重要思想、科学发展观和习近平新时代中国特色社会主义思想,面向世界,了解国情,确立在中国共产党领导下走社会主义道路、实现中华民族伟大复兴的共同理想和坚定信念,努力成为有理想、有道德、有文化、有纪律的社会主义新人。

二、热爱祖国,服务人民。弘扬民族精神,维护国家利益和民族团结。不参与违反四项基本原则、影响国家统一和社会稳定的活动。培养同人民群众的深厚感情,正确处理国家、集体和个人三者利益关系,增强社会责任感,甘愿为祖国为人民奉献。

三、勤奋学习,自强不息。追求真理,崇尚科学;刻苦钻研,严谨求实;积极实践,勇于创新;珍惜时间,学业有成。

四、遵纪守法,弘扬正气。遵守宪法、法律法规,遵守校纪校规;正确行使权利,依法履行义务;敬廉崇洁,公道正派;敢于并善于同各种违法违纪行为作斗争。

五、诚实守信,严于律己。履约践诺,知行统一;遵从学术规范,恪守学术道德,不作弊,不剽窃;自尊自爱,自省自律;文明使用互联网;自觉抵制黄、赌、毒等不良诱惑。

六、明礼修身，团结友爱。弘扬传统美德，遵守社会公德，男女交往文明；关心集体，爱护公物，热心公益；尊敬师长，友爱同学，团结合作；仪表整洁，待人礼貌，豁达宽容，积极向上。

七、勤俭节约，艰苦奋斗。热爱劳动，珍惜他人和社会劳动成果；生活俭朴，杜绝浪费；不追求超越自身和家庭实际的物质享受。

八、强健体魄，热爱生活。积极参加文体活动，提高身体素质，保持心理健康；磨砺意志，不怕挫折，提高适应能力；增强安全意识，防止意外事故；关爱自然，爱护环境，珍惜资源。

（四）实作体验

（1）拟写一份班级考勤制度。

（2）某学校地处江（河）边，近年来多次发生学生下水游泳导致溺水事件，请为该校拟写一份《关于禁止学生私自下江（河）游泳的规定》。要求写明标题、发布时间和单位、条目内容（包括目的要求、规定事项、执行时间）等。

（五）反思提升

（1）要与党和国家政策相符合。规章制度是党和国家方针政策的具体化，制定者对政策的掌握要全面，理解要深刻。具体规定既要注意正确性，又要有先进性和可行性，还应体现政策的连续性和长远性。

（2）要与本单位、本部门实际情况相吻合。规章制度必须根据本单位、本部门的实际情况有针对性地制定，要实事求是，一切从实际出发，不搞形式主义。

（3）内容要完备、逻辑要严密。规章制度行文格式上最大的特征是分条列项，每一条只讲一事，各条要有内在的逻辑关系，内容要完备、全面，不能有疏漏或自相矛盾之处。

（4）语言要准确、简洁。规定要求要明确无误，不能含糊其词、模棱两可。句子简短、上口易记。

二、编写简报

（一）目标引领

（1）知识目标：了解简报的基本知识。

（2）能力目标：能编写规范的工作简报。

（3）素质目标：坚守新闻的真实性和及时性原则。

（二）理论导航

1.简报的含义

简报即情况的简要报道，是国家机关、社会团体及企事业单位内部用来通报情况、指导工作、交流信息的一种事务文书。简报有多种名称，可以叫"××简报"，也可以叫"××动态"

"××简讯""情况反映""××交流""××工作""内部参考"等。

对上级,编发简报能迅速反映日常工作和业务活动的具体情况,便于上级了解下情,及时作出指示,有利于正确决策;对平级或下级部门,简报能沟通情况、交流经验、加强协作、推动工作。

2.简报的特点

简报的特点是具体、快速、真实、新颖。

具体。简报是针对某项具体工作的情况进行呈现和交流,内容需有明确的针对性。

快速。简报具有新闻性,传递信息要迅速及时,要求编发快,讲究时效性。

真实。简报的内容要求真实、准确、可靠,不能随意夸大缩小,必须实事求是,判断准确有依据,语言准确有分寸。

新颖。简报要站在时代的高度,反映新情况、新问题、新经验,能给人以新的启迪,新的教育。

3.简报的种类

可依不同的标准分出不同的类型。按时间分,有定期的(如周刊、月刊、季刊),有不定期的,也有根据某种需要编发的临时性简报。按内容的性质分,有工作简报、学习简报、会议简报、信访简报等。按内容涉及范围分,有综合性简报和专题性简报。按行文去向分,有上行简报、平行简报、下行简报。下面介绍几种常用的简报:

(1)动态简报。这是一种为党、政领导同志和决策部门提供最新信息而编发的简报。主要刊登一些具有参考价值的最新事态、工作中的重要动向、重大社会新闻、具有代表性的群众意见等。这类简报,只供一定范围内的人员内部参阅。

(2)工作简报。这主要用来及时反映工作情况,也常称为"情况简报"。即反映本部门、本系统贯彻执行上级精神的情况,生产、经营等方面的工作任务的进展情况,工作中的经验教训和问题等。

(3)会议简报。这是一种在党代会、人代会、政协会等大型会议期间,为反映会议进展情况而编发的简报。这种简报,有的是在会期内编辑,把有关的会议进展情况、讨论情况等整理出来,分发给与会人员,以便及时沟通交流;有的是在会议结束以后,把会议的精神、领导同志的讲话或会议的决议等,及时报道出来,发给所属单位,以便贯彻执行。

4.简报的结构与写法

(1)简报的基本格式

简报由报头、报身(主体)、报尾三部分组成。

报头。为简报之首,一般占首页的三分之一的版面,通常由通栏红线与报身分开。由简报名称(套红)、期数、编发机关、日期、保密提示等项目组成。

报身。处于报头和报尾之间,由目录、标题、导语、正文、结尾组成。

报尾。位于简报最后一页的末端,由两条通栏平行线标明。注明本期简报的发送范围和印发份数。

简报格式式样:

（密级）

×　×　简　报

第×期(总第×期)

（编发单位全称）　　　　　　　　　　　　　　　　（编印日期）

目　录

一、×××××××　　（×页）

二、×××××××　　（×页）

标　题

××。（正文）

　　　　　　　　　　　　　　　　　　　　　　　（供稿者）

抄送:（按上级、平级和不相隶属、下级顺序排列,不同级别之间用分号隔开）

　　　　　　　　　　　　　　　　　　　　　　　（共印×份）

（2）简报报身中消息的写法

简报的报身部分核心内容是由一则则的消息构成。下面介绍消息的结构与写法。

消息一般由标题、导语、主体和结尾组成。

标题。消息的标题跟新闻的标题有些类似,可分为单标题和双标题两种基本类型。

单标题:将报道的核心事实或其主要意义概括为一句话作为标题,如《后勤工作今年重点抓好五件事》《我校"双高计划"项目通过专家审查验收》《查摆突出问题研究主题教育方案》。

双标题:双标题有两种情况。

一是正题后面加副题。前一个标题是正题,概括事实的性质,后一个标题是副题,补充叙述基本事实。如:

再展宏图　创全国一流市场

——××农贸市场荣获市信誉市场称号

二是正题前面加引题。前一个标题是引题,指出作用和意义,后一个标题是正题,概括主要报道内容。如:

服务社会　完善自身

华东师大团委开展"三下乡"社会实践活动

导语。导语就是简报的开头语,要用简短的文字,准确地概括报道的内容,说明报道的宗旨,引导读者阅读全文。导语写作的总的要求是"开门见山",一开始就切入基本事实或核心问题,给人一个明确的印象。

导语的具体写法可根据主题需要,分别采用叙述式、描写式、提问式、结论式等几种形式。用概括叙述的方法介绍简报的主要内容,叫作叙述式。把简报里的主要事实或某个有意义的侧面加以形象的描写,以引起读者的阅读兴趣,叫作描写式。把简报反映的主要问题用设问的形式提出来,以引起读者的思考,叫作提问式。先将结论用一两句话在开头点出来,然后在主体部分再作必要的解释和说明,叫作结论式。这几种导语形式,各有所长,写作时可根据稿件特点选择运用。

主体。主体是简报的主要部分,它的任务是用足够的、典型的、富有说服力的材料把导语的内容加以具体化,用材料来说明观点。写好主体是编好简报的关键。主体的内容,或是反映具体的情况,或是介绍具体的做法,或是叙述取得的成绩和经验,或是指出存在的问题,或是几项兼而有之,要视具体情况而定,没有固定的框框。

主体的层次安排有"纵式"和"横式"两种形态。纵式结构按事件发生、发展的时间顺序来安排材料,横式结构按事理分类的顺序安排材料。如果内容比较丰富,各层可加小标题。

结尾。简报要不要结尾,因内容而定。事情比较单一,篇幅比较短小的,可以不单写结尾,主体部分话说完就结束,干净利落。事情比较复杂,内容较多的,可以写个结尾,对全文作一个小结,以加深读者印象,或发出号召,鼓舞斗志。有些带有连续性的简报,为了引起人们注意事态的发展,可用一句交代性的话语作为结束,如"对事情的发展我们将继续报道""处理结果我们将在下期报道"等。

正文结束后,可用括号注明供稿单位或供稿人。

（三）例文示范

共青团工作简报

第 10 期（总第 56 期）

共青团××大学委员会 　　　　　　　　　　　　　××××年××月××日

寻访秋白足迹不忘初心使命

2023 年 7 月 12 日，××大学学生会党的二十大精神宣讲团暑假社会实践小分队在瞿秋白纪念馆和常州高级中学进行寻访秋白足迹之旅。

第一站，同学们来到了位于常州市钟楼区的瞿秋白纪念馆。瞿秋白纪念馆是常州地区唯一的一家中国重点文物保护单位的人物类纪念馆，也是中国唯一全面收藏、陈列、展示瞿秋白同志业绩、研究瞿秋白思想，弘扬瞿秋白精神的专业馆。瞿秋白纪念馆由故居和纪念馆两部分组成。纪念馆占地面积 2282.19 平方米，内设展览大厅、学术厅、影视厅、资料室、电脑室、贵宾室等，陈列、收藏丰富而完备的有关瞿秋白生平和思想的照片、实物、文字、文献和研究资料。通过纪念馆中保留的瞿秋白的手稿，穿过的蓑衣、草鞋，显示了这名伟大共产党员的艰苦朴素的生活。一幅幅历史图片和文字给大家重现了一位坚强的共产党员的成长历程。

第二站，同学们来到了瞿秋白同志曾经就读的常州高级中学。参观了校史馆，在这里，能看到瞿秋白同志上学时的照片，及张太雷等人在此读书的珍贵资料。而后，与学校老师进行交流，进一步深入地了解瞿秋白同志在这里的求学经历。

2023 年 7 月 14 日，××大学学生会党的二十大精神宣讲团暑假社会实践小分队来到上海，开始上海秋白足迹寻访之旅。

第一站，队员们首先来到了位于上海市虹口区的中共四大纪念馆，主展厅中按照时局与形势，筹备与召开，发展与高潮详细介绍了中共四大召开的历程；副展厅以丰富的图片及展品，全方位展示中共四大中的重要事件、重要人物和重要旧址；场景再现，模拟中共四大会议召开的场景。馆中展示了大量史料，其中包括中共四大形成的各项决议文本复制件、瞿秋白的衣着和手稿复制件等物品。通过一件件的红色物品，我们感受九十三年前四大召开的情景，体会共产党人坚定的共产主义必胜信念和坚贞不屈、追求自由的奋斗精神。

第二站，队员们来到了陕西北路的上海大学的旧址。"文有上大，武有黄埔"。这所具有光荣历史的上海大学创办于 1922 年 10 月 23 日，1924 年 2 月迁至陕西北路 299 弄 4—12

号。原陕西北路299弄内上海大学在建造恒隆广场时拆除,在恒隆广场的草地上,有一块上海大学旧址的纪念碑。上海大学是一所由国共两党合作创办的文科大学。上大开设具有特色的社会学系,讲授马克思主义理论,引导学生参加革命实践。瞿秋白曾任校务长、上大社会学系主任。当年瞿秋白讲的《苏联的新经济政策》很受学生及社会大众的欢迎。

第三站,队员们走访上海市静安区档案馆和中共上海市静安区党史研究室,查找瞿秋白有关的历史文献,和上海大学的师生探讨瞿秋白精神的历史意义和瞿秋白精神对今的影响。在短暂的36个春秋里,他以"犬耕"精神,为中华民族的解放事业生命不息,战斗不止。

2023年7月24日,暑假社会实践小分队队长在东方社区进行以"探寻秋白道路,不忘我党初心"为主题的红色理论宣讲。本次活动以瞿秋白为核心,从秋白之路和党的初心两大方面,分六部分进行宣讲。

本次"寻访秋白足迹不忘初心使命"暑期社会实践活动让队员们对瞿秋白革命之路和党的精神有了更加深入的理解,深刻领会了"确立习近平同志党中央的核心、全党的核心地位,确立习近平新时代中国特色社会主义思想的指导地位"的重大意义。作为当代大学生应不忘初心、牢记使命,学好本领,为实现中华民族伟大复兴大业作出自己的应有的贡献。

抄送:团市委学校部;各团总支;各团支部

（共印60份）

(四)实作体验

以学习小组为单位,每组编辑一期班级学生活动简报。

(五)反思提升

(1)内容要求真务实。简报既要言之有物("实"),又要真实可靠("真")。不能内容空洞,更不允许歪曲事实真相,编造假情况。

(2)语言结构力求精练。"简"是简报的主要特点,因而须篇幅短小,语言简练,主题集中单一。

(3)选材应当新颖独特。要选择本单位人员关心的有新意的材料,即新情况、新信息、新问题、新经验等,报道要有一定的新闻性。

第六节　计划与总结

计划和总结是我们日常工作、学习、生活中使用频率很高的一种事务性文书。事前做计划,对一定时期内全面工作或专项工作提出目标、任务、措施、步骤、时限等要求,以指导工作有序开展,增强预见性,减少盲目性。事后做总结,肯定成绩、积累经验,发现问题、吸取教训,找到规律、明确方向,以指导今后的工作。

一、写作计划

(一)目标引领

(1)知识目标:掌握计划的基本知识。

(2)能力目标:能熟练写作规范的计划。

(3)素质目标:养成事前作计划的良好习惯。

(二)理论导航

1.计划的含义

计划是对未来一定时期的工作预先作出安排时使用的通用事务文书。计划主要是依据党和国家的方针、政策以及上级的指示精神,对未来的工作任务拟定目标,设想其步骤、方法等,是组织实施的行动纲领。计划是一个大范畴,工作中经常使用的规划、纲要、方案、安排、设想、要点等都属于计划范畴。

古语云:"凡事预者立,不预则废。"事前作计划是建立正常的工作秩序、提高工作效率的重要前提,是领导了解工作情况、指导工作的重要手段,是顺利完成工作任务的保证,是事后检查、总结工作的重要依据。

2.计划的特点

(1)科学的预见性。计划是在总结前阶段工作的基础上,结合本单位的具体情况、经过充分的调查研究的基础上制定的,是对未来工作提出的科学预见。它应该符合三个原则:弹性原则、自然原则和增强原则。

(2)执行的约束性。计划虽不是法定公文,但它是单位、部门内部执行的公用事务文书,是内部的行动纲领,在一定范围内具有约束力。

(3)明确的目的性。目标是计划的灵魂。计划的内容应清楚地反映出"做什么""怎么做""做到什么程度",其中,"做什么""做到什么程度"是计划的明确目标,而"怎么做"是为了实现目标的步骤、措施。

3.计划的种类

计划的种类很多,从不同的角度可以对其进行不同的分类。

(1)按内容的不同,可分为工作计划、生产计划、科研计划、教学计划、学习计划等。

(2)按时间的不同,可分为长期计划,如三年、五年及更长时间的计划;短期计划,如年度、季度、月度等。

（3）按范围的不同，可分为国家计划、系统计划、单位计划、部门计划、个人计划等。

（4）按效力的不同，可分为指令性计划和指导性计划。指令性计划一般是由国家决策机关制定的计划，要求有关单位认真执行并完成。指导性计划则具有一定的灵活性。

（5）按形式的不同，可分为文字表述式计划、表格式计划、表述表格式计划。

4.计划的结构与写法

计划的写法比较灵活。根据内容的要求，一般采取文字表述式、表格式和表述表格结合式三种。下面介绍文字表述式的写法。

文字表述式一般由标题、正文、落款三部分组成。

（1）标题。计划的标题通常由单位名称、时限、计划内容、文种组成，如《长江电机厂2025年销售计划》。有时，也可以由单位名称、事由、文种或时间、事由、文种组成，如《关于重庆银行业保险业支持高新技术企业和科技型企业"双倍增"行动方案》。

（2）正文。包括前言、主体、结尾三部分。

前言：是全文的导语，需用简明扼要的文字交代有关情况，写明提出任务的依据，提出总的要求等。

主体：是计划的主要部分，主要由计划的目标、措施、步骤三部分组成，简称计划的"三要素"。目标要素要求写清目标、任务和要求，具体地说明"做什么""做到什么程度"或"什么时候完成"，使任务既有质的规定，又有量的要求，做到目标明确、任务具体、要求清楚。措施要素指围绕计划目标而设计的一系列实施办法，具体点明实现目标需要的方法和手段。步骤要素指实现计划目标的程序和安排，包括对每一阶段对每个工作环节作出全局性的统筹安排等。有些综合性工作不便分步骤时，可以不写。

结尾：是计划的总结部分，应简明扼要地发出号召并提出希望，或描述计划实施后的前景，或强调任务的重点和工作的主要环节等。

（3）落款。在正文右下方写明制定计划的单位和日期。

（三）例文示范

2025 年销售工作计划

随着河北区市场逐渐发展成熟，竞争日益激烈，机遇与考验并存。面对先期投入，正视现有市场，我作为山东区销售经理，为保证公司本年度销售任务的完成，特制定本计划。

一、销售目标

全年完成基本销售任务 560 万元，力争突破 700 万元。

二、工作内容

1.根据客户订单及时制定和修改发货计划;负责发货计划的过程监控和具体实施;发货订舱以及相关事务的协调,保证产品的正常发货,并及时向领导反映过程情况。

2.对国外客户的信息收集、及时传递、及时处理,如图纸、PPAP信息反馈等;并及时了解国际机械制造市场和外汇市场的消息,为公司的发展壮大提供信息支持。

3.按时完成全部发货所需单据,包括发货单、装箱单、商业发票、运输合同、运输声明、原产地证等。

4.及时就发货所涉及的相关事务与客户有效沟通。

5.参与公司新产品项目的生产评估和实施过程监控。如发放新产品评审图纸和进展过程跟踪。

6.准确完成统计月度出口明细、月度应收汇明细,并和财务对账。

7.向国外客户催要应付款项,包括在WEBEDI生成ASN和发票,制作纸质收汇单据等,及时回款,对未达账项积极负责。

三、实施措施

1.客户分类

根据2024年度销售额度,对市场进行细分化,将现有客户分为VIP用户、一级用户、二级用户和其他用户四大类,并对各级用户进行全面分析。

2.技术交流

(1)本年度针对VIP客户的技术部、售后服务部开展一次技术交流研讨会。

(2)参加相关行业展会两次,其中展会期间安排一场大型联谊座谈会。

3.客户回访

目前在国内市场上流通的相似品牌有七八种之多,与我司品牌相当的有三四种,技术方面不相上下,竞争愈来愈激烈,已构成市场威胁。为稳固和拓展市场,务必加强与客户的交流,协调与客户、直接用户之间的关系。

(1)为与客户加强信息交流,增进感情,对VIP客户每月拜访一次;对一级客户每两月拜访一次;对于二级客户根据实际情况另行安排拜访时间。

(2)适应把握形势,销售工作已不仅仅是销货到我们的客户方即为结束,还要帮助客户出货,帮助客户做直接用户的工作,这项工作列入我14年工作重点。

4.网络检索

充分发挥我司网站及网络资源,通过信息检索发现掌握销售信息。

5.售后协调

目前情况下,我公司仍然以贸易为主,"卖产品不如卖服务",在下一步工作中,我们要增强责任感,不断强化优质服务。用户使用我们的产品如同享受我们提供的服务,从稳固市场、长远合作的角度,我们务必强化为客户负责的意识,把握每一次与用户接触的机会,提供热情详细周到的售后服务,给公司增加一个制胜的筹码。

本年度我将严格遵守公司各项规章制度,加强业务学习,提高业务水平,突出重点,维护现有市场,把握时机开发潜在客户,注重销售细节,强化优质服务,稳固和提高市场占有率,努力完成销售任务。

山东区销售经理:×××

××××年×月×日

(四)实作体验

(1)我的课外阅读计划

(2)提高应用文写作水平计划

(3)个人自学考试学习计划

(4)暑假社会实践活动方案

(五)反思提升

(1)要有全局观点和前瞻意识。在撰写计划时,要兼顾整体与局部、当前与未来的联系,即以党和国家的方针政策为指导、结合本单位、本部门的实际情况,着眼全局和未来,制订出明确的计划。

(2)要切实可行,留有余地。制订计划一定要根据实际情况,充分论证主客观条件。任务和要求不要提得过高,无法实现;或者安排得过低,压抑了主观能动性。由于计划是事前制订的,在实施过程中总会遇到一些意想不到的问题,影响任务的落实。因此,制订计划时应留有余地。

(3)要听取群众意见。制订计划是为了实现计划的事项,而计划,尤其是部门计划,是需要大家共同完成的事情,脱离群众的计划,是难以调动群众的积极性。所以,要把计划草稿交与群众讨论、修改、补充,把计划变成群众的共同意志,激发大家执行计划的自觉性。

(4)要写得明确具体,便于执行和检查。计划的内容要写得明确具体,笼统、模糊、抽象、空洞的计划,实施起来,只能使人无所适从。定出计划的任务、指标、措施、责任等,都必须明确具体,不能让人产生歧义,以免责任不明,难以检查。

二、写作总结

(一)目标引领

(1)知识目标:掌握总结的基本知识。

（2）能力目标:能熟练写作规范的总结。

（3）素质目标:养成事后作总结的习惯。

（二）理论导航

1.总结的含义

总结是对前一时期的工作进行回顾、检查和研究,找出成绩与问题、经验与教训,用来指导今后工作的事务文书。

总结和计划都是工作中常用的事务文书,但两者对实际工作产生作用的方式不同。如果计划主要是指导未来,那么总结则主要是回顾过去,找到经验教训。回顾过去,特别是从中引出规律性的东西,可以为今后开展工作提供借鉴和帮助。总结过去的工作情况本身,也是培养工作能力,提高认识水平的一个过程。

2.总结的特点

（1）回顾性和规律性相结合。总结是对已经过去的某一阶段或某一方面的工作进行回顾、分析研究,没有情况的回顾,收获、体会就无从谈起,经验、教训也是无源之水。总结在回顾过去实际工作的同时,又要把零散的经验系统化,把肤浅的认识加以提炼,上升到理性认识的高度,从中概括出规律性的东西。没有理性认识的提升,总结将沦为"流水账"。有理性高度的规律性经验是总结的灵魂。

（2）叙述性和议论性相结合。总结要概括地叙述过去的工作,从中找出经验、教训。常采用叙述的表达方法,把事实交代清楚,在此基础上,进行分析评论,夹叙夹议,叙议结合。

3.总结的种类

按性质,可分为综合性总结（全面总结）、专题性总结两种。按内容,可分为工作总结、学习总结、会议总结、思想总结、生产总结等。按范围,可分为个人总结、集体总结等。按时间,可分为年度总结、季度总结、月份总结等。

从各级党政机关和企事业单位的工作实际出发,按总结的内容划分,显得更实用一些,即综合性总结和专题性总结。所谓综合性总结,是对总结对象在一定时期内的所有情况进行全面反映和评析的总结;所谓专题性总结,则是对某项工作的情况或总结对象在某个时期的某个方面的情况,进行专门反映和评析的总结。

4.总结的结构与写法

总结一般由标题、正文、落款三部分组成。

（1）标题。总结标题常见的有公文式标题、新闻式标题两种形式。

公文式标题一般用于工作总结。由单位名称、事由、时间、文种四要素组成,如《重庆市2023年财政工作总结》;也可以由单位、事由、文种或事由、文种组成,如《凉山支教工作阶段总结》。

新闻式标题常用于专题总结。可分为单标题和复式标题（双标题）两种形式。单标题，如《高举科技创新旗帜，推动企业科学发展》。复式标题，正标题突出中心，副标题说明单位、事由、文种，如《挖潜力、促效益、补损失——重庆柴油机厂2023年度工作总结》。

（2）正文。正文包括前言、主体、结尾几个部分。

前言通常用以概述情况，或对工作背景和开展工作的条件，作一个简要交代。

主体重点是阐述工作的成绩与经验、经验和教训等。成绩与经验部分是总结的主要内容。要写明做了哪些工作，采取了怎样的措施、方法、步骤，取得了哪些成绩，有什么经验、体会等。这部分要用翔实的材料，最好有关键性的实例和数字，从中找出规律性的东西。问题与教训部分要实事求是地把工作中的失误和问题写明，并深刻分析产生失误和问题的原因，指出应当吸取的教训。不同的总结对这部分的轻重处理不同，若是反映问题的总结，这部分是重点。

结尾一般是在总结经验教训的基础上，针对存在的问题，提出改进措施，或说明今后的打算。有的总结最后展望前景，表明决心。这部分内容要言简意赅，也可以不写。

（3）落款。包括署名和日期。

（三）例文示范

担任大学生村官三年工作总结

时间过得飞快，转眼我已经担任大学生村官三年了。这三年的基层工作经历，是我人生历练的一笔宝贵财富。我从当初的"浮萍草"逐渐地"沉"了下去，工作也逐渐地步入正轨、更加务实求真。三年来，在街道党工委的正确领导下，我积极认真地协助社区居委会主任做好社区工作，努力做到了不辜负领导的支持和群众的信任。现将三年工作情况总结如下：

一、多看多学，提升自身能力素质

我始终严格要求自己，加强自身学习。坚持学习党和国家的各项方针、政策，深入领会党的十九大精神的深刻意义，并且认真学习。进一步提升自己的思想道德素质，增强自己的责任感和使命感，在心目中树立正确的世界观、人生观和价值观，并时刻关心国内外发生的重大事件，认真领会党的政策、方针和重大决策，并积极向党组织靠拢。同时我还认真学习了社区工作制度汇编，先后查阅了30余本与和谐社区建设和社区工作有关的书籍，认真地学习了有关党内表决、代表会议、民主选举、民主理财等方面知识。

此外，我还主动与上级领导沟通，学习领导处理社区纠纷和办理具体事务的方法，并将所学应用于工作实践，创新了工作思维和方法，极大地提高了工作效率。在生活中，在街道党工委的领导和关心下，我始终坚持严谨、优良的生活作风。生活方式是一个人思想觉悟、道德水准、知识水平、性格品质的综合体现,所以我必须让自己具备这种作风,才能融入基层建设的队伍中来。在平时的工作中,凡是社区干部安排的任务,我都努力完成。凡是街道召开的会议,我都积极参加;凡是社区的重要事务,我都认真参与。要把工作做好,我始终以"必须用科学的理论和良好的政治素养武装头脑,然后用切实的方法去加以实践"这句话来勉励自己。

二、用心用劲,增进与群众的感情

积极投身社会主义和谐社区建设。××××年到社区任职后,我了解到××社区居民群众居住比较分散,人口复杂,开展社区工作有一定的难度。我就在社区居委会主任的带领下,挨门挨户地去详细调查住户的情况,遇到困难户或是家庭情况比较特殊的住户,我都特别标注,等开例会的时候上报街道领导,希望能给这些住户一些实质性的帮助。我还虚心向社区干部学习他们和居民群众打交道的工作方法,热情接待每一位前来办事的居民,以十二分的耐心讲解他们提出的困惑,不怕困难和误解,坚持到底,最后我赢得了社区居民的认可,不再被他们认为是空架子没有实际能力。现在我已经和居民都相当熟识,他们都积极配合我社区开展的各项工作,增添了我工作的信心和提供了无尽的动力。

三、立足岗位,协助做好日常事务

社区工作虽小,但也烦琐冗长。在各项工作中,我都努力配合社区干部,当好参谋助手,积极出谋划策,认真收集整理资料,为社区干部排忧解难。在任职的三年里,主要工作有:

1.文字材料处理

我经常协助社区干部处理一些文字材料,撰写一些相关的工作计划和总结报告,利用自己所学的计算机知识处理一些电子材料,例如档案整理、文件的复印、打印、资料录入等工作。并与另一名大学生村官负责全街信息上报,及科学发展观周报和简报上报。

2.医疗保险工作

在全面开展医疗保险工作之初,特别将大学生村官集中到一起,进行了一次培训,使我们能熟练掌握医保程序的应用。我主要负责医疗保险的登记造册和在电脑中录入数据的工作。

3.经济普查工作

第二次经济普查,我协助社区干部对全街的个体工商户进行走访,登记商户的基本情况,并圆满完成经济普查任务。

4.养老保险工作

20××年××月,开始了养老保险入户登记。在社区居委会主任的带领下,我挨门挨户入户登记,并将60岁以上未入保险的老人登记入表,然后整理入微机。经过汇总全街共登记养老保险××人。

5.人口普查工作

第××次全国人口普查是一项重要工作。在全国进行的第六次人口普查工作中,我担任社区人口普查员,和普查指导员一起入户宣传国家人口普查政策,认真进行前期的人口普查摸底工作。在正式普查工作开始后,挨家挨户上门询问信息、填写人口普查长短表。由于流动人口数量大、住户因上班等其他原因,登记不到普查信息,给普查工作带来了困难,有的住户要去好几次才能登记到信息。因此,自己放弃休假,利用中午、晚上时间上门普查,坚持认真、仔细、真实的原则,努力完成了社区人口普查工作,在普查中的认真精神也给居民留下了深刻印象。

6.丰富全街文化生活

每逢过年过节,都想办法组织居民群众参加文娱活动,丰富他们的精神生活。20××年××月,动员居民参加了街道组织的健美操比赛。20××年春节,我社区干部和居民参加了秧歌队,在春节期间为各个煤矿和矿区及其他街道进行文艺拜年,受到了各级领导的好评。

7.其他工作

稳控上访户,对流动人口进行摸底调查,协助社区干部处理矛盾纠纷,为居民群众代办老年卡等。

四、深刻感悟,角色转变是第一步

选择做大学生村官,就要抹开面子,首先当好学生,向社区干部学习,较快地融入社区"两委"班子中,学会揽事不揽权、尊重不奉承、依靠不依赖、服从不盲从、到位不越位、补台不拆台、上下要搭桥。理想和现实总是有些差距,虽然是大学生,到社区任职必须摆正位置,脚踏实地,忘记"证书",忘记学历,以"小学生"的姿态从头开始学,从小事做起,不能好高骛远,舍近求远,一味追求一鸣惊人、惊天动地反而一事无成。摆正自己的位置,当好助手参谋,把心放在工作上,哪怕是发现一个小问题、提出一个小建议,同样都是收获,都是作贡献,同样能得到群众的认可。

俯下身子为民解忧。在社区工作必须把居民放在心上,放下架子深入居民,了解他们的所思、所想、所盼、所愁,并积极主动地为他们解愁解忧,才能成为居民的贴心人。社区条件比较艰苦,有时工作开展不顺利,得不到理解,甚至遭到误解,从而感觉很委屈。如果没有扎实苦干的作风,没有坚忍不拔的意志很难干得了,更难干得好。因此,在社区工作必须守得住清贫、耐得住寂寞,俯下身子,找到适合自身的为民办实事的载体,赢得群众的认可和欢迎。社区工作最实际、来不得半点虚假,人民群众最朴实,最看重实际效果。

做好社区工作,既要尊重社区实际,又要敢于解放脑子想,放开胆子干,不仅要为社区建设出谋划策,同时自己要勇于挑重担子,积极参与社区的重大决策和解决重大问题上来,敢干、真干,才能干出成效。

五、清醒认识,存在不足和努力方向

在工作中我也认识到了自己的不足,主要体现在以下几点:

1.理论联系实际的能力有待提高

四年的大学生活让我学到了很多知识,要把这些知识很好的运用到社区工作中去,需要找到理论联系实际的切入点,需要对社区工作十分熟悉,才能将理论运用得得心应手,这也是我需要改进和提高的。

2.与居民沟通缺乏技巧

社区的群众文化水平普遍较低,有时候讲大道理并不能把问题解决,需要运用老百姓特有的语言与技巧。很多时候自己无法解决的问题,社区干部三言两句就让居民心服口服,在沟通方面我还要向他们学习。

3.在社区工作中思路不开阔

思路不开阔,也是在我工作中凸显的问题,要想开阔思路,还要进一步学习社区工作,进一步问计于民、问需于民,与群众打成一片。

在剩余的任期里,我会更加严格要求自己,继续发挥特长、改进不足,虚心学习、求真务实,为加快推进和谐社区建设贡献一份力。基层是施展才华的大舞台,要发挥特长,服务基层;基层是历练人生的熔炉,要吃苦耐劳,踏实肯干。路漫漫其修远兮,吾将上下而求索。未来的日子里,我将继续怀揣对人民的真情、对工作的激情、对未来的豪情,在大学生村官路上大踏步前行。

(四)实作体验

(1)写一份半期以来应用文写作的学习总结。

(2)选择班级或学校近期开展或组织的某一项活动,从活动组织者的角度,写一份活动总结。

(3)代本系学生会写一份本学期的工作总结。

(五)反思提升

(1)实事求是,揭示规律,切忌虚假。如实反映工作中的成绩和问题、经验和教训,把以往工作实践的本质和规律,尽可能深刻地揭示出来,不能只报喜不报忧,也不能脱离实际,随心所欲地拔高。

(2)要明确性质,抓住重点,切忌平庸。写一篇总结,要弄清它的性质,是工作总结,还是思想总结;是综合总结,还是专题总结等。要弄清写作目的。目的不同,内容的侧重点也不同。写作时,要分清主次、抓住重点。切忌堆砌材料,罗列现象,平铺直叙,记流水账。

(3)观点和材料相统一。写主体部分,常用的写法是夹叙夹议或先叙后议。叙述是议论的基础,议论必须紧扣叙述,也就是材料与观点相统一、情况与分析相结合。若只有材料,没有观点,那就是没有统帅,没有灵魂;若只有观点,没有材料,那就是空洞的理论,不能让人信服。

第七节　述职报告与调查报告

一、写作述职报告

(一)目标引领

(1)知识目标:了解述职报告的基本知识。

(2)能力目标:能写规范的述职报告。

(3)素质目标:树立和践行正确的政绩观,实事求是地评价自己。

(二)理论导航

1.述职报告的含义

述职报告是领导干部、专业技术人员接受考核,向所在单位的人事部门、主管领导机关或本单位职工群众,陈述自己在一定时期内履行岗位职责情况及绩效的文书。随着公务员制度的实施和现代管理制度的推行,述职报告的使用越来越频繁。

2.述职报告的特点

(1)内容的规定性。述职报告是在规定范围(职责范围)、规定时间(任职期间)内,对自己工作所作的评述性的书面报告。它必须围绕岗位职责这个中心来汇报,其内容具有相对的规定性。

(2)政绩的呈现性。政绩是评价干部的主要标志,因此,述职报告要充分呈现述职人的工作政绩。行文时依据岗位职责、目标的要求对自己进行较为准确地定性、定量分析,把工作实绩及经验、教训、看法等实质性的内容表述清楚,并给予恰当的自我评价。

(3)功能的考评性。述职报告作为政绩考核的一种手段和依据,可以用来测评述职者的政绩,决定任职者的奖惩;可以用来正确地评价和使用干部。

3.述职报告的种类

述职报告根据不同的划分标准,可以有不同的种类。

(1)按时间划分,可分为试聘期述职报告、任期述职报告、定期述职报告。

(2)按形式划分,可分为面陈式述职报告和书呈式述职报告。前者是用于会议等场合当面陈说的述职报告,后者仅以书面形式递送。

4.述职报告的结构与写法

述职报告一般由标题、正文、落款三部分组成。

（1）标题。述职报告的标题有多种写法，大致可概括为以下两种：

公文式标题由职务、时间、文种构成标题，如《××省教委办公室主任1999年度述职报告》；由职务和文种构成标题，如《××公司总经理述职报告》；由时间和文种构成标题，如《1999—2000学年述职报告》；只用文种名称作标题，如《我的述职报告》或《述职报告》。

主副式标题将内容的侧重点或主旨概括为一句话做标题，以年度和文种构成副标题，如《全心全意为老干部服务——1999年度述职报告》《努力抓好"菜篮子"和"米袋子"——我的述职报告》。

（2）正文。述职报告正文由前言、主体、结尾三部分组成。

前言述职报告的前言部分一般包括三个方面的内容，一是岗位职责，二是指导思想，三是概括评价。岗位职责包括自己从何时起担任何职，主要负责的工作；指导思想是说明自己在什么样的思想原则、方针政策指引下进行的工作；概括评价是对自己工作的基本评价。三个方面的内容都要简略地写，一般一个自然段即可。上述内容在写作中可以灵活处理，除岗位职责必不可少外，其他两个方面的内容可以安排在后面的主体部分或者结尾部分中。

主体具体陈述"我"的履职情况，一般从"德、能、勤、绩"四个方面来谈，如：对党的路线、方针、政策、法纪和指示的贯彻执行情况，对自己职责范围内的工作和上级交办事项的完成情况。写作的重点是职责范围内工作的开展情况：有何决策，有何工作举措，工作成效是否达到了岗位目标的要求，成绩及经验、问题及教训等。另外，对自己做出突出成绩的工作、有创造性开拓性进展的工作要重点写。一般性的工作、日常事务性的工作要简单写。

结尾：可以对自己做一个基本的评价，或简要说明自己的一些体会或今后打算、改进措施，表明尽职尽责的决心。也可以不要结尾。这部分行文要简短、有力、自然。

（3）落款。签署述职人的姓名和时间。若报告人在标题中或标题下已署名，则最后写明报告的具体时间。

（三）例文示范

矿长述职报告

各位领导、各位代表、同志们：

一年来，在局党委、矿务局的正确领导下，在主持矿行政工作中，我和矿党委书记及班子成员一起，团结带领全矿广大干部职工，按照矿务局工作会的安排部署，理思路，谋发展，抓落实，求实效，较好地完成了矿务局下达的目标任务。我也能认真履行职责，积极努力开展工作。下面,我就自己一年来的学习、工作和廉洁自律情况向大家予以汇报,请评议。

一、加强理论学习,努力提高自身的党性修养和政策水平,树立科学的发展观、政绩观

有什么样的理论来指导,就会有什么样的行动去实践。基于这种认识,我能够注重个人理论素质的提高。一年来,我能积极地参加局矿开展的各种形式的理论学习和理论教育活动,遵守党委中心组学习制度,坚持做到遵守学习时间,完成学习任务,写心得,谈体会,注重学以致用。而且,我还能注意利用各种外出参观学习的机会,加强与他人的沟通,汲取其成功的经验,努力提高和充实自己。通过对十六届三中、四中全会精神的学习,使自己牢固地树立了科学的发展观,正确的政绩观,经管理念更加明晰;通过对政策、法规、条例、准则的学习,使自己的法治观念进一步增强,自律的意识有了新的提高;通过对业务知识的学习,使自己工作能力不断长进。实际工作中,我做到了理想信念坚定,是非面前旗帜鲜明,以大局为重,自觉维护团结,勇于开展批评与自我批评,注重调研,尊重事实,并能注意用党员领导干部标准修正自己言行。

二、按照局党政的统一部署与要求,理思路、定措施、抓落实,确立各个阶段的工作重点和工作目标,认真履行工作职责

一是紧紧抓住安全质量标准化这条主线。去年初,经过与班子成员反复讨论后决定,我们以吨煤成本 1 元作为安全质量标准化专项费用,确保了安全质量标准化工作整体健康推进。去年,我矿的安全质量标准化工作取得了长足的进步,先后完成了井下点、线、面及各部分硐室机房的完善和改造,规范了井下大巷的电缆吊挂等,建造了井口安全文化长廊,使我矿现场管理水平和工程质量有了新的提高。

二是坚定不移地实施科技兴矿战略。根据矿务局发展战略,为提高我矿机械化水平,全面提升矿山生产能力,局先后为我矿投入了 280 余万元,选购了两台综掘机,分别于去年三月、十一月份投入使用。投入了 1600 余万元,选购了目前国内较为先进的综采轻型支架,于今年元月 1 日试运转,实现了我矿采掘机械化零的突破。工作中,我们认真制订实施方案,认真研究具体办法,确保了各种设备按时安装、调试,按计划完成工作过程。与此同时,在以往工作的基础上,2004 年我们还建立了科技创新奖励机制,用原煤销售收入的 1% 作为科技进步专项基金,保证了我矿科技进步工作有序开展。去年,我矿的矿井回采巷道支护技术有了新突破,现有支护手段能够应对不同地质条件和不同的巷道施工要求。另外,我们还实施了工程技术人员的技术攻关奖励机制,使我矿广大工程技术人员的积极性有了明显提高,开展技改和新技术的推广应用意识明显增强。

三是突出中心工作,原煤产销再创新高。为了抓住煤炭市场良好的机遇,我着力抓了合理组织生产、系统的调整、生产接续和生产布局等方面的重点工作,顺利完成了矿务局屡次的调整目标,全年完成原煤产量 96.5 万吨,掘进进尺 10130 米,销售 99.82 万吨,实现了产销两旺。

四是内部市场化管理进一步完善,效果明显。在过去工作的基础上,去年我们在深化内部市场管理上,突出了"严、细、实",增强规范性、消除盲目性、避免随意性,增大了量化考核的力度,严格结算纪律,完善结算办法,去年我矿新增内部单价 65 种,使我矿内部结算单价达到 3075 种。现我矿各类结算办法基本趋于合理和规范,经济运行质量有了明显提高,经营工作基本实现了年初预定目标。

五是坚持两个文明建设一起抓,整体推进。一年来,在工作部署上,我们始终坚持了"两个文明"建设同步安排、同步实施,整体推进。始终把企业文化建设、精神文明建设与安全生产经营工作摆在了同等重要的位置,在具体工作中,我注重强调和要求内强素质,外塑形象,努力建设具有王村特色的企业文化,要在工作实效上下功夫,加强了职工行为规范,推行了文明上岗,努力锻造促使职工外在形象和内在素质的相一致。同时,力所能及地进行了硬件投入,建设了生活区中心花园;对矿南北路和工业区大门进行了更新改造等,使矿区职工生产生活环境得到了较大改观,职工群众的生活品位有所提高。

六是加强协调,确保全矿各项工作有序开展。没有稳定就没有发展,因此,我坚持要求做到对群众的来信来访有信必办,有访必管,对符合政策要求矿上有能力解决的,及时予以了解决,不推脱不上交矛盾,对符合政策但矿上暂无力解决的,耐心做好解释工作,对不符合政策和矿务局规定的,认真做好劝解和疏导工作,始终坚持了贯彻国家政策的原则性、严肃性、一贯性,保持了与局党政的高度统一,维护了矿区稳定大局。监察、综治、计生、矿山护卫等工作,围绕大局,突出中心,贴近安全生产实际,在我矿的改革发展稳定工作中作出了积极贡献。

七是把维护好、实现好职工的根本利益作为个人从政的根本追求。我能始终坚持把一切工作的出发点和落脚点都放在满足职工的物质文化生活需求上。工作中,坚持把提高职工收入作为企业发展的基础。今年我矿职工人均月收入有望达 1.0 万元,较上年同期增长 11%,实现了年初局下达的人均工资提高 10% 的目标。尊重职工的知情权、参与权、监督权,在重大决策的出台前,都要以不同形式广泛征求和倾听群众的意见和建议。完成了 260 余亿元的安技措资金投入等,使矿井安全基础建设、职工的生产生活条件不断改善。

三、用清新的作风和党员领导干部的廉洁从政准则规范自己的言行

一是带头模范执行民主集中制原则,坚持做到了重大问题集体研究讨论,会议决定,充分发挥班子成员的整体效能。在决策大额资金使用等重大问题时,充分听取分管领导意见,做到了按规定办事,按程序办事。在干部的选拔任用中,始终坚持各级党组织干部选拔使用的有关规定,坚持把能力强、作风好的同志提任到重要的领导岗位。能够自觉维护班子团结,在矿干部队伍的建设中发挥了一名班子主要成员的作用。

二是坚持做到严格遵守政治纪律、组织纪律和劳动纪律。无论是在个人处理公务还是

办理自己事务中,都能按规定、按标准、按要求努力做到位,力争有实效。

三是能经常性地深入生产一线到职工群众之中去,及时了解和掌握矿安全生产经营工作中存在的问题,及时了解和掌握职工群众的意见、建议和要求。一年来,我要求大家做到的自己率先做到,要求大家不做的自己带头遵守。

四是严格要求家属和主管部门科室工作人员遵章守纪,不做原则规定以外的事,克己嘴、手和腿。一年中,自己的亲属和主管部门科室工作人员没有任何违规违纪言行发生。平时,自己还能对他们进行经常性的廉洁自律教育,工作过程中也没有利用职务和"特权",为他们提供方便和谋取私利,始终莫忘自己是一名党员领导干部,是一名党员。

四、存在问题和今后努力的方向

一年来,虽然自己能尽最大努力履行职责,与班子成员一道共同努力开展工作,如果说有点成绩的话,也只是分内的职责,应有作为,而我很清楚,成绩的取得是与局党政的正确领导和各职能处室的大力支持是分不开的,是与煤炭市场形势的好转是分不开的,特别是与全矿广大干部家属、职工群众的共同努力、无私奉献、理解支持是分不开的。但这与组织和职工的要求还有很大的差距。我自身存在的问题主要表现在:开展工作闯劲不大,对井下的安全工作抓得不是很到位,今年发生的两起伤亡事故,使我矿安全工作陷入了被动,我负主要领导责任;经营管理考核制度还需进一步规范,措施办法有待进一步完善。在理论联系实际指导工作方面还需要进一步加强等等,这些都需要今后我认真思考和努力加以克服。今后我将主要从以下三方面认真做起:一是理论学习求深入,坚持做到多理性思考,努力做到学以致用。继续加强对党的十六届三中、四中全会精神的学习和领会,积极探讨我矿改革改制和建立现代企业制度的新路子,特别是要切实抓好以安全生产经营为中心这个工作,努力维护矿区稳定。抓好第一要务,担当起第一责任。二是不断加强自身的党性修养,时刻牢记自己的职责和肩负的使命,牢固地树立起正确的政绩观,不断提高自己驾驭全局的能力。三是在经营管理上力求创新,牢固地树立起科学的发展观,以新的管理措施,与班子成员一起,团结带领全矿广大干部职工在推进建设和谐美好矿山,在建设文明富裕矿山的宏伟目标中做出自己应有的贡献。

以上是我的个人述职,请同志们审查评议。

述职人:×××

××××年××月××日

(四)实作体验

请结合自己的履职、任职情况,写一篇述职报告。

(五)反思提升

(1)实事求是。述职报告要务实,要既讲成绩又讲失误,既讲优点又讲不足,不能揽功诿过。对具有较大影响,能显示自己工作能力和水平的工作实绩,要写得深入透彻;对一般性工作、常规性工作可尽量少写或一笔带过。述职报告还要处理好主管工作与分管工作之间的关系,要注意把个人成绩和集体成绩分清,处理好个人与集体、个人与上级及同级之间的关系。

(2)突出特点。不同的岗位、不同的层次、不同的行业的领导有不同的工作内容和方法,即使同一职务的领导也会因分工的不同而有不同的工作重点,至于工作方法,就更是各具特色了。鉴于这种情况,述职者要突出自己工作的特点,显示自己的工作个性,尽量避免那种千部一腔、千人一面,没有特点、没有个性的写法。

(3)抓住重点。不论是按工作内容分类,还是按时间顺序叙述,述职报告都不要事无巨细、面面俱到,否则,很容易写成一篇平淡冗长的流水账。要有意识地抓住核心问题,突出重要成绩,总结主要教训。凡重点部分,要写得详细、具体、充分、全面;次要部分,则可约略提及,一笔带过。

(4)虚实结合。"虚"指理论观点,"实"指具体工作情况。述职报告应该以叙事为主,论理为辅,用叙议结合的方式来表达,使理论与事实二者有机地结合起来。既不能像大事记或记流水账那样就事论事,堆砌材料,也不能像理论文章一样,通篇理论阐述,缺乏事实根据。

(5)语言简练。述职报告的语言要精练,尽量写得短一些、精粹一些、通俗一些。述职报告的撰写需要一定的综合概括和文字表达能力,切忌数字化和概论化,也不必过于追求文字的华美。要尽量少用形容词和诸如"大体上""差不多"之类模棱两可的话。对情况的交代、过程的叙述以说明问题为宜,切忌冗长空泛,拖泥带水。

二、写作调查报告

(一)目标引领

(1)知识目标:了解调查报告的基本知识。

(2)能力目标:能撰写规范的调查报告。

(3)素质目标:养成调查研究、求真务实的工作作风。

(二)理论导航

1.调查报告的含义

调查报告是对某一现象、某一事件或某一问题进行深入细致的调查,并进而对调查所得材料进行系统整理、分析研究以后,写成的反映调查研究成果的文书。

深入调查、获得丰富的资料是写作调查报告的基础。科学的调查方法大致有三种:问卷调查、实践调查和资料调查。写作调查报告是认识客观事物的手段,是解决实际问题的起点,是作出决策、制定政策的依据。

2.调查报告的特点

(1)写实性。调查报告是在占有大量现实和历史资料的基础上,用叙述性的语言实事求是地反映某一客观事物。充分了解实情和全面掌握真实可靠的素材是写好调查报告的基础。

(2)针对性。调查报告一般有比较明确的意向,相关的调查取证都是针对和围绕某一综合性或是专题性问题展开的。所以,调查报告反映的问题集中而有深度。

(3)典型性。调查报告的典型性主要表现在两个方面:一是调查对象典型,二是调查报告运用的材料典型。好的调查报告不仅对调查对象有指导作用,更重要的是对全局工作具有现实与普遍的意义。

3.调查报告的分类

根据调查报告的内容不同,可分为情况调查报告、典型经验调查报告、问题调查报告。

(1)情况调查报告。这是比较系统地反映本地区、本单位基本情况的一种调查报告。这种调查报告能真实地反映现实实际情况和问题,为决策者制定和执行正确的方针政策提供依据。

(2)典型经验调查报告。这是通过分析典型事例,总结工作中出现的新经验,从而指导和推动某方面工作的一种调查报告。

(3)问题调查报告。这是针对某一方面的问题,进行专项调查,澄清事实真相,判明问题的原因和性质,确定造成的危害,并提出解决问题的途径和建议,为问题的最后处理提供依据,也为其他有关方面提供参考和借鉴的一种调查报告。

4.调查报告的结构与写法

调查报告一般由标题和正文两部分组成。

(1)标题。标题可以有两种写法:一种是规范化的标题格式,由事由和文种组成,基本格式为"××关于××××的调查报告""关于××××的调查报告""××××调查"等。另一种是自由式标题,包括陈述式、提问式和正副题结合使用三种。陈述式如《东北师范大学硕士毕业生就业情况调查》,提问式如《为什么大学毕业生择业倾向沿海和京津地区》,正副标题结合式,正题陈述调查报告的主要结论或提出中心问题,副题标明调查的对象、范围、问题,这实际上类似于"主题+文种"的规范格式,如《高校发展重在学科建设——××××大学学科建设实践思考》等。作为公文,最好用规范化的标题格式或自由式中正副题结合式标题。

(2)正文。正文一般分前言、主体、结尾三部分。

前言有几种写法:第一种是写明调查的起因或目的、时间和地点、对象或范围、经过与方法,以及人员组成等调查本身的情况,从中引出中心问题或基本结论来;第二种是写明调查对象的历史背景、大致发展经过、现实状况、主要成绩、突出问题等基本情况,进而提出中心问题或主要观点来;第三种是开门见山,直接概括出调查的结果,如肯定做法、指出问题、提示影响、说明中心内容等。前言要起到画龙点睛的作用,要精练概括,直切主题。

主体是调查报告最主要的部分,这部分详述调查研究的基本情况、做法、经验,以及分析调查研究所得材料中得出的各种具体认识、观点和基本结论。

结尾的写法也比较多,可以提出解决问题的方法、对策或下一步改进工作的建议;或总结全文的主要观点,进一步深化主题;或提出问题,引发人们的进一步思考;或展望前景,发出鼓舞和号召。

(3)落款。在正文右下方写上做调查报告的名称及日期。名称可以是单位,也可以是个人。其也可以放在标题下面。

(三)例文示范

西安中青年群体健身锻炼情况调查报告

一、前言

全民健身已上升为国家战略,全国出台《全民健身计划(2021—2025 年)》,陕西省和西安市也印发了相应的实施计划。为满足市民日益增长的健身需求,实现"运动自由",近年来,西安着力打造"15 分钟健身圈",成效显著。"十四运"、北京"冬奥"会等大型体育赛事的举办,以及马拉松等群众性体育活动的开展,也大大激发了市民,尤其是中青年群体对健身锻炼的热情。在第 15 个全民健身日来临之际,西安市统计局对本市"90 后""80 后"和"70 后"三类人群开展网络调查,了解其参与健身锻炼的情况、感受和建议等,共 378 位市民参与。

二、健身特点分析及结论

(一)健身时间"碎片化"

调查显示,自置家庭健身器材、利用碎片时间"见缝插针"运动的锻炼方式,已成为当下不少中青年人健身锻炼的新选择。从健身参与率看,"90 后""80 后""70 后"三类受访者经常参与健身的比例分别为 24.6%、23.6% 和 34.5%,"70 后"明显高于"90 后"和"80 后";从健身频率看,"90 后""80 后""70 后"受访者每周健身三次的占比分别为 17.7%、17.1% 和 22.1%,"70 后"明显高于"90 后"和"80 后";从健身时间看,"90 后"每次健身 15~30 分钟的占比最多,为 39%,"80 后"和"70 后"每次健身 30~60 分钟的占比最多,分别为 40.3% 和 38.9%。

总体来看,"80 后"和"70 后"健身锻炼习惯的保持优于"90 后"。

(二)健身方式"个性化"

"健步走"作为最经济、最方便的运动方式,最受中青年群体喜爱,分别有 42.2% 的"90

后"、55.0%的"80后"、77.9%的"70后"选择此类健身锻炼方式,其中:"70后"选择健步走的人群最多,占比超过七成。排在第二位的是"跑步",分别有32.4%的"90后"、36.4%的"80后"和29.9%的"70后"选择此类方式。

调查显示,"90后""80后"和"70后"三类人群其健身锻炼不再局限于健步走、跑步等常规运动项目,具有更高趣味性和娱乐性的潮流运动,如骑行、健身操、登山、球类、器械等也逐渐成为年轻人的一种个性化的选择。

(三)健身场地"集中化"

总体来看,空气新鲜的"户外公园、广场"是市民健身锻炼的主要场所,45.1%的"90后"、57.4%的"80后"、55.8%的"70后"亦选择此类健身场所。其中"80后"和"70后"群体选择公园、广场锻炼健身的占比明显高于"90后",而且居列举的各类健身场所之首。

排在第二位的是"居家锻炼","90后"有47.1%选择此类健身场所,比选择公园、广场的占比高2个百分点。家庭健身场景可覆盖"吃、穿、用、练"等多个服务板块,细分品类较多。除了科技互联网企业研制可穿戴设备、长短视频平台推出健身频道之外,咕咚、薄荷健康等健身内容平台,Keep、野小兽、云麦科技等健身品牌,为"90后"群体,甚至"80后"群体提供了健身便利。碎片化、个性化、随时随地动起来,可以说是当下"90后"群体参与健身锻炼的生动"画像"。

除了公园、广场和居家锻炼外,还有住宅小区、免费体育场馆等,也是中青年群体健身锻炼的重要场所。

(四)健身目的"多元化"

当下,中青年群体健身锻炼的目的不再限于强身健体。随着消费水平的提高,除了健康是最基础的运动诉求外,健身塑形、舒缓解压、运动社交等也逐渐成为中青年群体重要的运动驱动力(2.750,-0.02,-0.72%)。调查显示,提高身体素质是79.4%的"90后"、81.4%的"80后"、81.8%的"70后"三类人群健身锻炼目的的首要选择,此外还有减肥、减轻压力和调节情绪、防病治病等。在此前提下,"90后"和"80后"还偏向于健美、消遣娱乐和提高运动技能等需求,"70后"则更加关注满足其消遣娱乐的需求。

三、健身存在的问题分析及结论

(一)健身锻炼意识有待增强

"90后""80后"健身参与率明显低于"70后"。一方面,三类人群健身频率总体偏低,每周健身锻炼4次和5次以上的人群偏少,尤其是"90后"和"80后";另一方面,"90后""80后""70后"人群每周运动时间不固定的占比分别高达43.1%、42.6%和32.4%;从健身消费看,35.3%的"90后"、35.7%的"80后"、42.8%的"70后"每年用于健身方面的花费不到100元,34.3%的"90后"、29.4%的"80后"、23.4%的"70后"每年用于健身方面的花费是

100~500元。因此,和大多数其他人群一样,西安市"90后""80后""70后"群体选择免费的体育场馆的人群仍然较多,"90后"为19.6%,"80后"为23.3%,"70后"为15.6%。

(二)科学健身知识有待推广

调查显示,西安市"90后""80后""70后"三类人群已具备一定的科学健身意识,通过看书和看视频掌握健身锻炼专业知识的占比总体为39.9%。但同时也还有38.9%的受访者"没有指导,靠自己琢磨";两成多是朋友相互指导;接受过专业教练指导的占比只有12.1%,通过其他受过专业训练的人指导的仅占4.9%,通过社会体育指导员指导的不到3%。

分人群看,"80后"和"70后""没有指导,自己琢磨"的比例更高,突出表现在:"90后"没有接受过社会体育指导员的指导,"80后"接受过社会体育指导员指导的占比不到1%,"70后"略高,也只有7.9%。某种程度上说明:中青年群体健身锻炼知识的专业化水平还有待提升。

(三)健身锻炼环境有待优化

调查中,问及健身锻炼过程中面临的主要困扰,63.7%的"90后"、48.1%的"80后"、61.0%的"70后"表示"学习或工作太忙,影响锻炼时间",居列举的各类因素之首。此外,还有免费健身广场数量较少、工作或居住地附近健身场所、器械及设施少等。可见,无论从中青年群体的健身"软环境"还是"硬环境"看,都需要进一步优化。

四、建议

(一)加大宣传"提意识"

调查中,有39.6%的受访者提及"加大全民健身宣传引导"。建议:通过新闻媒体大力宣传全民健身的重要性,引导市民积极健身、文明健身、科学健身。通过在社区开设健身专栏,建立公益广告栏或宣传栏等,普及健身知识和方法。有关部门要主动协调工会、共青团、妇联、体协等群团组织,组织学校、单位和社区开展简便易行、趣味性强的健身活动,强化市民体育健身意识,提高市民参与体育健身的自觉性和积极性。机关、单位、社团、学校等应积极开展工间操、课间操等活动,倡导每天健身锻炼半小时。

(二)扩大供给"优环境"

调查中,有74.0%的受访者提及"加大全民健身场地供给",47.7%提及"加强健身场地设施管理维护",31.2%提及"科学规划,提高设施使用效率"。可见,"90后""80后""70后"三类人群对扩大健身供给的诉求仍然很高。近年来,西安着力打造"15分钟健身圈",家门口的运动休闲公园日益增多,运动半径逐渐延伸,但和市民不断增长的健身需求相比,还需要不断加力。

建议:继续增加健身步道、篮球、羽毛球、乒乓球等群众参与度高、需求大的场地建设,为市民提供多样化的健身方式。新区建设应合理规划健身场地,充分遵循便利性、实用性、经济性、美观性等原则,提前规划、合理布局,避免重复建设或重新规划而造成资源浪费。对于城市新建小区,与主体工程同步进行体育健身设施规划。在现有的标志性建筑、绿地、广场、闲置地,添置一些与周边环境相协调的全民健身设施,创造良好的全民健身生活环境。对社区原有场地的改造升级,既能破解"场地之困",更能提升居民运动体验。继续做好公共体育场馆向社会免费低收费开放工作,鼓励学校体育设施、私营企业自有设施向社会开放。

(三)丰富活动"增兴趣"

调查中,有29.9%的受访者提及"丰富全民健身赛事活动内容"。建议:以马拉松活动等为牵引,争取在西安举办更多的有影响力的品牌赛事。举办全民健身节,打造具有西安特色的体育赛事体系,助力全民健身运动更具活力。充分发挥县区、街道和市级体育协会、体育俱乐部等各个层面的作用,真正把全民健身活动办进社区、进企业、进学校、进机关,让群众共享体育发展的成果。

(四)科学指导"强技能"

调查中,有25.3%的受访者提及"全面提升科学健身指导水平",有15.9%提及"强化体育社会组织服务功能"。建议:全方位加强社会健身指导员管理,每个社区至少配备1名社会健身指导员,为群众提供科学健身指导。深入实施《国家体育锻炼标准》,积极开展市县两级达标测验活动。

健身锻炼是居民日常生活的重要组成部分,15分钟健身圈也是15分钟便民圈的有机组成部分。专家建议,综合考虑社区居民养老、医疗、购物、文体等需求,通过整合规划让老百姓(25.380,−0.37,−1.44%)的更多需求在"家门口"得到解决,共享健康新生活,这也是"90后""80后""70后"群体共同的心愿。

(四)实作体验

根据自己平时的了解和专项调查获得的材料,写一篇关于当前大学生消费现状的调查报告。

(五)反思提升

(1)深入调查了解,广泛占有材料是写好调查报告的前提。调查的材料应当包括现实材料与历史材料,具体材料和概括材料,正面材料和反面材料,主体材料与背景材料等。

(2)认真分析材料,准确提炼观点是写好调查报告的关键。通过对材料的梳理、分析,去伪存真,去粗取精,提炼、综合形成调查报告的主要观点。写作时,选用的材料要支撑观点,做到观点与材料的统一。

应用能力水平测试(二)

一、单项选择题。(每题 1 分,共 25 分)

1.主体内容不宜写得太具体、细致的启事是(　　　)。

　　A.寻人启事　　　　　B.招聘启事　　　　　C.寻物启事　　　　　D.招领启事

2.写作调查报告首先要做好(　　　)。

　　A.调查研究　　　　　B.安排结构　　　　　C.拟写文稿　　　　　D.修改文稿

3.海报具有内容和作用的告启性和表现形式的(　　　)。

　　A.庄重性　　　　　B.鼓动性　　　　　C.灵活性　　　　　D.单纯性

4.简报属于(　　　)文种。

　　A.法定公文　　　　　B.事务文书　　　　　C.专用文书　　　　　D.新闻文体

5.简报特点中的"真"是针对(　　　)而言。

　　A.内容　　　　　B.结构　　　　　C.语言　　　　　D.表达

6.写作申请书申请的内容要(　　　)。

　　A.明确　　　　　B.含蓄　　　　　C.委婉　　　　　D.严肃

7.计划与其他事务文书的显著区别是具有(　　　)特点。

　　A.针对性　　　　　B.预见性　　　　　C.约束性　　　　　D.可行性

8.计划的目标是指(　　　)。

　　A.为什么做　　　　　B.做什么　　　　　C.怎么做　　　　　D.做到什么程度

9.具有回顾性特点的事务文书是(　　　)。

　　A.计划　　　　　B.调查报告　　　　　C.简报　　　　　D.总结

10.常用第三人称表述的文种是(　　　)。

　　A.总结　　　　　B.调查报告　　　　　C.声明　　　　　D.述职报告

11."×市公安局局长 200×年度述职报告"属于述职报告标题形式当中的(　　　)。

　　A.公文式　　　　　B.文种式　　　　　C.文章式　　　　　D.新闻式

12.述职报告客观评述本人的工作情况和绩效,体现了述职报告(　　　)的特点。

　　A.客观性　　　　　B.呈现性　　　　　C.标准性　　　　　D.自述性

13.不具有强制性和约束力的文种是(　　　)。

　　A.启事　　　　　B.规定　　　　　C.守则　　　　　D.规程

14.宏远公司将迁往新址办公,向公众告知,应用(　　　)。

　　A.公示　　　　　　B.启事　　　　　　C.声明　　　　　　D.函

15.必须写清联系渠道、方式的文种是(　　　)。

　　A.声明　　　　　　B.公示　　　　　　C.倡议书　　　　　D.申请书

16.张三原是某公司业务员,后辞职下海干个体,却仍以某公司名义从事经营活动。某公司拟向社会表明张三的一切行为与本公司无关,行文应当用(　　　)。

　　A.通报　　　　　　B.通告　　　　　　C.声明　　　　　　D.启事

17.述职报告是一种(　　　)。

　　A.法定公文　　　　B.规章文书　　　　C.事务文书　　　　D.专用文书

18.公示所具有的"诉求性"是指(　　　)。

　　A.照此执行　　　B.表明征询意图　　　C.传达指示　　　　D.传达要求

19.写作申请书的目的是(　　　)。

　　A.汇报工作　　　　B.表达志愿　　　　C.咨询问题　　　　D.反映情况

20.领导干部接受考核,需要陈述自己一定时期内履职情况及绩效时,应选用的文种是(　　　)。

　　A.总结　　　　　　B.讲话稿　　　　　C.演讲稿　　　　　D.述职报告

21.常采用叙议结合写法的文种是(　　　)。

　　A.计划　　　　　　B.总结　　　　　　C.制度　　　　　　D.启事

22.写作述职报告应写(　　　)。

　　A.德能　　　　　　B.勤绩　　　　　　C.德勤绩　　　　　D.德能勤绩廉

23.下列必须写明称谓的文种是(　　　)。

　　A.计划　　　　　　B.总结　　　　　　C.申请书　　　　　D.调查报告

24.常采用分条列项式写法的文种是(　　　)。

　　A.制度　　　　　　B.海报　　　　　　C.简报　　　　　　D.总结

25.下列文种中,要求态度和语气应严肃、庄重的是(　　　)。

　　A.启事　　　　　　B.广告　　　　　　C.海报　　　　　　D.声明

二、多项选择题。(未选全、错选均不得分。每小题 1 分,共 10 分)

1.报头主要由以下几个部分组成(　　　)。

　　A.简报名称　　B.主送机关　　C.编发单位　　D.印发日期　　E.期数

2.属于计划范畴的文种有(　　　)。

　　A.规划　　　　B.纲要　　　　C.方案　　　　D.设想　　　　E.工作要点

3.总结的主体部分通常由( )构成。

    A.基本情况概述   B.成绩及经验   C.问题及教训

    D.今后的建议   E.努力的方向

4.下述事宜中,( )应选用声明。

    A.表明立场   B.澄清事实   C.维护权益   D.商场迁址   E.征集商标

5.启事的特点是( )。

    A.简易性   B.政策性   C.告启性   D.约束性   E.公开性

6.规章制度是一个总称,它包括( )。

    A.规定   B.办法   C.守则   D.须知   E.公约

7.计划的三要素是指( )。

    A.目标   B.措施   C.步骤   D.做法   E.思路

8.简报中消息的结构由( )构成。

    A.导语   B.主体   C.结尾   D.标题   E.落款

9.述职报告的主要作用是( )。

    A.考核评估   B.自省总结   C.群众监督

    D.总结经验教训   E.提供重要情况

10.下列说法不正确的是( )。

    A.述职报告既要讲成绩也要讲不足   B.条据类文书署名要手签

    C.计划和总结主要是交给领导审阅   D.写调查报告首先要深入调查

    E.规章制度具有指导性和约束力

三、判断题。(每题 1 分,共 15 分)

1.凭证性条据涉及数量、钱款时要大写。   ( )

2.发布公示的目的是收集群众的意见和建议。   ( )

3."启事"也可以写成"启示"。   ( )

4.目标与任务、措施、步骤是总结的核心内容。   ( )

5.申请书、倡议书常以文种名称为标题。   ( )

6.述职报告的语体有一定口语特征。   ( )

7.公示用于处理公务,启事用于处理私务。   ( )

8.简报抄送按上级、平级和不相隶属、下级顺序排列。 ( )

9.调查报告旨在分析事实,故表达方式以议论为主。 ( )

10.简报就是简明扼要的报告。   ( )

11.总结是对过去工作的重复和再现。   ( )

12.述职报告是一种自我评述性的文书。   （ ）

13.事务文书落款日期只能用小写汉字。   （ ）

14."声明"可以写成"申明"。   （ ）

15.计划的指标和要求，不能过高，也不能过低。   （ ）

四、改错题。（每小题 2 分，共 10 分）

1.标题：关于请求批准我享受国家助学金的请示。

改：

2.正文：今天借到购房首付款 3.5 万元，立此字据。

改：

3.正文：经调查了解，我们对张三同志的表现很愤怒，他在此次事故中必须承担主要责任。

改：

4.结尾：这个规定自下发那天起实行。

改：

5.结尾：特此申请，请务必批准。

改：

五、写作题。（共 40 分）

1.请根据以下材料，为陈小钢写出需要的所有条据。（20 分）

2008 年 3 月 6 日，长丰煤电公司财务部助理陈小钢于早上 8：30 分准时回到公司上班。他先到行政部领取了十本十八栏明细账本和两个印台。刚回到财务部接收完下属营业部的年度财务报表，他就接到妈妈的电话：爸爸突然中风入院了，妈妈正在医院等着他拿钱去办手续。

于是，陈小钢把要去中海审计师事务所取回审计报告的事委托给同事曾嵘，然后经领导同意向公司出纳借了一万元。给财务部张经理写了请假条后，陈小钢到银行取出了自己仅有的一万五千元存款就直奔省人民医院。到了医院才知道要交三万元，于是他想到了住在离医院不远的表哥。等他赶到表哥家时已经是十一点了，不巧的是表哥外出了。他匆匆地写下一张请表哥帮忙筹钱的纸条后又回到了医院。陈小钢是新客家，在城里没什么亲戚，表哥又一时联系不上，他急出了一身汗。这时他突然想起该医院主管财务的陈明初副院长和他曾经一起开过一次研讨会，而且与他是同乡。在陈副院长的帮助下，陈小钢终于为父亲办好了入院手续，不足的那五千元则由陈副院长担保，由陈小钢向医院打下了欠条。

2.以"庆祝国庆"为主题，代学校团委拟写一则征文启事。（10 分）

3.请拟写一则加强班级学风建设与管理的制度。（10 分）

第三章　公务文书写作

　　为了适应中国共产党机关和国家行政机关(以下简称"党政机关")工作需要,推进党政机关公文处理工作科学化、制度化、规范化,2012 年 4 月 16 日,中共中央办公厅、国务院办公厅发布了《党政机关公文处理工作条例》(以下简称《条例》)。该《条例》分总则、公文种类、公文格式、行文规则、公文拟制、公文办理、公文管理、附则共 8 章 42 条,自 2012 年 7 月 1 日起施行。《条例》中规定的公文种类是 15 个。

　　公文有广义和狭义之分。广义公务文书是指党政机关、社会团体、企事业单位在公务活动中所形成和使用的各种文件材料,既包括《条例》中规定的 15 个文种,又泛指党政机关常用的应用文。狭义公文也称法定公文,是我们通常所说的党政机关公文,即《条例》中规定的 15 种公务文书。本章主要学习处理这 15 种法定公文。

第一节　法定公文概述

一、法定公文的含义、特点及分类

1.法定公文的含义

　　法定公文是指党和国家机关在公文法规中明确规定的文种。我国现行的党政机关公文有 15 种,分别是决议、决定、命令(令)、公报、公告、通告、意见、通知、通报、报告、请示、批复、议案、函、纪要。

　　法定公文是党政机关实施领导、履行职能、处理公务的具有特定效力和规范体式的文书,是传达贯彻党和国家方针政策,公布法规和规章,指导、布置和商洽工作,请示和答复问题,报告、通报和交流情况等的重要工具。

2.法定公文的特点

（1）法定性。公文的法定性主要体现为三个方面：一是作者的法定性，公文的作者必须是依照法律和有关规定及一定的组织程序成立的具有法定职权的社会合法组织——党政机关、社会团体、企事业单位。其他非社会合法组织或个人无权制发公文，否则会受到法律的制裁。二是公文效用的法定性，公文在法定时间、空间范围内对于受文对象具有强制力和约束力，受文对象接文后必须阅读、办理或答复。三是制发程序的法定性，公文制发必须符合《党政机关公文处理工作条例》《党政机关公文格式》（中华人民共和国国家标准）等法规性文件规定要求。

（2）工具性。公文是发布政令法规、传达方针政策、指挥指导工作、报请批复事项、商洽联系事务、总结交流经验等公务活动的工具。

（3）规范性。从内容上看，公文的内容必须符合党和国家的法律、法规、方针、政策及有关规定；从形式上看，公文文种的选择、公文的语言、公文的格式、制发程序、行文规则等必须符合《党政机关公文处理工作条例》、《党政机关公文格式》（以下简称《格式》）等法规性文件规定。

（4）时效性。公文的时效性主要体现在三个方面：一是时代性，公文应紧密联系社会现实、契合时代要求，与时俱进；二是及时性，公文应写得及时，发得及时，办得及时；三是时限性，即作用时间的有限性，公文只在一定时间内具有直接效用。

3.法定公文的分类

《条例》规定，我国现行的党政机关公文有 15 种。分别是决议、决定、命令（令）、公报、公告、通告、意见、通知、通报、报告、请示、批复、议案、函、纪要。

按不同的标准，这 15 种公文可以分成不同的类别。下面介绍三种分类方法。

（1）按行文方向分。可把法定公文分为下行文、平行文和上行文。

下行文是自上往下流动、传递的公文。下行文有 10 种：决议、决定、命令、公报、公告、通告、通知、通报、批复、纪要。

平行文是平级或不相隶属组织之间传递的公文。平行文有 2 种：议案、函。

上行文是自下往上流动、传递的公文。上行文有 2 种：报告、请示。

其中，"意见"行文方向比较灵活，既可用于上行文、下行文，也可用于平行文，行文方向具有多向性。

（2）按涉密程度分。根据秘密等级不同，可分为普通公文、秘密公文、机密公文、绝密公文四类。后三种统称为涉密公文。

（3）按处理时限分。根据公文办理的时限要求不同，可分为平件公文和急件公文两大类，急件又可细分为"加急"和"特急"两种。如以电报方式发送，则分为平急、加急、特急、特提四类。

二、法定公文规范

1.文种规范

（1）按组织的级别权限选用文种。15种公文大部分公文可以通用,如通知、通报、请示、报告等,但有少部分公文只能有一定级别的机关才可制发。如命令、公告,制发者只能是县级以上的行政机关。议案仅适用于各级人民政府按照法律程序向同级人民代表大会或者人民代表大会常务委员会提请审议的事项。弄清每种公文级别权限,不能混用。

（2）按组织之间的工作关系选用文种。组织之间的工作关系主要是指是否有隶属关系（上下级关系）。有隶属机关之间行文应选用上行文或下行文,不相隶属机关之间行文应选用平行文。如请示与函（请批函）,这两种文种在选择时,就要特别注意:前者用于有隶属关系机关之间行文,后者用于无隶属关系机关之间行文。

（3）按公文的适用范围选用文种。15种公文各有其具体适用范围,《条例》《格式》中都有明确规定。掌握每一种公文的适用范围,具体用途,是正确选用文种的前提。特别注意:一是相近文种要明确区别,如公告与通告、请示与报告;二是避免"混合"联用,如《关于增加招生指标的请示报告》;三是避免在公文中生造文种或误用事务文种,如《关于××的请求》《关于××的汇报》《××关于2013年工作的要点》等。

2.行文规范

（1）按权限行文。行文关系根据隶属关系和职权范围确定。一般不得越级行文,特殊情况需要越级行文的,应当同时抄送被越过的机关。

（2）向上级机关行文,应当遵循以下规则:

①原则上主送一个上级机关,根据需要同时抄送相关上级机关和同级机关,不抄送下级机关。

②党委、政府的部门向上级主管部门请示、报告重大事项,应当经本级党委、政府同意或者授权;属于部门职权范围内的事项应当直接报送上级主管部门。

③下级机关的请示事项,如需以本机关名义向上级机关请示,应当提出倾向性意见后上报,不得原文转报上级机关。

④请示应当一文一事。不得在报告等非请示性公文中夹带请示事项。

⑤除上级机关负责人直接交办事项外,不得以本机关名义向上级机关负责人报送公文,不得以本机关负责人名义向上级机关报送公文。

⑥受双重领导的机关向一个上级机关行文,必要时抄送另一个上级机关。

（3）向下级机关行文,应当遵循以下规则:

①主送受理机关,根据需要抄送相关机关。重要行文应当同时抄送发文机关的直接上

级机关。

②党委、政府的办公厅(室)根据本级党委、政府授权,可以向下级党委、政府行文,其他部门和单位不得向下级党委、政府发布指令性公文或者在公文中向下级党委、政府提出指令性要求。需经政府审批的具体事项,经政府同意后可以由政府职能部门行文,文中须注明已经政府同意。

③党委、政府的部门在各自职权范围内可以向下级党委、政府的相关部门行文。

④涉及多个部门职权范围内的事务,部门之间未协商一致的,不得向下行文;擅自行文的,上级机关应当责令其纠正或者撤销。

⑤上级机关向受双重领导的下级机关行文,必要时抄送该下级机关的另一个上级机关。

(4)同级党政机关、党政机关与其他同级机关必要时可以联合行文。属于党委、政府各自职权范围内的工作,不得联合行文。党委、政府的部门依据职权可以相互行文。部门内设机构除办公厅(室)外不得对外正式行文。

3.语言规范

公文在长期的发展、实践过程中,形成了自己独特的公文语体风格。公文语言的特点和要求是:准确、简明、朴实、庄重。

(1)准确。这是公文语言的第一要素、本质特点和基本要求。公文语言的准确具体体现在用词准确,造句恰当,句子与句子之间逻辑联系紧密,能恰如其分地说明情况、阐明做法、表达思想。

(2)简明。要求公文语言要简洁、明确。用词选其基本义,组句酌用文言词,常用规范缩略语,多用习惯用语,都可以使公文语言简洁、明确。

(3)朴实。要求公文语言要质朴、平实。在表达上宜开门见山,直入主题,在语言风格上力求明白直接,不求生动、形象,更忌浮华艳丽,堆砌辞藻。

(4)庄重。要求公文语言要郑重严肃。公文的性质与作用决定了公文语言不宜生动、活泼,所以一般不用口语、方言、俚语,更不能追求诙谐与幽默的表达效果。

4.其他规范

(1)公文用纸规范。公文用纸采用 GB/T 148 中规定的 A4 型纸,其成品幅面尺寸为:210 mm×297 mm。

(2)公文正文层次标识规范。

第一层用"一、""二、""三、"……

第二层用"(一)""(二)""(三)"……

第三层用"1.""2.""3."……

第四层用"(1)""(2)""(3)"……

当公文结构层次不足四层时,可越过层级,如只用"一、"和"1.",但不能用"(一)"和"(1)"。

(3)公文引用规范。公文中引用的人名、地名、数字要准确、规范。引用公文应先引标题,然后引发文字号。如"你校《关于增加招生指标的请示》(××发〔2013〕5 号)收悉"。

(4)公文数字使用规范。根据《出版物上数字用法的规定》(GB/T 15835—1995)要求,公文中的数字除部分结构层次序号和定型的词、短语、成语、惯用语、缩略语、具有修辞色彩词语中作为语素的数字必须用汉字外,其他宜使用阿拉伯数字。如:五四运动、十九届一中全会、二八年华、正月初五、20 世纪 90 年代、2023 年 10 月 11 日、21.56 元。

三、法定公文一般格式

版心内的公文格式各要素划分为版头、主体、版记三部分。页码位于版心外。

1.版头部分

置于公文首页红色反线以上的各要素统称公文版头。版头由公文份数序号、密级和保密期限、紧急程度、发文机关标志、发文字号、签发人组成。

(1)份号。份号是公文印制份数的顺序号,即将同一文稿印刷若干份时每份公文的顺序编号。涉密公文应当标注份号。一般用 6 位 3 号阿拉伯数字,顶格编排在版心左上角第一行。

(2)密级和保密期限。密级分为绝密、机密和秘密,保密期限是对公文秘密等级时效规定的说明。如需标注密级和保密期限,一般用 3 号黑体字,顶格编排在版心左上角第二行;保密期限中的数字用阿拉伯数字标注,如"机密★1 年"。

(3)紧急程度。紧急程度是对公文送达和办理的时限要求。根据紧急程度,标注"特急""加急";紧急电报分为"特提""特急""加急""平急"。如需标注紧急程度,一般用 3 号黑体字,顶格编排在版心左上角;如需同时标注份号、密级和保密期限、紧急程度,按照份号、密级和保密期限、紧急程度的顺序自上而下分行排列。

(4)发文机关标志。发文机关标志是眉首部分的中心标识,是公文生效的最重要标志之一。由发文机关全称或者规范化简称加"文件"二字组成。联合行文时,如需同时标注联署发文机关名称,一般应当将主办机关名称排列在前;如有"文件"二字,应当置于发文机关名称右侧,以联署发文机关名称为准上下居中排布。

(5)发文字号。发文字号是发文机关按照发文顺序编排的顺序号。由发文机关代字、年份和序号组成。编排在发文机关标志下空二行位置,居中排布。年份、发文顺序号用阿拉伯数字标注;年份应标全称,用六角括号"〔〕"括入;发文顺序号不加"第"字,不编虚位(即 1 不编为 01),在阿拉伯数字后加"号"字。联合行文时,使用主办机关的发文字号。

（6）签发人。签发人是在上报的公文中批准签发的领导人姓名。由"签发人"三字加全角冒号和签发人姓名组成，居右空一字，编排在发文机关标志下空二行位置。上行文应当标注签发人姓名。

上行文的发文字号居左空一字编排，与最后一个签发人姓名处在同一行。

（7）分隔线。发文字号之下 4 mm 处印一条与版心等宽的红色反线。

2.主体部分

置于公文首页红色反线（不含）以下至抄送机关（不含）之间的各要素统称主体。主体由标题、主送机关、正文、附件说明、发文机关署名、成文日期、印章、附注、附件组成。

（1）标题。公文标题由发文机关名称、事由和文种组成。如"重庆工程职业技术学院关于 2008 年毕业生就业工作的情况报告"。发文机关、事由有时可以省略，但文种不能省略。公文标题中除法律、规章名称加书名号外，一般不用标点符号。

标题一般用 2 号小标宋体字，编排于红色分隔线下空二行位置，分一行或多行居中排布；回行时，要做到词意完整，排列对称，长短适宜，间距恰当，标题排列应当使用梯形或菱形。

（2）主送机关。主送机关是指要求公文予以办理或答复的主要受理机关，应当使用机关全称、规范化简称或者同类型机关统称。编排于标题下空一行位置，居左顶格，回行时仍顶格，最后一个机关名称后标全角冒号。

（3）正文。公文正文表述公文的具体内容。公文首页必须显示正文。一般用 3 号仿宋体字，编排于主送机关名称下一行，每个自然段左空二字，回行顶格。文中结构层次序数依次可以用"一、""（一）""1.""（1）"标注；一般第一层用黑体字、第二层用楷体字、第三层和第四层用仿宋体字标注。

（4）附件说明。如有附件，在正文下空一行左空二字编排"附件"二字，后标全角冒号和附件名称。如有多个附件，使用阿拉伯数字标注附件顺序号（如"附件：1.××××××"）；附件名称后不加标点符号。附件名称较长需回行时，应当与上一行附件名称的首字对齐。

（5）发文机关署名。署发文机关全称或者规范化简称。

（6）成文日期。署会议通过或者发文机关负责人签发的日期。联合行文时，署最后签发机关负责人签发的日期。用阿拉伯数字将年、月、日标全，如：2013 年 5 月 4 日。成文日期一般居右空四字编排。

（7）印章。公文中有发文机关署名的，应当加盖发文机关印章，并与署名机关相符。有特定发文机关标志的普发性公文和电报可以不加盖印章。印章用红色，不得出现空白印章。

（8）附注。附注是需要说明的其他事项，如公文的发放范围、使用时注意的事项、联系人及联系方式等。如有附注，居左空二字加圆括号编排在成文日期下一行。

(9)附件。公文正文的说明、补充或者参考资料。附件应当另面编排,并在版记之前,与公文正文一起装订。"附件"二字及附件顺序号用 3 号黑体字顶格编排在版心左上角第一行。附件标题居中编排在版心第三行。附件顺序号和附件标题应当与附件说明的表述一致。附件格式要求同正文。

如附件与正文不能一起装订,应当在附件左上角第一行顶格编排公文的发文字号并在其后标注"附件"二字及附件顺序号。

3.版记部分

(1)分隔线。版记中的分隔线与版心等宽,首条分隔线和末条分隔线用粗线,中间的分隔线用细线。首条分隔线位于版记中第一个要素之上,末条分隔线与公文最后一面的版心下边缘重合。

(2)抄送机关。抄送机关是指除主送机关外需要执行或知晓公文的其他机关。如有抄送机关,一般用 4 号仿宋体字,在印发机关和印发日期之上一行、左右各空一字编排。"抄送"二字后加全角冒号和抄送机关名称,回行时与冒号后的首字对齐,最后一个抄送机关名称后标句号。

如需把主送机关移至版记,除将"抄送"二字改为"主送"外,编排方法同抄送机关。既有主送机关又有抄送机关时,应当将主送机关置于抄送机关之上一行,之间不加分隔线。

(3)印发机关和印发日期。印发机关是印制公文的主管部门,印发时间是公文的付印时间。印发机关和印发日期一般用 4 号仿宋体字,编排在末条分隔线之上,印发机关左空一字,印发日期右空一字,用阿拉伯数字将年、月、日标全,年份应标全称,月、日不编虚位(即 1 不编为 01),后加"印发"二字。

页码(版心外)一般用 4 号半角宋体阿拉伯数字,编排在公文版心下边缘之下,数字左右各放一条一字线;一字线上距版心下边缘 7 mm。单页码居右空一字,双页码居左空一字。公文的版记页前有空白页的,空白页和版记页均不编排页码。公文的附件与正文一起装订时,页码应当连续编排。

四、法定公文特定格式

1.信函格式

发文机关标志使用发文机关全称或者规范化简称,居中排布,上边缘至上页边为 30 mm,推荐使用红色小标宋体字。联合行文时,使用主办机关标志。

发文机关标志下 4 mm 处印一条红色双线(上粗下细),距下页边 20 mm 处印一条红色双线(上细下粗),线长均为 170 mm,居中排布。

如需标注份号、密级和保密期限、紧急程度,应当顶格居版心左边缘编排在第一条红色双线下,按照份号、密级和保密期限、紧急程度的顺序自上而下分行排列,第一个要素与该线的距离为 3 号汉字高度的 7/8。

发文字号顶格居版心右边缘编排在第一条红色双线下,与该线的距离为 3 号汉字高度的 7/8。

标题居中编排,与其上最后一个要素相距二行。

第二条红色双线上一行如有文字,与该线的距离为 3 号汉字高度的 7/8。

首页不显示页码。

版记不加印发机关和印发日期、分隔线,位于公文最后一面版心内最下方。

2.命令(令)格式

发文机关标志由发文机关全称加"命令"或"令"字组成,居中排布,上边缘至版心上边缘为 20 mm,推荐使用红色小标宋体字。

发文机关标志下空二行居中编排令号,令号下空二行编排正文。

签发人职务、签名章和成文日期的编排见文种命令。

3.纪要格式

纪要标志由"×××纪要"组成,居中排布,上边缘至版心上边缘为 35 mm,推荐使用红色小标宋体字。

标注出席人员名单,一般用 3 号黑体字,在正文或附件说明下空一行左空二字编排"出席"二字,后标全角冒号,冒号后用 3 号仿宋体字标注出席人单位、姓名,回行时与冒号后的首字对齐。

标注请假和列席人员名单,除依次另起一行并将"出席"二字改为"请假"或"列席"外,编排方法同出席人员名单。

纪要格式可以根据实际制定。

五、技能训练

1.简述法定公文与事务文书的区别。

2.请用公文习惯用语填空。

(1)(　　)局《关于成立老年工作处的请示》(×字〔2022〕73 号)(　　　　),经部研究(　　)如下。

(2)(　　)部领导指示精神,我局会同××司××办公室抽调×名同志组成了"××事件调查组"……

(3)《××××办法》(　　　)厂务委员会讨论通过,现(　　　)给你们,望结合本具体情况(　　)执行。

（4）……以上意见,如（　　　）,（　　　）批转各部属院校。

（5）（　　　）该厂此类错误做法,上级有关部门曾多次行文,（　　　）其有关领导迅即查清问题,限期纠正错误。

（6）随函附送《××情况统计资料》一份,请（　　　）。

（7）（　　　）国务院领导同志的指示精神,我们（　　　）有关部门,对农村电网改造工作进行了研究。

（8）（　　　）进一步提高我市企业管理干部的管理素质,决定对在岗企业管理干部有计划地进行培训。（　　　）征得××行政管理学院同意,（　　　）委托（　　　）院举办企业管理专业班。

（9）（　　　）防止煤矿重大安全事故的发生,（　　　）国务院批准,（　　　）将有关问题通知如下。

（10）（　　　）将国务院办公厅《关于公文处理等几个具体问题的通知》（　　　）给你们,请（　　　）执行。

3.修改下列在公文中出现的错误。

（1）××市政府关于批转《国务院关于 2022 年科学技术奖励的决定》的通知（标题）

（2）××总公司答复同意购买汽车的通知（标题）

（3）中国人民银行××分行关于调整储蓄利率的公告（标题）

（4）关于向上级请求增拨我校教学经费的请示报告（标题）

（5）××市教育局向××市财政局请求增拨救灾专项资金的请示（标题）

（6）××镇人民政府发（23）第 008 号（发文字号）

（7）国务院各部委、各直属机构、各省、自治区、直辖市人民政府（主送机关）

（8）你公司 7 月 3 日,××〔2016〕18 号文件《关于收购××工厂的请示》收悉。（批复引语）

（9）为体恤张三同志的一片孝心,同意张三同志离开工作岗位照顾重病的妈妈,离开工作岗位期间这段时间的待遇按事假办理。（批复正文）

（10）　　　　　　××市人民政府（章）（公文落款）

二○二二年一月十日

第二节 决议、决定、命令(令)

一、写作决议

(一)目标引领

(1)知识目标:了解决议的基本知识。

(2)能力目标:能熟练写作一般会议形成的决议。

(3)素质目标:养成严谨、规范的下行法定公文写作习惯。

(二)理论导航

1.决议的含义

《条例》规定:决议适用于会议讨论通过的重大决策事项。决议是指党政领导机关就重要事项,经会议讨论通过其决策,并要求贯彻执行的重要指导性公文。在机关公文中排列首位,是一种重要的下行文。

2.决议的特点

(1)程序性。决议必须通过会议讨论,并经过表决后才能形成。

(2)权威性。决议是党政机关用于重大决策事项的文书,是领导机关意志的反映。一经公布,将约束各级党政机关严格遵守,坚决执行,不得违背。

(3)指导性。决议中所表达的观点、态度,所做出的评价和决定,在形成后,对下级机关各项工作的开展有直接的影响和导向作用。

3.决议的分类

(1)方针政策性决议。这类决议涉及党和政府的一些重大原则问题,决议中所做的决策对党政机关各项工作有着长期和广泛的影响,意义深远。如《关于建国以来党的若干历史问题的决议》。

(2)具体事项性决议。这类决议是对一些重要事项的批准通过或安排布置,涉及的内容比较具体。如《中共××市委关于贯彻落实中央政治局八项规定,改进学风、会风、文风的决议》。

4.决议的结构与写法

决议有两种结构。第一种,关于内容具体,事项简单的决议。一般由标题、正文、署名和日期组成。第二种,内容丰富或事项重大的决议。一般由标题、成文时间、正文组成。

（1）标题。决议的标题一般有两种写法。由"发文机关+事由+文种"组成，或者由"会议名称+事由+文种"组成。

（2）题注。决议是十分重要的公文，常用题注的方式标明会议名称及通过时间，放在标题下正中位置，在小括号内注明，也可只写年月日。如"（2007年中国共产党第十七次全国代表大会通过）"，标题中注明了发文机关或会议名称的，也可只写年月日。一般性决议也可以正文结束后落款。

（3）正文。决议正文一般为"总—分—总"式结构。

第一部分（总）：陈述会议的背景、依据，交代会议的时间、地点、参会及列席人员，会议议题等基本情况。

第二部分（分）：用分条列项或用分小标题的形式将会议内容归纳为若干方面。如果是讨论性会议，一般用"会议听取了""会议讨论了""会议认为""会议强调"等习惯用语起头进行阐述；如果是决议原则性问题，主体部分要有较多的讨论，对有关文件、事项作出的评价、决定。多采用夹叙夹议的写法，把道理说深说透，能对各级机关和群众起到指导教育作用；如果是安排部署性的会议，则写明工作的指导思想、目标任务、措施要求等。

第三部分（总）：提出希望、要求，发出号召。

（三）例文示范

第十四届全国人民代表大会第一次会议

关于全国人民代表大会常务委员会工作报告的决议

（2023年3月13日第十四届全国人民代表大会第一次会议通过）

第十四届全国人民代表大会第一次会议听取和审议了栗战书委员长受全国人大常委会委托所作的工作报告。会议充分肯定十三届全国人大常委会过去五年的工作，高度评价人民代表大会制度建设和人大工作取得的新的重大进展，同意报告提出的今后一年工作的建议，决定批准这个报告。

会议要求，十四届全国人大常委会要在以习近平同志为核心的党中央坚强领导下，坚持以习近平新时代中国特色社会主义思想为指导，全面贯彻党的二十大和二十届一中、二中全会精神，深刻领悟"两个确立"的决定性意义，增强"四个意识"、坚定"四个自信"、做到"两个维护"，坚持党的领导、人民当家作主、依法治国有机统一，践行全过程人民民主，坚持好、完善好、运行好人民代表大会制度，紧紧围绕新时代新征程党和国家中心任务依法履职、担当尽责，不断提

第三章
例文示范

高宪法实施和监督水平,推动中国特色社会主义法律体系更加科学完备、统一权威,健全人大对行政机关、监察机关、审判机关、检察机关监督制度,充分发挥人大代表作用,全面加强自身建设,继往开来,守正创新,努力开创人大工作新局面,为全面建设社会主义现代化国家、全面推进中华民族伟大复兴作出新的贡献。

(四)实作体验

××党支部通过支部大会讨论,认为××同志通过一年的预备期考察,各方面表现良好,同意转为正式党员。请补充材料,代××党支部写一篇决议。

(五)反思提升

(1)决议必须是某一级领导机关或组织法定的正式会议表决通过,才能形成文件。

(2)决议是会议的成果之一,必须紧扣会议精神和主题,中心明确,重点突出,准确阐明会议的决策事项,体现与会者的集体意志。

(3)由于会议的讨论意见比较多,内容有多面性,在写法上要注意记叙议论结合,定性准确,评价恰当,不纠缠细枝末节。

二、写作决定

(一)目标引领

(1)知识目标:掌握决定的基本知识。

(2)能力目标:能熟练写作规范的决定。

(3)素质目标:养成严谨、规范的下行法定公文写作习惯。

(二)理论导航

1.决定的含义

《条例》规定:决定适用于对重要事项作出决策和部署、奖惩有关单位和人员、变更或者撤销下级机关不适当的决定事项。决定的使用范围一般是涉及事关全局、政策性强、任务艰巨、执行时间较长的一些重要工作。决定作出的决策和安排,要求各级机关和部门或有关单位贯彻执行,属于指令性下行文。

决议和决定都是权威机关发布的重要下行文,都有很强的政策性和约束力。但二者有一定的区别。首先,产生程序不同。"决议"须经法定会议进行集体讨论,由法定多数表决通过,然后形成正式文件,并以会议的名义公布。而"决定"既可以是某种会议讨论研究的成果,形成正式文件予以公布,也可由各级领导机关直接制作并予以公布。其二,内容上侧重不同。"决定"做出的部署安排明确、具体,步骤清晰,可以直接成为下级机关行动的准则。而"决议"理论性、原则性条文多,下级机关在贯彻执行时,经常要根据"决议"精神制定相应的具体办法或实施措施。

2.决定的特点

（1）权威性。决定虽然没有命令那样浓厚的强制色彩,但也是一种权威性很强的下行文。决定是上级机关针对重要事项和重大行动,对所辖范围内的工作所做的安排。从内容到语气,都坚定确凿,不容置疑。

（2）指挥性。决定在对重要事项进行决策时,同时也提出工作任务、具体措施和实施方案,要求受文单位依照执行。决定集中体现了领导机关的指挥意志和政治倾向。上级的决定一经传达,下级必须遵照执行,不可违抗和变更。

3.决定的分类

根据具体用途和内容的不同,决定一般可分为两类。

（1）公布性决定。指处理、布置具体事项并告知有关单位和人员的决定。如表彰先进、作出处分、设置机构、人事安排等。

（2）部署性决定。对于重要事项或者重大行动做出安排的决定。如做出重要规定或指示性,处理重大问题和安排重要行动等。

4.决定的结构和写法

（1）标题。决定的标题由发文机关、事由、文种三个要素组成,也可由事由与文种两个要素组成。

（2）主送机关。决定通常要写明主送机关。但普发性决定,无主送机关。

（3）正文。首先简明扼要地写出决定的原因、根据、目的、意义。主体部分,阐述决定的具体内容,根据内容的繁简可以采用分条列项或简单的段落式结构,并注意内容的明确性,写清各项安排的具体步骤,便于有关部门执行和落实。结尾,提出要求、希望、号召及有关说明。

（4）落款。写出决定的制文单位名称及日期。如果已有题注,此处可省略不写。

（三）例文示范

国务院关于取消
一批行政许可等事项的决定

国发〔2018〕28 号

各省、自治区、直辖市人民政府,国务院各部委、各直属机构:

经研究论证,国务院决定取消11项行政许可等事项,现予公布。另有6项依据有关法律设定的行政许可事项,国务院将依照法定程序提请全国人民代表大会常务委员会修订相关法律规定。对取消的行政许可等事项,相关部门要制定完善事中事后监管细则,自本决定发布之日起 20 个工作日内按规定向社会公布,并加强宣传解读、确保落实到位。

附件:国务院决定取消的行政许可等事项目录(共计 11 项)

国务院

2018 年 7 月 28 日

(四)实作体验

(1)今年"五四"节,学校拟表彰一批先进团支和优秀团员。请补充材料,代学校团委写一篇"五四"表彰决定。

(2)根据以下材料,以××大学的名义,写一篇处分决定。

××学院计算机专用教室因未及时安装防护窗和报警装置,致使盗窃分子在夜间攀墙从窗户进入室内,将新安装使用的所有计算机上的硬盘和 CPU 盗走,造成直接经济损失 20 余万元,致使学生的实验课程无法进行,使教学工作受到严重影响。经学校保卫部门调查核实,确认该学院没有按照要求及时采取防范措施,属于工作严重失职。该学院院长××是社会治安综合治理第一责任人,负有领导责任,学院实验室主任×××为实验室主要负责人,负有直接责任,根据学校《关于社会治安综合治理有关规定》第十条"因工作失职,致使国家财产遭受重大损失,要追究有关领导的责任,负有领导责任的领导干部,给予警告处分,负有直接责任的领导干部,给予严重警告处分"的规定,经校长办公会议讨论通过,决定给予该学院院长××行政警告处分,给予该学院实验室主任×××行政严重警告处分。此处分决定由学校人事处行文并下发。

(五)反思提升

(1)不能滥用决定文种。切忌事无巨细都用决定行文。决定内容必须是重要事项和重大行动的安排部署,日常具体工作不宜使用决定。

(2)决定事项要具体明确,提出的要求要切合实际,贯彻执行措施要得当,以便决定得到更好的落实。

三、写作命令(令)

(一)目标引领

(1)知识目标:了解命令的基本知识。

(2)能力目标:能写作规范的命令。

(3)素质目标:养成严谨、规范的下行法定公文写作习惯。

（二）理论导航

1.命令（令）的含义

《条例》规定：命令（令）适用于公布行政法规和规章、宣布施行重大强制性措施、批准授予和晋升衔级、嘉奖有关单位和人员。命令（令）是领导机关颁发的具有强制执行性质的重要的指挥性公文。

2.命令的特点

（1）发布的权威性。根据《中华人民共和国宪法》（以下简称《宪法》）的有关规定，有权发布命令（令）的机关和领导人有：全国人大常委会及其委员长、国家主席、国务院和国务院总理、中央各部委及其正职部长、主任、县级以上的地方各级人民代表大会、人民政府，以及在特殊情况下由县级以上人民政府授予指挥权力的机构。其他机关不能发布命令（令）。在实际工作中，各级地方政府都很少使用这一文种，国家领导机关和主要领导人才较多使用。

（2）事项的重大性。命令（令）所涉及的事项，有的是行政法规和规章，有的是重大强制性行政措施，这些都是重要内容。运用命令奖惩有关人员，往往也是影响较大的。如果是一般性表彰或批评，就不用命令而用通报等其他文种。

（3）执行的强制性。上级机关一旦发布了命令（令），下级必须坚决无条件地执行，单位或个人都不得修改或歪曲，如有其他公文内容与命令相抵触的，一律以命令为准。若违反命令或抗拒执行，将受到国家机关的惩罚。在所有公文中，命令强制性是最大的。

3.命令的分类

命令有多种类型，按其内容和作用，常见的有四种。

（1）发布令（公布令）。用于发布重要的法规、规章、规定、办法等。

（2）行政令。用于公布重大强制性行政措施，如戒严令、动员令、通缉令等。

（3）嘉奖令。用于嘉奖有突出功绩的单位、集体和个人。这里的嘉奖不同于通报、决定中的表彰，而是对集体或个人最高规格的嘉奖。如《国务院中央军委关于授予钱学森同志"国家杰出贡献科学家"荣誉称号的命令》。

（4）任免令。用于任免国家级别的官员（部长级以上），如国务院总理、各部部长、人大常委会主任等。

4.命令（令）的格式和写法

按照《格式》的规定，命令（令）的格式与其他公文有区别。

命令一般由发文机关标志、令号、正文、签署和日期四个部分组成。

（1）发文机关标志。由发文机关全称加"命令"或"令"字组成，居中排布，上边缘至版心上边缘为 20 mm，推荐使用红色小标宋体字。

（2）令号。发文机关标志下空二行居中编排令号。命令（令）的发文号不同于一般公文的发文号，它不是由机关代字、年份、序号组成，而是只标顺序号，并且按某发令机关或某发令人在该届任期内所发的命令（令）流水编序号，直至换届再重新编号。

（3）正文。令号下空二行编排正文。命令的种类不同，写法也不同。

任免令的正文一般包括任免的依据、被任免者的姓名及所任免的职务。结构简单，简明扼要。

公布令的正文包括两项，一是公布法规名称及依据，二是施行的日期。法规的全文多数用公布令的附件形式列出。

行政令的正文一般由发令原由、命令内容和执行要求组成。原由部分说明发布该命令的原因、目的和根据。命令内容是命令的主体部分，一般都分条列项。条理清晰、言辞庄严、措辞得当、语气坚定。

嘉奖令正文由三部分组成。第一，依据部分，概括嘉奖对象的主要事迹及简要评价；第二，命令事项部分，用准确简洁的语言写明嘉奖办法；第三，结尾部分，提出希望和号召。

（4）落款。正文下面注明签发命令人的职务、签名章和成文日期。

（三）例文示范

中华人民共和国主席令

第三十九号

《全国人民代表大会常务委员会关于修改〈中华人民共和国各级人民代表大会常务委员会监督法〉的决定》已由中华人民共和国第十四届全国人民代表大会常务委员会第十二次会议于 2024 年 11 月 8 日通过，现予公布，自公布之日起施行。

中华人民共和国主席　习近平

2024 年 11 月 8 日

（四）实作体验

（1）自拟题目写一篇嘉奖令。

（2）请在互联网上查找一篇行政令，并作简要评析。

（五）反思提升

（1）发文命令的机关或个人必须合乎法规要求。

（2）命令的内容要符合法律和政策，直述其事，不必进行解释与说理。

（3）结构严谨，表达清晰，文字简练，语言庄重，语气坚定，便于命令的执行。

第三节 公报、公告、通告

一、写作公报

(一)目标引领

(1)知识目标:了解公报的基本知识。

(2)能力目标:能写作规范的公报。

(3)素质目标:养成严谨、规范的公布性法定公文写作习惯。

(二)理论导航

1.公报的含义

《条例》规定:公报适用于公布重要决定或者重大事项。公报也称新闻公报,是党政机关向国内外公开宣布重大事件或重要决定事项的报道性公文,是党和国家经常使用的重要知照性公文。

2.公报的特点

(1)新闻性。公报的内容都是新近发生的事件或新作出的决定,要求制作和发布迅速及时,真实新鲜,公之于众,无需保密。

(2)权威性。公报的发布机关级别很高,一般以中央、政府或国家的名义发布。所涉及的内容也是党内外、国内外关心和瞩目的重大事件或重要决定。

3.公报的分类

(1)新闻公报。以新闻的形式将重大事件向国内外公布的文件。

(2)会议公报。用以报道党和国家某次重要会议或会谈的决定和情报的公报。如《中国共产党第十九届中央委员会第二次全体会议公报》。

(3)事项公报。此种公报主要写工作进展、数据的统计等情况。如人口普查的结果、国民经济阶段情况等。

(4)联合公报。用以发布国家之间、政党之间、政府之间双方联合签署发布的文件。

4.公报的结构和写法

(1)标题。公报的标题常见的有三种形式。第一种是直写文种;第二种是由会议名称和文种构成;第三种是发文机关、事由、文种构成。

(2)题注。公报的成文日期用题注形式标注。

（3）正文。正文由开头、主体和结尾组成。

开头即前言部分。新闻公报要求概括叙述最核心、最重要的新闻事实；会议性公报要求概述会议的名称、时间、地点、参加人员等；事项性公报要求用最鲜明、最精练的语言概述事件的核心内容，即何时、何地、发生了什么重大事件；联合公报要求概述公报的来由，即在何时、何地、谁与谁举行了什么会谈或谁对谁进行了什么性质的访问等。

主体是公报的核心内容，要求把公报的内容完整、系统、有序地表达清楚，可以按时间顺序和逻辑顺序来安排层次。常见的有三种写作：第一种是分段式，即每段说明一层意思或一项决定；第二种是序号式，多用于内容复杂、问题较多的公报；第三种是条款式，多用于联合公报。

结尾。事项性公报、新闻性、会议性公报一般没有尾部；联合公报要在正文之后写明双方签署人的身份、姓名、年、月、日，并写明签署地点。

（三）例文示范

中国共产党第二十届中央委员会第二次全体会议公报

（2023 年 2 月 28 日中国共产党第二十届中央委员会第二次全体会议通过）

中国共产党第二十届中央委员会第二次全体会议，于 2023 年 2 月 26 日至 28 日在北京举行。

出席这次全会的有中央委员 203 人，候补中央委员 170 人。中央纪律检查委员会副书记和有关部门负责同志列席会议。

全会由中央政治局主持。中央委员会总书记习近平作了重要讲话。

全会听取和讨论了习近平受中央政治局委托作的工作报告，审议通过了中央政治局在广泛征求党内外意见、反复酝酿协商的基础上提出的拟向十四届全国人大一次会议推荐的国家机构领导人员人选建议名单和拟向全国政协十四届一次会议推荐的全国政协领导人员人选建议名单，决定将这两个建议名单分别向十四届全国人大一次会议主席团和全国政协十四届一次会议主席团推荐。审议通过了在广泛征求意见的基础上提出的《党和国家机构改革方案》。习近平就《党和国家机构改革方案（草案）》向全会作了说明。全会同意把《党和国家机构改革方案》的部分内容按照法定程序提交十四届全国人大一次会议审议。

全会充分肯定党的二十届一中全会以来中央政治局的工作。一致认为，面对严峻复杂的国际环境和艰巨繁重的国内改革发展稳定任务，中央政治局全面贯彻党的二十大和二十届一中全会精神，高举中国特色社会主义伟大旗帜，全面贯彻习近平新时代中国特色社会主义思想，坚持稳中求进工作总基调，更好统筹国内国际两个大局，更好统筹疫情防控和经济社会发展,更好统筹发展和安全,兴起学习宣传贯彻党的二十大精神热潮,隆重悼念江泽民同志,做好全国人大、全国政协换届准备工作,动态优化调整新冠疫情防控措施,着力推动经济稳步回升、促进高质量发展,扎实推进社会主义民主法治建设和宣传思想文化工作,切实保障和改善民生,坚决维护国家安全和社会稳定,开启中国特色大国外交新征程,进一步深化全面从严治党,各项工作迈出新的步伐。

全会强调,开好十四届全国人大一次会议和全国政协十四届一次会议,对进一步动员全党全国各族人民为全面建设社会主义现代化国家、全面推进中华民族伟大复兴而团结奋斗,具有重大意义。

全会认为,党的十八大以来,以习近平同志为核心的党中央把深化党和国家机构改革作为推进国家治理体系和治理能力现代化的一项重要任务,按照坚持党的全面领导、坚持以人民为中心、坚持优化协同高效、坚持全面依法治国的原则,深化党和国家机构改革,党和国家机构职能实现系统性、整体性重构,为党和国家事业取得历史性成就、发生历史性变革提供了有力保障,也为继续深化党和国家机构改革积累了宝贵经验。

全会指出,党的二十大对深化机构改革作出重要部署,对于全面建设社会主义现代化国家、全面推进中华民族伟大复兴意义重大而深远。必须以习近平新时代中国特色社会主义思想为指导,以加强党中央集中统一领导为统领,以推进国家治理体系和治理能力现代化为导向,坚持稳中求进工作总基调,适应统筹推进"五位一体"总体布局、协调推进"四个全面"战略布局的要求,适应构建新发展格局、推动高质量发展的需要,坚持问题导向,统筹党中央机构、全国人大机构、国务院机构、全国政协机构,统筹中央和地方,深化重点领域机构改革,推动党对社会主义现代化建设的领导在机构设置上更加科学、在职能配置上更加优化、在体制机制上更加完善、在运行管理上更加高效。

全会强调,各地区各部门要站在党和国家事业发展全局高度,充分认识党和国家机构改革的重要性和紧迫性,深刻领悟"两个确立"的决定性意义,增强"四个意识"、坚定"四个自信"、做到"两个维护",自觉把思想和行动统一到党中央决策部署上来,坚决维护党中央决策部署的权威性和严肃性,坚定改革信心和决心,加强组织领导,不折不扣把机构改革任务落到实处。

全会认为,深入学习宣传贯彻党的二十大精神,是当前和今后一个时期全党的首要政治任务,要推动学习宣传贯彻往深里走、往实里走。要丰富载体、创新手段,以人民群众喜闻乐见的形式推动党的二十大精神进机关、进企事业单位、进城乡社区、进校园、进军营、进各类新经济组织和新社会组织、进网站,使党的二十大精神真正深入人心。领导干部要继续在全面学习、全面把握、全面落实上作表率,深刻认识新时代十年伟大变革的重大意义,熟练掌握习近平新时代中国特色社会主义思想的世界观、方法论和贯穿其中的立场观点方法,整体把握新时代新征程党和国家事业发展的目标任务、战略部署、重大举措,紧密结合本地区本部门具体实际制定好、实施好贯彻落实的具体方案、具体举措,切实把党的二十大精神落实到位。

全会强调,当前,世界百年未有之大变局加速演进,世界进入新的动荡变革期,我国发展进入战略机遇和风险挑战并存、不确定难预料因素增多的时期,必须准备经受风高浪急甚至惊涛骇浪的重大考验。我国改革发展稳定依然面临不少深层次矛盾,需求收缩、供给冲击、预期转弱三重压力仍然较大,经济恢复的基础尚不牢固,各种超预期因素随时可能发生。全党同志必须坚定信心,保持战略清醒,发扬斗争精神,做到"三个更好统筹",努力实现今年各项目标任务。要完整、准确、全面贯彻新发展理念,加快构建新发展格局,着力推动高质量发展。要认真贯彻执行党中央关于新阶段疫情防控的决策部署,落实好"乙类乙管"各项措施。要努力扩大内需,切实提升产业链供应链韧性和安全水平,进一步优化市场化法治化国际化营商环境,有效防范化解重大经济金融风险,守住不发生系统性风险的底线。要着力加强保障和改善民生各项工作,落实落细就业优先政策,保障好困难群众的基本生活,扎牢社会保障网,补齐医疗卫生特别是城乡基层医疗卫生公共服务的短板,完善生育支持政策体系。全面推进乡村振兴,巩固拓展脱贫攻坚成果,防止发生规模性返贫。

全会指出,要坚定不移深化改革开放,紧紧围绕全面建设社会主义现代化国家的目标,推出一批战略性、创造性、引领性改革举措,加强改革系统集成、协同高效,在重要领域和关键环节取得新突破。要坚持和完善社会主义基本经济制度,完善中国特色现代企业制度,加强和完善现代金融监管,推动高水平对外开放,统筹谋划好各领域的改革。注重完善改革落实机制,推动改革举措落地见效,不断增强社会主义现代化建设的动力和活力,把我国制度优势更好转化为国家治理效能。

全会强调,要深入贯彻落实党的二十大对党的建设作出的战略部署,时刻保持解决大党独有难题的清醒和坚定,健全全面从严治党体系,以党的政治建设为统领,扎实推进党的各方面建设,推动新时代党的建设新的伟大工程向纵深发展。在全党深入开展学习贯彻习近平新时代中国特色社会主义思想主题教育,要科学谋划、精心组织,强化理论学习和运用,取得实实在在的成效。要抓好换届后的领导班子思想政治建设,严格执行民主集中制,营造风清气正的政治生态,形成团结协作、敢于担当、善作善成的生动局面。要坚持以严的基调强化正风肃纪,持续深化纠治"四风",大兴调查研究之风,大力弘扬求真务实、真抓实干的作风,真正做出经得起历史和人民检验的实绩。要一体推进不敢腐、不能腐、不想腐,坚决打赢反腐败斗争攻坚战持久战。

全会号召,全党全国各族人民更加紧密地团结在以习近平同志为核心的党中央周围,高举中国特色社会主义伟大旗帜,弘扬伟大建党精神,牢记"三个务必",自信自强、守正创新,锐意进取、顽强拼搏,扎实推进中国式现代化建设,为实现党的二十大确定的目标任务而共同奋斗。

(四)实作体验

请在互联网上查找一篇公报,并作简要评析。

(五)反思提升

(1)可以借鉴新闻报道的写作方法,反应重大事件,重要会议的全貌和精神实质。

(2)结构严谨,层次清楚,条理清晰。文字表述准确、严肃、有理有据,简洁明了。

二、写作公告

(一)目标引领

(1)知识目标:了解公告的基本知识。

(2)能力目标:能写作规范的公告。

(3)素质目标:养成严谨、规范的公告性法定公文写作习惯。

(二)理论导航

1.公告的含义

《条例》规定:适用于向国内外宣布重要事项或者法定事项。公告是发布范围广泛的晓谕性文种,主要用于公布宪法,国家重要领导人出访、任免,人造卫星的发射等国家重大事项。此外,司法、税务等机关也可以用公告的形式宣布有关规定或决定。在公布性文件中,公告公布的范围最为广泛,它可以在世界范围内予以公布。

2.公告的特点

(1)权威性。公告宣布的是重大事项和法定事项,发文的机关也具有较高的级别。具体说,国家最高权力机关(人大及其常委会),国家最高行政机关(国务院)及其所属部门,各省市、自治区、直辖市行政领导机关,某些法定机关,如税务局、海关、铁路局、人民银行、检察院、法院等,有制发公告的权力。其他地方行政机关,一般不能发布公告。党团组织、社会团体、企事业单位,不能发布公告。

(2)广泛性。公告的事项,必须是能在国际国内产生一定影响的重要事项,或者依法必须向社会公布的法定事项。公告的传达范围有时是全国,有时是全世界。

(3)新闻性。公告的内容,都是新近的发生的、群众应知而未知的事项,在一定程度上具有新闻的特点。公告的发布形式也有新闻性特征,它一般不用红头文件的方式传播,而是在报刊上公开刊登。

3.公告的种类

公告按照性质、内容和发布机关的不同,一般可以分为国家事项公告和司法公告。

(1)国家事项公告。这是宣布关系国家政治、经济、军事、科技、教育、人事、外交等方面的重要事项的公告。需要告知全民的重要事项的,都属此类公告。

(2)司法公告。这是由司法机关依照法律的有关规定发布重要的事项时使用的公告。如《中华人民共和国专利法》第三十九条规定:"发明人专利申请经实质审查没有发现驳回理由的,专利局应当作出审定,予以公告。"

4.公告的格式和写法

(1)标题。一般多采用发文机关名称加公告的形式;有时只标文种即可;少数也采用发文机关名称加事由加文种的形式。标题如无发文机关名称则在结尾必须落款。

(2)正文。开头,写明公告缘由、依据,常常用一两句话交代。主体,写公告事项,这是公告的核心部分,写明公告的具体内容,可以分条款写,文字要求简明、具体、准确,一般不需要分析与评论。结尾可写可不写,常用"特此公告""现予公告"等习惯性用语简洁利落结束。

(3)落款。包括署名和日期。以机关名义发布,标题如已有机关名,就不必署了。

(三)例文示范

国务院公告

为表达全国各族人民对四川汶川大地震遇难同胞的深切哀悼,国务院决定,2008 年 5 月 19 日至 21 日为全国哀悼日。在此期间,全国和各驻外机构下半旗志哀,停止公共娱乐活动,外交部和我国驻外使领馆设立吊唁簿。5 月 19 日 14 时 28 分起,全国人民默哀 3 分钟,届时汽车、火车、舰船鸣笛,防空警报鸣响。

(四)实作体验

请在互联网上查找一篇公报,并作简要评析。

(五)反思提升

(1)公告的内容表述应简明扼要,直陈其事,就实避虚,一事一告。

(2)公告以宣布重大消息为主要目的,对告知对象没有直接的强制力和约束力。

(3)公告在语言表方面,宜庄重凝练,朴实无华。事项要准确具体,谨防歧义。

三、写作通告

(一)目标引领

(1)知识目标:掌握通告的基本知识。

（2）能力目标：能熟练写作规范的通告。

（3）素质目标：养成严谨、规范的周知性法定公文写作习惯。

（二）理论导航

1.通告的含义

《条例》规定：通告在一定范围内公布应当遵守或者周知的事项。

通告和公告容易混淆和误用，它们都是具有晓谕性和公布性的法定公文，但有四个方面的不同。

内容的重要程度不同。公告是用来发布重要事项和法定事项的，涉及内容多是国家大事或省市级的大事，或者履行法律规定必须遵循的程序。通告是用来发布在一定范围内需要遵守或周知的事项的，它所涉及的事项一般没有公告那么重大。

对发文机关的限制性有较大不同。公告是一种高级别的文体，只有涉及全局性的重大事项或法定事项时，才能由高级别的行政部门发布。通告是一种高级机关和基层单位都可使用的文体，不仅行政机关可以制发，社会团体、企事业单位在自己的职权范围之内，也可以制发。

发布范围有所不同。公告是向国内外发布重要事项和法定事项采用的文种，它的发布范围比较大，面向全国，有时面向全世界。通告虽然也是面向社会发布的，但多是限定在一个特定社区范围内，而且内容也多是指向一个特定的人群，要求这一社区的某一类特定人群遵守或周知。

发布的方式不同。公告多数是在报刊上刊登，一般不用红头文件的方式下发，也不能印成布告的形式公开张贴。而通告可以在新闻媒体上刊登，也可以用红头文件的形式下发，还可以公开张贴。

2.通告的特点

（1）约束性。通告常用来颁布地方性法规，这些法规一经颁布，特定范围内的部门、单位和民众都必须遵守、执行。例如，《××省无线电管理委员会办公室关于清理整顿无线电通信秩序的通告》，对有关事宜作了八条规定；《××市人民政府关于坚决清理非法占道经营的通告》，为改善交通秩序和市容环境，作了五条规定，相关人员必须遵守。

（2）周知性。通告的内容，要求在一定范围内的人们或特定的人群普遍知晓，以使他们了解有关政策法令，遵守某些规定事项，共同维护社会公务管理秩序。

3.通告的分类

通告有法规性通告和知照性通告两大类型。这两种通告是以法规性的强弱不同为标准来区分的，二者之间没有绝对的界限。法规性的通告不可能没有知照性，知照性的通告完全没有法规内容的也不多见。但二者在性质上毕竟有所区分,如《关于坚决清理非法占道经营的通告》,强制性措施较多,属于法规性通告;关于因施工停水、停电的通告,主要起通知事项的作用,没有强制性措施,属于知照性通告。

4.通告的结构与写法

(1)标题。通告的标题,主要有两种写法。

一是完全式标题写法,也就是公文标题的常规写法,由发文机关、主要内容、文种三者共同构成。如《河南省地方税务局关于认真落实〈事业单位、社会团体、民办非企业单位企业所得税征收管理办法〉的通告》《××工商行政管理局××国有资产管理局关于办理19××年度企业法人年检及国有资产产权登记的通告》等。

二是省略式标题写法,由发文机关、文种组成。如《中华人民共和国公安部通告》《××市房地产管理局通告》等。

通告也可以由主要内容和文种构成标题,还有的通告标题只有文种“通告”两字。

(2)正文。正文一般由缘由、事项、结语三大部分构成。

通告缘由。作为开头部分,通告缘由主要用来表达发布通告的背景、根据、目的、意义。如“近期以来,我市清理非法占道经营,经过几次集中整治,取得了一定效果,但在一些主干道上仍有反复,禁而不止,影响交通和市容环境,群众反映强烈。为推进讲文明、树新风活动和精神文明建设八大工程的深入开展,市政府决定,集中一段时间,加大工作力度,实行综合整治,坚决彻底清理非法占道经营,让路于车,还道于民,改善交通秩序和市容环境。现通告如下:”这个开头部分主要写了发布通告的背景、根据和目的。

通告事项。这是主体部分。如果内容比较单一,可采用贯通式写法,把通告的具体事项写清楚。如果通告事项涉及的要求、措施较多,应该分项予以说明。分项说明宜采取递减法,由主及次,由大到小,以便读者或听众能够迅速、正确地领会文件的精神实质。通告的具体事项是要面向公众,要求公众周知和执行的。因此,要力戒表述上的主次不分或忽轻忽重,否则就会使人产生繁杂无序的感觉,不利于读者或听众迅速地、准确地理解文件的精神实质。结束语。这是结尾部分,写法比较简单,多采用“本通告自发布之日起实施”或“特此通告”的模式化结语。

(3)落款。写出发布通告的单位名称及日期。如果前文已说明,此处可省略不写。

(三)例文示范

重庆市人民政府通告

根据《重庆市人民防空条例》有关规定,为纪念抗日战争期间在“重庆大轰炸”中不幸遇难的同胞,激励全市人民爱国热情,增强国防战备意识,定于 2022 年 6 月 5 日上午 10 点 30 分至 10 点 42 分在全市范围内进行防空警报试鸣放,望全市军民闻声勿惊。警报信号规定如下:

一、预先警报:鸣 36 秒,停 24 秒,反复 3 遍为 1 个周期(时间 3 分钟)。

二、空袭警报:鸣 6 秒,停 6 秒,反复 15 遍为 1 个周期(时间 3 分钟)。

三、解除警报:连续鸣 3 分钟。

四、灾情警报:鸣 3 秒,停 3 秒,反复 30 遍为 1 个周期(时间 3 分钟)。

重庆市人民政府
2022 年 5 月 12 日

(四)实作体验

(1)根据以下材料,请你以北京市公安局的名义写一则公文。

第九届北京国际旅游文化节盛装行进表演定于 2023 年 9 月 23 日上午 9 时至 11 时 30 分在平安大街举行,届时将对平安大街分时分段实施交通管制:9 月 23 日 7 时开始至活动结束,平安大街西皇城根大街北口(不含)以东至地安门路口(不含),除持有文化节表演活动车证的车辆外,禁止各种机动车和非机动车通行;9 月 23 日 9 时开始至活动结束,平安大街地安门路口(含)以东至宽街路口(不含),禁止各种机动车和非机动车通行;以上路段内各路口和胡同口在表演队伍通过时,禁止各种车辆和行人横穿,观看表演的观众不准下便道;活动沿线单位和广大市民,要提前安排好工作和生活,以免影响出行。

(2)根据以下材料,请你以学校的名义写一则通告。

近年来,高校学生因私自到江、河、湖、塘等水域游泳发生溺水事故屡有发生,给当事人及其家庭带来了无法挽回的损失。天气逐渐转暖,且重庆水系较多,为避免溺水事故发生,提高学生的自我防范意识,根据中央、省、市近期对高校安全稳定工作的要求,结合实际情况,学校禁止在校学生以任何形式到江、河、湖、塘等水域游泳。

(五)反思提升

(1)通告的内容要一文一事,主旨明确,条分缕析,结构严谨。

(2)通告的语言要力求明白确切,语气要庄重严肃,尽量少用专业术语,以便群众理解和遵守。

(3)通告是普发性、告知性公文,一般无主送机关。

第四节　意见、通知、通报

一、写作意见

（一）目标引领

（1）知识目标：掌握意见的基本知识。

（2）能力目标：能熟练写作规范的意见。

（3）素质目标：养成严谨、规范的行文多向性法定公文写作习惯。

（二）理论导航

1.意见的含义

《条例》规定：意见适用于对重要问题提出见解和处理办法。

2.意见的特点

（1）行文的多向性。意见可上行，也可下行或平行，行文方向具有多向性。就发文机关来看，如若是上级机关，可以表明主张，阐明处理问题的办法和要求；如若是下级机关，可以提出见解和建议；如若是平行机关，可以提出供对方参考意见。

（2）执行的指导性。意见虽然在文种的字面含义上没有命令、批复那样明显的强制色彩，似乎只是对一项工作提出意见供参考，但意见对受文机关来说，有较强的约束性，下级机关接到上级机关的意见，一般要遵照执行。

3.意见的种类

按行文内容分，可分为指导性意见和建议性意见。指导性意见，多为上级对下级传达的意见，一般具有指导性作用。建议性意见，一般为下级对上级或平级之间的意见，大多数具有参考作用。

按行文方向分，可分为上行意见、下行意见和平行意见。

4.意见的结构与写法

（1）标题。一种是完全式标题，由发文机关、事由、文种组成；另一种是不完全式标题，由事由、文种组成。

（2）主送机关。分为两种情况：需要转发的意见，没有主送机关这一项，但转发该意见的通知要把主送机关写清楚；直接发布的意见，要有主送机关，主送机关的排列方法和一般公文相同。

（3）正文。意见的正文写法并不统一，一般包括前言、主体、结语三部分内容。

前言是用很简短的话提出制定本意见的目的、依据。如是引据式开头，一般先引述所依据的文件的标题，后引述文件的发文字号。用"现提出实施意见如下"或"现就有关事项提出如下意见"开启下文。

主体是意见的核心，不止一条意见的应分条列项写，每一条意见应相对独立，条下可以有项，可以条断项断，也可以条断项连。内容应具体清楚，每条内容不能交叉，不能有歧义。

结语，一般的意见无需特殊结尾。呈报性意见结尾可另起一行，用"以上意见供领导决策参考"等话语作结；呈转类意见可用"以上意见如无不妥，请批转各地执行"之类语句作结；指导性意见则常用"以上意见请结合实际情况贯彻执行"作结；建议性意见常用"以上意见，请予考虑"作结。

（4）落款。写上名称、制文日期。单位要加盖公章。

（三）例文示范

重庆市人民政府办公厅
关于推进 5G 通信网建设发展的实施意见

各区县（自治县）人民政府，市政府有关部门，有关单位：

为进一步落实《重庆市以大数据智能化为引领的创新驱动发展战略行动计划（2018—2020 年）》，按照我市全面深化改革工作安排，经市政府同意，现就推进 5G 通信网建设发展工作提出如下实施意见。

一、总体要求

（一）指导思想。

全面贯彻党的十九大和十九届二中、三中全会精神，以习近平新时代中国特色社会主义思想为指导，紧紧围绕习近平总书记对重庆提出的"两点"定位、"两地""两高"目标和"四个扎实"要求，牢固树立新发展理念，创新工作机制，统筹推进信息通信基础设施建设，实现 5G 规模部署和率先商用，推动我市数字经济与实体经济深度融合。

（二）基本原则。

——坚持创新发展。以机制创新、模式创新、产业创新为抓手，大力推进 5G 通信网规划、建设、运行、管理、保障等机制创新，满足新时期社会经济发展对信息化的需求。

——坚持统筹协调。以政府为主导、企业为主体、规划为统筹、市场为抓手，加强城乡统筹、协调联动，形成 5G 通信网建设发展全市"一盘棋"工作格局。

——坚持开放共享。以市场开放、体制开放、机制开放为重点，全面推进全社会杆塔资源开放共享,提升资源共建共享水平,促进降成本、增实效。

——坚持绿色环保。深入落实"绿水青山就是金山银山"发展理念,广泛推进新能源技术和节能环保技术应用,建设绿色低碳环保通信网。

——坚持安全有序。按照安全可控、分步有序的原则推进杆塔资源开放,按照先试点、再总结、后推广的基本要求推进有关工作,确保公共设施安全。

(三)工作目标。

基本建成覆盖城乡的5G基站站址保障体系。全面推进社会公共杆塔资源开放,有效推动"通信塔"与"社会塔"深入共建和开放共享。到2020年,我市基于路灯杆、监控杆、标识杆等社会杆塔设施资源的"多杆合一"5G宏基站站址达到1万座,基于上述设施的5G微/皮基站站址达到5万座。

形成高效发展环境。建立覆盖市、区县两级的通信网建设发展工作机制,推动构建适应我市5G规模部署的规划、环保、土地、电力等低要素成本的通信网发展环境,区县(自治县,以下简称"区县")通信基础设施专项规划编制率达到100%。

形成安全规范技术保障体系。围绕全面推进社会公共资源开放和5G规模部署,进一步修订完善有关建设标准和规范,初步构建适应和满足我市5G通信网发展要求的技术标准和技术规范保障体系。

二、主要任务

(一)推进杆塔和设施资源开放共享。

1.推进存量通信杆塔资源开放。开展全市通信网杆塔资源普查,建立通信网杆塔资源库,向有需求的部门和单位全量开放通信杆塔资源目录,支持规划、交通、市政、环保、林业、电力、广电等部门建设基于通信杆塔资源的智能设施,提升智慧城市应用和管理水平。(责任单位:市通信管理局、市大数据发展局,基础电信企业、铁塔运营企业)

2.推进社会杆塔资源开放。在确保功能、保障安全、美观统一的前提下,积极推动路灯杆、电线杆、交通信号杆、视频监控杆等社会杆塔资源开放,全面支持5G基站规模部署。(责任单位:市教委、市经济信息委、市公安局、市生态环境局、市住房城乡建委、市城管局、市交通局、市文化旅游委、市大数据发展局、市人民防空办、市林业局、市港航局等)

3.推进公共设施及附属资源开放。加大公共设施及附属设施开放力度,免费开放政府机关、企事业单位、公共机构等所属公共设施资源以及城市道路、绿化带、公共绿地、公园广场、公交站台、校园、机场、港口、客运站场等场所和设施支持5G及通信网配套设施建设。(责任单位:各区县政府,市政府有关部门)

4.推进建筑外墙天面等资源开放。支持利用住宅建筑、公共建筑、商业建筑等建筑的附属设施开展5G通信网建设,确保5G网络深度覆盖。(责任单位:市通信管理局、市住房城乡建委)

（二）提升规划建设管理水平。

5.加快推进规划编制。推进市域和区县通信基础设施专项规划编制并纳入市域和区县国土空间规划,具备条件的区县要将通信基础设施专项规划纳入相关控制性详细规划。加强通信网土地利用规划管理,支持将5G通信网建设用地列入土地利用年度计划。（责任单位:市规划自然资源局、市通信管理局,基础电信企业、铁塔运营企业）

6.强化通信网规划管理。建立移动通信基站站址管理平台,加强基站选址规划管理。建立社会杆塔资源统一规划管理平台,实现各类社会杆塔资源统筹规划、资源共享。完善城市通信设施规划建设管理体系,在建设住宅、道路、市政设施、交通枢纽、内河航道等项目时,同步落实5G通信网配建要求。（责任单位:市通信管理局、市教委、市规划自然资源局、市住房城乡建委、市城管局、市交通局、市文化旅游委、市卫生健康委、市大数据发展局等）

（三）完善技术标准及规范。

7.提升道路交通设施设计交付标准。进一步完善高速公路、国省干道、市政道路等交通设施建设和交付地方标准,积极推动将5G通信网站址、传输廊道、市电引入等内容纳入交通设施设计、建设和交付标准。（责任单位:市住房城乡建委、市交通局、市通信管理局等）

8.加快制定"多杆合一"智能杆塔标准。推动出台"多杆合一"智能杆塔建设标准,推动多功能杆塔资源合用合建,确保智能杆塔的功能性、安全性、统一性。（责任单位:市通信管理局、市公安局、市城管局、市交通局、市大数据发展局等）

9.完善通信网建设标准体系。推动消防、人防、水利等设施通信建设标准编制,完成光纤到户建设地方标准修订,围绕住宅、公共建筑、市政设施建立满足5G通信网应用发展要求的建设标准保障体系。（责任单位:市通信管理局、市住房城乡建委、市交通局、市水利局、市应急局、市人民防空办等）

10.加大新技术新工艺应用。积极推广小型化、集成化、绿色化建站技术,积极发展与周边环境相适应的美化树基站、美化灯杆基站,促进新建通信基站与周边环境的和谐统一。（责任单位:铁塔运营企业、基础电信企业）

（四）提升资源要素保障能力。

11.保障5G通信网建设通行权。住宅、公共建筑、公共设施的所有单位或管理单位,应当对符合规划管理要求的5G通信网建设提供通行便利,并保障公平进入,禁止巧立名目收取进场费、协调费、分摊费等不合理费用。（责任单位:市住房城乡建委、市城管局、市大数据发展局,各区县政府）

12.加强电力供应保障。建立电力保障沟通联系机制,支持通信网开展直供电改造,加强非计划停电通报,提升通信网电力保障能力。按照国家电力体制改革安排,支持基础电信企业、铁塔运营企业与发电企业开展直接交易。鼓励基础电信企业、铁塔运营企业采用分布

式光伏发电、分散式风电、热力发电等绿色清洁电力。(责任单位:市发展改革委、市经济信息委,国网市电力公司)

13.加强土地资源保障。支持基础电信企业按公用设施用途落实用地,并按照有关规定实施供应。移动通信基站等用地面积小、分布点多的用地计划,可采取配建方式供应土地并依法取得地役权。(责任单位:市规划自然资源局)

14.有效降低公共设施租赁费用。探索建立租赁价格不高于西部地区平均价格的公共设施租赁占用费价格体系。支持基础电信企业直接参与公共建筑以及高速公路、国省干道、市政道路、轨道交通、桥梁、隧道等公共交通道路红线内通信基础设施建设。鼓励基础电信企业与交通运输企业共建共享,进一步降低基于道路交通设施的通信网建设成本。(责任单位:市住房城乡建委、市城管局、市交通局、市通信管理局)

15.强化通信网运行安全保障。建立5G通信网基础设施保护联动机制,及时制止非法阻挠5G通信网建设和维护的行为,依法查处破坏通信基础设施等违法犯罪行为。(责任单位:市公安局、市通信管理局)

三、组织实施

(一)建立两级协调推进机制。在市级层面成立由市政府分管领导牵头,通信、发展改革、财政、经济信息、大数据、交通、住房和城乡建设、教育、公安、规划和自然资源、生态环境、城市管理、水利、文化、体育、港口、消防、民防等部门共同参与的5G通信网建设协调推进工作机制。各区县参照建立相应的协调推进机制。(责任单位:市通信管理局、各区县政府)

(二)提升行政审批效率。深入推进"放管服"改革,进一步缩短5G通信网建设涉及的规划、建设、土地、环保、无线电等行政审批时间,满足5G快速规模组网要求。(责任单位:市通信管理局、市经济信息委、市规划自然资源局、市生态环境局、市住房城乡建委等)

(三)完善信息共享交流机制。依托市级政务信息共享平台,完善5G通信网站址、传输廊道以及工程建设项目行政审批信息共享机制。(责任单位:市大数据发展局、市通信管理局、市规划自然资源局、市生态环境局、市住房城乡建委)

(四)加强民营资本引入力度。鼓励民营企业和民营资本积极参与宽带接入网和铁塔等通信建设运营市场,切实发挥民营企业和民营资本优势,加快5G通信网基础设施建设。(责任单位:市通信管理局)

(五)加强监督检查。将5G基站规划建设、公共资源开放情况、资源要素保障情况纳入督查督办工作范围。(责任单位:市通信管理局,各区县政府)

附件:主要公共杆塔等资源开放时间表

重庆市人民政府办公厅

2019年1月4日

（四）实作体验

（1）清水溪河流被污染了。造成污染的原因有周围居民向河流中乱扔垃圾,生活污水流入河中,上游的化工厂将工业污水直接排入河流……请你以 A 社区居委会的名义向 B 区环保局写一份加强清水溪河流治理的建议性意见。

（2）自拟主题,大胆创意,向有关部门写一份意见。

（五）反思提升

（1）用语要得体。无论哪一类意见,语言既要严肃、明确,又要平实、简明,语气宜用平和、客观甚至商讨性(建议性意见)语气。

（2）主旨要鲜明。意见一般具有参考性或指导性,因此主旨要明确,具体指明方向,不能模棱两可。

二、写作通知

（一）目标引领

（1）知识目标:掌握通知的基本知识。

（2）能力目标:能熟练写作规范的通知。

（3）素质目标:养成严谨、规范的下行法定公文写作习惯。

（二）理论导航

1.通知的含义

《条例》规定:通知适用于发布、传达要求下级机关执行和有关单位周知或者执行的事项,批转、转发公文。通知是下行文。

2.通知的特点

（1）适用的广泛性。通知在适用范围方面没有行政级别的严格限制,也没有机构性质的区别,所有的机关团体部门都可以根据工作实际需要制发,是公务文书中适用范围最为广泛的一种。

（2）功用的指示性。通知是下行文,主要用于传达上级机关的指示精神、贯彻有关政策、发布相关法规、实施行政管理措施、布置工作任务等,具有指挥、指导的作用。

（3）办文的时效性。对通知中的事项不仅要求受文对象贯彻落实或办理执行,而且要有明确的时间要求,受文后必须在规定的时间内遵行,不得拖延。

3.通知的种类

通知的适用范围很广,分类的方法和标准也各不相同。根据内容和作用的不同,通知可分为六种。

（1）指示性通知。指示性通知是上级机关对下级机关阐述政策、发出指示、布置工作、分配任务、安排人员时所用的一种通知，如《国务院办公厅关于控制城镇房屋拆迁规模严格拆迁管理的通知》。

（2）批转或转发性通知。上级机关对下级机关上报的重要公文进行批示后，认为具有普遍意义，再转发至有关单位执行或参照执行，用批转性通知，如《国务院批转教育部2003—2007年教育振兴行动计划的通知》。将上级机关和不相隶属机关的公文再发给有关下级机关周知执行，用转发性通知，如《国务院办公厅转发文化部等部门关于开展网吧等互联网上网服务营业场所专项整治意见的通知》。

（3）发布性或印发性通知。以通知的形式来发布有关的行政法规和条例、制度和办法、纲要和方案等重要文件，具有很强的政策性和法规性，受文单位必须贯彻落实。一般来说，发布的文件多为法规性的文件如规定、条例、办法等，如《国务院关于发布〈国家行政机关公文处理办法〉的通知》。印发性文件则为非法规性的文件，如方案、纲要、计划等，如《国务院关于印发中国21世纪初可持续发展行动纲要的通知》。

（4）知照性通知。用来告知有关单位和人员知晓的事项和其他相关信息的，用知照性通知。如机关的撤并或调整、单位的迁址或名称变更、印章的启用或废止、文件的撤销或更改、电话号码的改动或调整工作时间等。其结构内容都比较简单，达到传递信息的目的即可，如《自治区人民政府办公厅关于调整自治区整顿和规范市场经济秩序领导小组成员的通知》。

（5）会议通知。有关部门要召开大型或重要会议时，一般要以书面的形式，就会议需要准备的事项提出具体要求，提请与会人员依照实行，这就是会议通知，如《关于召开民族团结表彰大会的通知》。

（6）任免通知。上级机关对下级机关领导人任命和免职，或上级机关领导的任职免职需要有关方面知晓时，使用任免通知。任免通知的结构和写法较为简单，一般写清任免人员的姓名、任免职务及时间即可，不必详细说明任免的理由或原因，如《广西壮族自治区人民政府关于×××、×××等同志任免职的通知》。

4.通知的结构与写法

通知种类较多，结构和写法也不尽相同。一般包括标题、主送机关、正文、结语和落款等几部分。

（1）标题。通知的标题分为完全式标题和不完全式标题。完全式标题由发文机关名称、通知事由和文种三个要素构成，如《国务院办公厅关于进一步做好2004年普通高等学校毕业生就业工作的通知》。不完全式标题是在不影响受文者的正确理解下，可以省略其中一个或两个要素，但文种一般不能省略。

通知的标题有时也很复杂,在拟写通知标题时要特别注意以下几种情形:

颁转类通知制文单位多、转发层次多、联合行文部门多时,为避免繁冗,不必机械"如实"全写,可以对标题进行简化。如国务院用通知批转《国家新闻出版署、国家人事部关于编辑干部业务职称暂行规定》时,可简化为《国务院批转〈编辑干部业务职称暂行规定〉的通知》。又如《关于转发重庆市沙坪坝区人民政府转发重庆市人民政府关于转发国务院加强煤矿安全工作的通知的通知的通知》,可以简化为《转发国务院关于加强煤矿安全工作的通知》。再如重庆市人民政府批转本市教委、财政局、国土局、建委《关于解决农民工子弟学校建设用地的意见》时,可简化为《重庆市人民政府批转市教育局等部门关于解决农民工子弟学校建设用地意见的通知》。

要精选颁转类通知的颁转词。常用的颁布词有"颁发""颁布""发布""公布""印发"。公布一般性、试行或暂行规章、制度时一般用"印发"或"公布";公布重要的法规、制度时一般用"颁发""颁布"或"发布"。常用的转发词有"批转"和"转发"。对上级的文件用"转发",对下级的文件用"批转"。

标题的文种名称前可以视具体情况,加上"紧急""联合""补充"等说明性文字。

(2)主送机关。通知的主要受理机关名称要用全称或规范化简称,顶格书写,对多个不同性质机关的排列要用标点符号分开。如"各省、自治区、直辖市人民政府,国务院各部委、各直属机构:",地方人民政府与国务院是不同性质的机构,因此,两者之间要用逗号,而不能用顿号。一般不用"各有关单位"这样不明确的泛称。

(3)公文正文。通知的正文一般有通知缘由、通知事项、执行要求三个部分内容。

通知缘由主要是写制发本通知的现状、原因、目的等,并据此提出发文机关的工作意图。用"现将有关事项通知如下"或"特通知如下"承上启下。

通知事项就是要求受文者执行或办理的事情。颁转类通知常用的句式:"现将……印发(转发)给你们,请认真贯彻执行。"有时还可以写出颁布的意见和执行的具体要求。事项性通知一般是分条列项,明确具体把通知事项写出来。如会议通知一般应写清楚会议时间、会议地点、会议主题、参会人员、报到时间及地点、会议其他事项(如经费、交通、住宿)。

执行要求就是对受文者执行通知事项提出希望和要求。

(4)结语。常用"特此通知"作结,也可不用。

(5)落款。通知的落款包括单位名称和日期。单位名称要加盖公章,日期的数字,用阿拉伯数字书写。

（三）例文示范

重庆市人民政府办公厅　四川省人民政府办公厅
关于印发《成渝地区双城经济圈"六江"生态廊道建设规划
（2022—2035年）》的通知

重庆市各区县（自治县）、四川省各市（州）人民政府，重庆市政府和四川省政府各部门、各直属机构，有关单位：

《成渝地区双城经济圈"六江"生态廊道建设规划（2022—2035年）》已经重庆市政府和四川省政府同意，现印发给你们，请认真组织实施。

重庆市人民政府办公厅　四川省人民政府办公厅

2023年11月4日

（四）实作体验

（1）根据以下材料，写一则会议通知。

××省行政管理研究会决定于2023年12月8日至12日在长沙市召开一年一度的年会，于10月15日发出会议通知。会议的内容：研究和探讨当前行政管理学的学术问题和热点问题。全省行政管理研究会的会员均可参加。12月7日报到。报到和开会地点：华天大酒店。要求每位与会者撰写相关学术论文一篇，带到会上交流，会前一周把稿子提前发到会务组。会务费、食宿费、交通费回单位报销。会议相关信息可与会务组联系。

（2）A市教委收到教育部办公厅关于印发《"十四五"普通高等教育本科国家级规划教材建设实施方案》的通知，领导打算把这个文件转发到A市属各本科高校，请你拟定一则公文，处理好这一事务。

（3）指出并修改下列公文中的错误。

××市人民政府关于召开全市人民调解工作的通知

为了总结全市人民调解工作的经验，部署今后的工作任务。市政府决定召开全市人民调解工作会议，现将有关情况通报如下：

1. 会期三天；

2. 各单位负责人参加；

3. 各单位接到通知后，请将与会人员名单报会议筹备组。

××市民政局

二〇二三年五月十四日

（五）反思提升

（1）通知事项的表述要清晰分明。通知事项是通知的主体，是受文对象要知晓和贯彻实施的具体内容。写作时要注意层次分明，重点突出，表述清楚，使受文者明确知道要做什么，如何去做。

（2）通知的语言要平实准确。通知的语言以叙述说明为主，风格平实。对事项的陈述要简明准确，不要使用具有歧义性的语言，以免出现理解上的偏差而贻误工作。

三、写作通报

（一）目标引领

（1）知识目标：掌握通报的基本知识。

（2）能力目标：能熟练写作规范的通报。

（3）素质目标：养成严谨、规范的下行法定公文写作习惯。

（二）理论导航

1.通报的含义

《条例》规定：通报适用于表彰先进、批评错误、传达重要精神和告知重要情况。通报是通过知照有关情况而发挥宣传教育、启示引导的作用。

要注意通报与决定的区别。从制发文的目的看，通报是为了表彰或批评当事人，更是为了宣传、教育更多的人，指导和推动有关工作，而决定主要是为了正式确认表彰或处分意见。从写作内容看，通报侧重介绍说明事实，概括而原则，以能引出结论为度，决定侧重在表彰或处分的意见，具体而明确。从发送范围来看，通报具体有典型性，发送范围广泛，而决定则一般只与当事人及有关方面见面，很少普发。

2.通报的特点

（1）内容的真实性。通报所涉及的人物、事件、数据和结果等都必须要客观真实，不能随意虚构、夸张和渲染，更不能造假，因为只有真实才能感动人，才能发挥通报的实际作用。

（2）事件的典型性。通报所指向的好人好事或错误行为都应该具有一定的代表性和普遍性，才能够在较大的范围内起到宣传教育、警示告诫、批评督导的作用。如果是偶然发生的一般孤立事情或者寻常生活中的小事，就很难产生共鸣效果。

（3）目的的导向性。无论是表彰先进、批评错误，还是情况通报、传达精神，其目的是非常明确的，就是要激励先进、树立榜样，打击邪气、惩罚错误，吸取教训和沟通引导，具有很强的指导和教育意义，发挥导向作用。

3.通报的种类

根据性质和作用的不同来划分,通报可分为表彰通报、批评通报和情况通报三种。

(1)表彰通报。用于表彰先进集体、先进个人,宣传先进事迹、树立榜样典型,推行成功经验,以激发工作热情,营造良好氛围,推动工作的开展。

(2)批评通报。用于批评处理违反有关法律、法规、制度而造成严重事故或导致重大经济损失、产生不良政治影响的单位和个人,以惩治违纪者和事故责任人,教育人们引以为戒,提高思想觉悟,加强道德修养,防止类似错误或事故的发生。

(3)情况通报。主要用于上级机关向下级单位传达有关社会政治、经济、文化和治安等方面出现的重要情况或新动向,传达上级机关的重要精神,使上下之间能统一认识、统一思想,更好地开展工作。

4.通报的结构与写法

通报一般包括标题、主送机关、正文和落款四个部分

(1)标题。通报的标题由发文机关名称、事由和文种三个要素构成,如《广西壮族自治区人民政府办公厅关于表彰 2003 年度全区政府系统信息工作先进集体先进个人的通报》。由于文件已有发文机关标识,因此,标题也可省略发文机关名称,仅由发文事由和文种构成,如《关于 2001—2002 年度各地执行领导干部任期森林资源消长目标责任状核查结果的通报》。

(2)主送机关。通报的主送机关由发文机关根据通报的实际内容和发文目的决定,或者发给发文机关的所有下属单位,或者只发给相关的单位。普发性通报和组织内部知照性通报可以不标明主送机关。

(3)正文。这是通报的核心部分。

表彰通报与批评通报的正文通常由通报的具体事因、事项的分析评价、表彰或处理决定,以及希望要求等四个部分构成。通报具体事因,就是通报的缘由,要用平实简练的语言来陈述事实,把通报涉及的时间、地点、人物、事件、经过、结果等概要地叙述出来。分析评价,就是由事入理,由感性认识到理性认识,对通报对象进行评价或定性。表彰或处理决定,就是对先进的人物和事件进行恰如其分的表彰与奖励或是对错误和事故进行处分和处罚。最后是向受文者有针对性地提出希望和要求。

情况通报通常由基本情况和意见要求两部分构成。基本情况介绍要明确具体,可夹叙夹议,在陈述过程中对情况或精神作分析评价,指明其性质及意义。意见要求是在情况分析中得出的,对下级机关落实通报精神有指导意义。

(4)落款。落款包括单位名称和日期。

（三）例文示范

重庆市人民政府办公厅

关于第五届中国·重庆职业技能大赛获奖单位和个人的通报

各区县（自治县）人民政府，市政府有关部门，有关单位：

2017 年 9—11 月，我市成功举办了第五届中国·重庆职业技能大赛。本次大赛以"弘扬工匠精神、厚植工匠文化"为主题，参照世界技能大赛标准流程，对接全市重点特色产业，设置美容、美发、汽车技术、移动机器人、火锅调味、小面制作等竞赛项目，共吸引 3 万余人参赛，选拔高级工、技师、高级技师 2000 多名，产生个人奖 562 名、优秀组织奖 19 个、特别贡献奖 12 个，充分展示了全市职业技能发展水平和广大技能人才良好风貌，对大力弘扬劳模精神和工匠精神，营造劳动光荣的时代风尚和精益求精的敬业风气起到了积极作用。为进一步推动全市高技能人才队伍建设，经市政府同意，对大赛获奖单位和个人予以通报。希望获奖单位和个人珍惜荣誉、再接再厉，充分发挥模范带头作用，传授技能技艺，带动各行业技能水平提升，为重庆经济社会发展作出新的更大贡献。

附件：第五届中国·重庆职业技能大赛获奖名单

重庆市人民政府办公厅

2017 年 12 月 28 日

（四）实作体验

（1）自拟标题，写一份本年度学校优秀毕业生表彰通报。

（2）根据下列材料，写一份通报。

李明是××大学旅游管理专业二年级学生，因到学校花园采摘蜡梅花与绿化工人王××发生争吵，李明不仅不服管理，还先动手打人，致使王××被打伤住院。学校决定给李明严重警告处分并责成赔偿医疗费 1000 元。

（3）收集一份表彰决定或处理决定，将其改写成一份通报。

（五）反思提升

（1）事例要典型和真实。无论是表彰还是批评通报对所通报的人物和事件应该有所选择，要确认事件具有代表性和普遍性，只有具有典型性才能反映事物的本质，体现出社会时代的精神面貌，才会有通报的意义和价值。

（2）分析要中肯客观。通报的正面事例或反面事例进行分析评价要中肯客观，应是实事求是的内在反映，起到画龙点睛的作用，能使人们的认识得到升华提高，思想灵魂受到洗礼，从而得到教益。

（3）语言要平实庄重。通报对有关事实进行叙述时,应把握好语言风格以平实和庄重为主,切忌追求生动性和形象性。

第五节　报告、请示、批复

一、写作报告

（一）目标引领

（1）知识目标:掌握报告的基本知识。

（2）能力目标:能熟练写作规范的报告。

（3）素质目标:养成严谨、规范的上行法定公文写作习惯。

（二）理论导航

1.报告的含义

《条例》规定:报告适用于向上级机关汇报工作、反映情况,回复上级机关的询问。

汇报的目的是下级机关向上级机关提供本单位各方面工作的第一手情况,让上级领导了解掌握更多的信息,为科学决策开展工作、协调监督提供现实依据。因此,报告是向直接上级组织报送,是陈述性、汇报性的上行文。在日常工作中,报告发挥着汇报工作、提供信息、反馈结果、凭证依据等多方面的作用,使用范围很广,使用频率很高。

2.报告的特点

（1）应用范围的广泛性。报告的使用者不受机关性质和级别的限制,所有的行政机关、企事业单位无论处在哪一个层级均可根据实际需要,用于下情上达、交流信息和沟通上下之间的联系。

（2）行为内容的汇报性。报告以实际工作和现实问题为主要内容,这决定了报告的汇报性。因此,下级机关要把已开展的工作或现实中的问题,如本单位怎样贯彻上级政策和指示精神、怎样开展中心工作情况、取得的成绩经验、存在的问题教训,或者已发生的重要情况等据实向上级汇报。报告只作汇报,不得夹带请示事项。

（3）表达方式的陈述性。工作报告的内容主要是向上级汇报工作、情况,是下情上达,其表达方式以叙述、说明为主。在语言运用上要突出陈述性,把事情交代清楚,充分显示内容的真实和材料的客观。

3.报告的种类

报告的类型很多,根据汇报的性质内容来分,报告可分工作报告、情况报告、答复报告、报送报告四类。

（1）工作报告。这是指向上级机关汇报本单位工作情况的报告。有的是对年度工作进行全面报告；有的是就某项工作的进展、某些措施的贯彻情况作出专题报告。无论是前者还是后者，都要把工作进展、成绩、经验、问题和打算等方面如实汇报。

（2）情况报告。这是指向上级机关反映本单位所发生的突发事件、重大问题或其他重要事情的报告。如下级单位发生了重大事件，应及时报告上级机关，一是有利于上级领导能迅速掌握情况，采取决断措施；二是可以尽快得到上级的有关指示和支持，有利于问题的处理解决。

（3）答复报告。这是指下级机关对上级机关所询问的问题作出答复的报告。这是一种具有很强针对性的报告，对上级询问的问题，应该实事求是地作出答复，有问必答，不能避重就轻或是答非所问，应尽量让上级得到全面的情况。

（4）报送报告。这是用于向上级报送文件、物件的报告。

4.报告的结构与写法

报告一般由标题、主送机关、正文和落款四个部分构成。

（1）标题。报告的标题有两种常见的写法：一是由"发文机关名称+事由+文种"构成，如《××省人民政府办公厅关于国务院文件办理情况的报告》。二是由"事由+文种"构成，如《关于棉花打假专项行动督察情况的报告》。拟写标题时，要准确地概括出事由，标题不能仅写文种。

（2）主送机关。报告应标注主送机关，要写明机关的全称或规范化简称。一般主送机关只能标注一个，如需要报送其他机关，则以抄送的形式来处理。

（3）正文。报告的正文由报告缘由、报告事项和结束语三部分组成。

报告缘由就是报告的开头，这部分主要是写报告的起因、事由或说明报告的依据、目的、意义、开展了什么工作等一些基本情况，然后，运用一个过渡句"现将有关情况报告如下"，过渡到正文主体。

报告事项是正文的核心内容。这部分主要是写有关工作的实施效果、方法措施、存在问题、经验教训、体会收获、今后的打算与安排等。要求做到内容充实、具体详细、数据可靠、事例真实。如果内容较多，涵盖面广，则应根据需要分条列项来写，也可归纳分旨列小标题写，这样更有条理性和逻辑性，也容易明白和理解。具体来讲，工作报告应包括基本情况、成绩与经验、问题与教训及对策措施等项内容。情况报告应包括基本情况或问题、原因分析及建议等内容。答复报告主要针对上级询问作答，不能答非所问，或有所保留。报送报告很简短，一般简要说明报送原因，报送文件或物件的名称、数量，以"请查收"作结。

报告的结尾一般是归纳全文，表达一种愿望，或是采用惯用语来收束，如"特此报告"

"以上报告,如有不妥,请指正""以上报告,请审阅"等。也有的在写完正文主体内容后,就自然结束,无须再刻意写一个尾巴。

(4)落款。落款包括单位名称和日期。

(三)例文示范

2024 年元旦假期全省文化和旅游市场情况综述报告

2024 年元旦假期,全省文化和旅游系统认真贯彻落实中央、省委经济工作会议精神,按照省委、省政府及文化和旅游部安排部署,加大冬季特色文旅产品供给,推出一系列优惠促销政策和文旅主题活动,加强市场监管和服务保障,全力推动文旅消费"热起来、旺起来",全省文化和旅游市场保持安全平稳、规范有序运行,未发生旅游安全事故、较大旅游投诉和网络负面舆情,实现了新年"开门红"。

一、基本情况

元旦假期,全省纳入统计的 832 家 A 级旅游景区累计接待游客 914.90 万人次,实现门票收入 8314.53 万元,与 2023 年同期同口径相比,分别增长 80.65%、89.60%;与 2019 年同期同口径相比,分别增长 60.10%、81.31%,全面超过疫情前水平。

全省 5A 级旅游景区累计接待游客 58.73 万人次,实现门票收入 2175.28 万元,与 2023 年同期同口径相比,分别增长 89.86%、80.39%;与 2019 年同期同口径相比,分别增长 79.65%、76.20%。

全省图书馆、文化馆、博物馆累计接待群众 195.74 万人次。

二、主要特点

(一)蜀山冰雪点燃冬游激情。全省文旅系统围绕"赏蜀山冰雪·享攀西暖阳"主题开展"冬游四川消费季"活动,推出 23 条旅游主题精品线路和 17 家重点滑雪场,串联起"冰雪旅游+文化""冰雪旅游+民俗风情""冰雪旅游+温泉度假"等一批冬季旅游特色产品,"千秋西岭·南国热雪"入选 2023—2024 全国十大冰雪旅游精品线路,冰雪温泉旅游成为元旦假期最大亮点。冰雪类景区中,毕棚沟景区年接待量突破百万大关,瓦屋山景区游客人数达最大承载量,海螺沟景区迎来震后恢复开放的接待峰值,峨眉山景区接待 10.43 万人次、巴山大峡谷景区接待 5.76 万人次、曾家山景区接待 4.74 万人次。石棉王岗坪、宝兴神木垒推出低山嬉雪、中山滑雪、高山赏雪等多层次的冰雪产品,推动"冷资源"变为"热经济"。温泉类景区中,罗浮山景区接待 4.31 万人次,九龙山—麓棠山旅游区接待 4 万人次,花水湾温泉度假区接待 1.68 万人次。

(二)攀西阳光康养持续升温。元旦期间,大批游客奔赴攀西地区赴一场"阳光之约"。

凉山彝族自治州推出"冬季暖阳凉山游"活动,环湖骑行、泛舟邛海、泸山登高、湿地漫步、骑车环海等阳光康养度假受到游客青睐,全州 A 级旅游景区累计接待游客 44.04 万人次,实现门票收入 56.27 万元,同比分别增长 83.19%、32.98%。第十四届欢乐阳光节在盐边开幕,推出了水果采摘、康养村落、氢气温泉等丰富多彩的旅游套餐;米易普威独树旅游新村景区、枇杷生态园景区、芭蕉箐旅游新村景区游人如织,尽情享受"阳光味道",攀枝花市 A 级旅游景区累计接待游客 11.21 万人次,同比增长 49.70%。

(三)文艺跨年解锁多元潮年。各地纷纷推出跨年晚会、音乐季(周、会)、文艺表演、美术展览等多项活动,让群众在跨年中尽享文化大餐。12 月 31 日晚,"以经典致敬人民"2024四川省新年音乐会在四川大剧院举行,拉开了新年惠民音乐系列活动的序幕。四川交响乐团联合重庆芭蕾舞团举办新年音乐会,海内外优秀艺术家为川渝两地市民共同带来一场精彩绝伦的交响芭蕾盛宴;省曲艺研究院"2024 四川曲艺川味爆笑跨年晚会"热闹开演,巴蜀笑星让观众在捧腹大笑中度过欢乐跨年夜。民族音乐周、阳光音乐季火热开唱,来自五湖四海的乐迷齐聚西昌,尽享音乐盛宴。成都多个剧场推出跨年音乐会,双子塔、融创乐园等跨年灯光秀闪耀蓉城;锦江区举行"夜游锦江·星河入梦"主题活动,累计接待游客超 8 万人次。宜宾长江音悦街热力开街,跨年灯光秀、青年跨年夜、音乐舞蹈互动体验等活动轮番上演。《江山多娇——广元翠云廊》在央视新闻联播播出,昭化古城大型夜间沉浸剧"葭萌春秋"升级版倾情上演,让游客在移步换景中感受千年古城的美轮美奂、沧桑巨变。巴中《恩阳船说》,融入游船、光影、情景演绎,唤起古老岁月中的恩阳记忆。绵阳方特东方神画"长安子时夜"推出清韵游园会、雪域梦境、花车巡游等跨年体验活动。德阳"庙趣横生·悠然至德"惠民演出,让观众沉浸式感受传统文化的独特魅力。

(四)近程休闲游占出行主流。元旦假期,游客出行方式以中短途为主,多选择附近的开放式景区、古镇、博物馆等游玩,近郊休闲游、乡村体验游、家庭亲子游、文博游等占据主流。成都大悦城、洛带古镇、三圣花乡、双流海滨城、街子古镇等景区接待游客均超过 10 万人次。随着九绵高速通车,绵阳平武推出"来秘境平武·逛熊猫家园"万人游平武活动,吸引不少自驾游客。泸州太平古镇推出"四渡赤水"红色文化主题灯会。威远高铁站的开通,古佛顶、康桥恬园水乡、世界无花果博览园等迎来众多游客打卡。多家博物馆以"沉浸式+个性化"的方式为游客带来全新体验,武侯祠博物馆接待游客 14.43 万人次,广汉三星堆博物馆接待游客 5.76万人次、较 2023 年同期增长 225%;三苏祠博物馆举办东坡诗词擂台赛,资阳市博物馆全面开馆,成为市民游客新的打卡点;四川省图书馆推出延时服务,累计接待群众 1.44 万人次。

(五)惠民措施促进假日消费。为激发文旅消费活力,全省组织开展"冬游四川消费季"活动,推出发放消费券补贴、冬季旅游景区门票优惠、旅行社引客入川奖补、开展冬季航班航线补贴、降低省外来川小型客车高速公路通行费等六大优惠政策。其间各地发放 9400 万文旅消费券,全省4A级以上旅游景区提供11万张门票,通过"一元购"大放送方式分批向省内外游客进行派送,联动重庆开展"百万职工游巴蜀"活动,持续提升假日市场热度。依托"引客入川"奖补政策已完成包机21架次,吸引列车团、直通车等各类团队1090余个,旅行社组织赴川游客超6.3万人次。成都市锦江区发布"潮耍"五大主题游线,发放"游成都·耍锦江"文旅消费券1000万元,春熙路国家旅游休闲街区累计接待游客超220万人次。乐山市中区"冬游大佛·乐享嘉州"消费季带来十道文旅消费新年大餐,广邀游客市民尽享嘉州冬春魅力。南充推出"文旅消费·乐享南充"2024年跨年文旅消费券惠民活动,朱德故居、西山风景区等景区游客增多,阆中推出汉服纪、张飞巡城、国潮音乐荟等活动引人驻足。茂县举行"坐着动车到茂县·有年味·有羌调"活动带动假日消费。

四川省文化和旅游厅
2024年1月2日

(四)实作体验

(1)为自己设计并参加一个暑假社会实践活动,以此为主题,写一份社会实践报告。

(2)根据自己的专业设计一次顶岗实习活动,并以此为主题,写一份实习进展情况报告。

(五)反思提升

(1)实事求是,具体翔实。报告中所汇报的情况或问题,应该坚持实事求是的原则,如实反映情况,无论是成绩还是问题缺点,都不应随意夸大或缩小,让事实来说话。特别是一些重大事件,应尽量体现出原本的面貌。对报告中涉及的统计数据要经过认真核实,确保真实准确。这样才能使上级机关掌握有用的情况,作出正确的判断和决策。

(2)点面结合,突出重点。有些报告要汇报的内容很丰富,都想摆出来,其实这种面面俱到,包罗万象,缺乏重点的写法并不可取。应根据主旨的要求,抓住重点,以点带面,运用典型材料和最能说服人的数据去表现,既有典型的事例,又有恰当的概括,才能引人注目,具有说服力。

(3)体现汇报性质,不含请求事项。报告是一种陈述性、汇报性公文,它的作用就是向上级机关提供情况和信息。因此,任何报告都不应背离这个性质,不能在文中提出任何请求指示、批准的事项。

二、写作请示

(一)目标引领

(1)知识目标:掌握请示的基本知识。

(2)能力目标:能熟练写作规范的请示。

(3)素质目标:养成严谨、规范的请求性上行法定公文写作习惯。

（二）理论导航

1.请示的含义

《条例》规定：请示适用于向上级机关请求指示、批准。

请示与报告都是上行文，在平时工作实践中，容易混用、误用。这里介绍一下这两种文种的区别。一是从行文目的看，请示是请求性公文，重在呈请，行文宗旨是希望得到上级机关的支持或批复；报告是陈述性公文，重在呈报，行文宗旨是下情上达，使上级机关及时了解情况，掌握动态。二是从行文作用看，请示作为请求性公文，要求上级必须做出批复，体现了请示主旨的求答性与执行性的统一，这是请示所独有的；而报告只是陈述性公文，主要叙述事实，起备案作用，不需上级做出答复（呈转性报告除外）。三是从行文时间看，请示必须在事前行文，绝不允许先斩后奏；报告则是事后报告或在事情进行过程中随时报告。四是从行文看，请示必须坚持"一文一事"原则，文字简洁，内容单一，主题明确；报告可以是"一文一事"的专题性报告，也可以视情况将若干有关联的事情综合在一起陈述，形成综合性报告。

2.请示的特点

（1）行文内容的请求性。请示是下级机关向上级机关请求指示和批准事项的公务文书，具有祈求的性质。无论是请求指示还是请求批准，都必须据实向上级机关说明原因理由和具体事项，在得到明确的答复批准后，方能实施。

（2）行文事项的单一性。《党政机关公文处理条例》中的行文规则明确规定，请示事项应为一文一事。一文两事或一文多事的请示，不符合规定要求。

（3）行文关系的隶属性。下级机关有请示事项要行文，只能向与本级机关具有隶属关系的直接上级机关提出请示，如无隶属关系，即使拥有行文机关请批事项的审批权，也不能用"请示"文种，而当用"请批函"。

3.请示的种类

根据请示内容的不同，请示可分为请求指示的请示和请求批准的请示两大类。

（1）请求指示的请示。这类请示多是涉及对政策的理解和思想认识等方面的问题。如在工作中，当遇到对上级文件精神把握不准，难以贯彻实施或是对某些政策法规界定不明，而无法执行时，就应该请求上级机关就相关问题作出明确指示，上级机关是有关政策的制定者，只有它才有权力作出解释和答复。在准确把握了上级的指示精神后，执行时才不会偏离要求，造成不必要的失误。

（2）请求批准的请示。这类请示主要是指人事、经费、物资、机构、基建和新设项目等方面的具体事项。这都是事关权利和利益的重要问题，涉及面较广，需要在宏观上统一管理，统筹兼顾，根据实际与可能作出安排。在规定范围内，必须得到上级机关批示批准，才能办理的事项,就应按程序请示,任何超越职权范围,而擅自决定办理的事项,都是不能允许的。

4.请示的结构与写法

请示主要由标题、主送机关、正文和落款、附注等五个部分构成。

(1)标题。请示的标题有发文机关名称、事由和文种三个要素。也可根据情况省略发文机关名称,但一般不能省略事由和文种。在标题中,不能出现"申请""请求""要求"等祈请类词语,因为文种"请示"已经包含了"请求批示"之意。特别注意:文种名称不能写成"请示报告"。

(2)主送机关。请示的主送机关只能有一个,就是本级机关的直接上级机关,不能标注多个机关,多头主送。如果属于双重领导,也只能主送一个,负责答复批准,另一个则以抄送形式来报送,供其了解情况。

(3)正文。请示的正文由请示缘由、请示事项、请示结语三个部分组成。

请示缘由就是请示的理由、依据或背景,讲明为什么要提出这样的请示事项。请示的根本目的是能得到上级机关的批准,而要得到批准,就必须把理由讲清楚。所以,请示的缘由至关重要,要有充足的理由。写作时或列举现状事实,或引用有关政策条文和数据材料,以增强说服力。但也要注意不可长篇大论、引经据典,这样反而弄巧成拙。行文以简洁为好。常见的模式:"由于……为了……根据……,现就……请示如下(特作如下请示)"。

请示事项就是请求上级机关给予指示或批准的具体事项。所提出的请示事项应遵循合理与适度的原则,既要符合相关的政策法则,也要符合客观的现实性。不要提出超越实际可能的事项。同时,对请示事项的表述应具体明确,不要含糊其词。请求作何指示,批准什么,直截了当,不遮掩,不绕弯,让人一看就明白。否则,就可能影响到上级对请示事项的审批。

请示结语也叫请示要求,就是在请示文的末尾郑重地提出要求,表明下级机关的祈请态度,以示敬重。一般常用的祈请语有"以上请示妥否,请批示""以上请示,请审批""以上请示如无不当,请批复"等。请示结束语并非可有可无的结构成分,而是不能忽视的重要组成部分。为醒目起见,要另起一行书写。

(4)落款。写上制文机关名称及成文日期。

(5)附注。在成文日期的下一行,空两格,用圆括号注明联系人的姓名和电话,以方便上级机关及时联系。

(三)例文示范

中共×××支部委员会关于换届选举的请示

中共×××直属机关工委:

中共×××支部委员会现已任期届满,支部委员会决定于××××年××月××日召开党员大会进行换届选举。这次大会的主要议程是:听取和审议上届支部委员会工作报告;选举产生新一届支部委员会。

经支委会研究,中共×××支部委员会拟由×人组成,其中,书记一人,副书记一人。拟提委员候选人×名,差额比例为百分之二十。支部委员会委员采用无记名投票方式和差额选举办法,在党员大会上选举产生。支部书记、副书记在新一届支部委员会上以无记名投票方式等额选举产生。

以上请示妥否,请批示。

中共××支部委员会

××××年××月××日

(联系人:×××　联系电话:×××××××××××)

(四)实作体验

(1)渝阳煤矿主水泵已损坏,不能正常工作。现在即将进入雨季,为保证煤矿安全生产,拟购一台价值60万元的水泵,请上级松藻煤电公司拨款同意购买。请你以渝阳煤矿的名义写一则请示。

(2)假设你是某大学学生会主席,准备策划一场大型的学生活动,对此,你需要征得校团委同意。请合理想象,设计一个活动,自拟标题,写一则请示。

(3)改正下列公文中的错误。

××区人民政府关于设立区监察局的报告

××市委、××市人民政府:

我区拟成立区监察局,由杨××同志任局长,李××同志任副局长,这两位同志的情况请见随文附上的考察材料,这是根据中央关于成立各级监察机关的决定作出的具体安排。目的是严肃政纪,加强对国家工作人员的监察。因此务请市里批准。此外,新成立的机构需要购置必要的设备,但我区财力紧张,难以解决,为此请市里拨款十万元。附杨××、李××考察材料各一份,请查收。

以上请示妥当否,请批准。

××区政府

××××年××月××日

(五)反思提升

(1)行文要求一文一事。《党政机关公文处理工作条例》明确规定,请示应一文一事。不得在报告等非请示性公文中夹带请示事项。这是从公文办理的实际情况来考虑的,请示的事项过多过杂,表述不清,反而不利于上级机关的研究批复,影响办事效率。

(2)不允许多头请示。凡是请示,只能有一个主送机关,由其负责批复。需要了解情况的其他机关以抄送的形式处理。如果多头请示,多个主送机关,往往批复意见很难做到一致,反而无所适从,无助于事项的实施。请示一般不能主送领导者个人。

(3)不得越级请示。根据行文规则要求,公文逐级行文,不能越过本级机关的直接领导机关,向上一级领导机关行文。请示当然也不能例外。如有特殊重要事项确实需要向上一级机关行文,应先征得本级机关的直接上级机关同意方可行文,并同时抄送越过的上级机关。以免影响上下级之间的关系,而贻误工作。

(4)下级机关的请示事项,如需以本机关名义向上级机关请示,应当提出倾向性意见后上报,不得原文转报上级机关。

三、写作批复

(一)目标引领

(1)知识目标:掌握批复的基本知识。

(2)能力目标:能熟练写作规范的批复。

(3)素质目标:养成严谨、规范的答复性下行法定公文写作习惯。

(二)理论导航

1.批复的含义

《条例》规定:批复适用于答复下级机关请示事项。批复是上级机关专门针对下级机关的请示而制发的指挥性公文。

2.批复的特点

(1)内容的可行性。批复是被动行文。不管是同意还是不同意,上级机关都必须表明自己的意见。"一请一复",请示什么,就批复什么。批复内容要明确具体,不能含糊,似是而非,用语产生歧义,就会给下级机关的理解执行带来不便。

(2)执行的权威性。上级机关所作的批复意见,是经过认真研究后作出的决定,有较强的政策性和决策性。因此,下级机关应严格执行,即便对批复内容不太满意甚至持相反意见,也必须贯彻批复精神,不得擅自变通更改,或是拒绝执行。

(3)行文的简明性。批复的内容一般都简明扼要,对下级机关的请示事项只提出原则性和结论性的批示,不展开阐释论述。如有必要稍加说明的问题,也是言简意赅,点到为止。

3.批复的种类

根据内容和作用的不同,批复可分为指示性批复和批准性批复两类。

（1）指示性批复。这是上级机关针对下级机关在理解和执行有关文件精神与政策时,存在某种不确定性或疑问而作出的答复,明确地作出解释,以指导下级机关对文件精神和政策更好地贯彻执行。

（2）批准性批复。这是对下级机关提出具体的事项给予明确的答复。根据有关组织程序规定,上级对下级机关的请批事项具有审批权,只有得到上级的批准,下级才能实施;如上级不批准,所请示的事项就不能执行。

4.批复的结构与写法

批复内容单一,篇幅短小,结构也很简单,包括标题、主送机关、正文、落款四部分。

（1）标题。批复的标题一般由发文机关名称、批复事由和文种三部分组成,也可由后两项要素组成,但不能仅用文种做标题。对批复事由的概括要准确简练,并体现出批复机关的明确态度。如果同意下级请示的事项,可以在标题中明示"同意";如果不同意,一般不宜明示"不同意"。

（2）主送机关。批复的主送机关一般只能有一个,即请示机关。

（3）正文。批复的正文包括批复引语、批复意见、批复希望和结束语四个部分。

批复引语是批复依据或缘由。在批复的开头部分先引叙下级机关请示文的相关情况,如来文的标题、发文字号等。然后由一个过渡句"现批复如下"转入下文,也可以不用过渡,而直接写批复意见。一般模式:你局《关于××的请示》(××发〔20××〕××号)收悉,现批复如下。

批复意见是针对请示文中提出的具体事项给予明确的批示。如同意请示事项,应有明确的肯定性意见,不能笼统说:"基本同意提出的请示事项"或"原则上同意所提出的要求"。如不同意请示事项,态度也要明朗,并简要地说明不同意的理由或根据,使受文者能明白请示事项被否定的原因。对具有政策性、指导性的指示意见,措辞要特别慎重,所阐释的意见应与原文件中的政策精神相一致,不要有矛盾冲突。

批复希望是在批复意见之后,向受文对象提出贯彻落实上级批示精神的希望和要求,一般都较简洁。也可视情况不写批复希望和要求。

批复结语宜另起一行用"此复"或"特此批复"作结,也可省略不写。

（4）落款。写上制文机关名称及成文日期。

（三）例文示范

国务院关于同意扩大内地居民
婚姻登记"跨省通办"试点的批复

民政部：

你部关于扩大内地居民婚姻登记"跨省通办"试点的请示收悉。现批复如下：

一、同意扩大内地居民婚姻登记"跨省通办"试点。调整后，在北京、天津、河北、内蒙古、辽宁、上海、江苏、浙江、安徽、福建、江西、山东、河南、湖北、广东、广西、海南、重庆、四川、陕西、宁夏等21个省（自治区、直辖市）实施结婚登记和离婚登记"跨省通办"试点。

二、在试点地区，相应暂时调整实施《婚姻登记条例》第四条第一款、第十条第一款的有关规定（目录附后）。调整后，双方均非本地户籍的婚姻登记当事人可以凭一方居住证和双方户口簿、身份证，在居住证发放地婚姻登记机关申请办理婚姻登记，或者自行选择在一方常住户口所在地办理婚姻登记。

三、试点期为自批复之日起2年。

附件：国务院决定在内地居民婚姻登记"跨省通办"试点地区暂时调整实施《婚姻登记条例》有关规定目录

国务院

2023 年 5 月 12 日

（四）实作体验

（1）校团委收到学生会关于开展技能文化周活动的请示后，经过研究，同意活动的开展，并给予20000元的经费支持。请你以团委的名义写一则批复。

（2）改正下列两则公文中的错误。

关于要求拨给抢修校舍专款请示的批复

××镇人民政府、××镇教育办：

你们的请示收悉。这次强台风的破坏，使你镇校舍损失惨重，造成许多班级无教室上课，我们深表同情与关注。经研究，可考虑下拨专款15万元以内给你镇抢修教室，不足部分请自筹解决。

此复！

（联系人：××，电话：××××）

××县教育局

××××年××月××日

××市人民政府关于若干问题的答复

××区人民政府、区教委

你区的多次请示,经研究,一并答复如下:

1.基本同意你区建立××开发区的请示。

2.同意给你区中小学教师补助生活费100元。

特此函达。

××市人民政府、教委

二〇一六年一月五日

(五)反思提升

(1)态度鲜明,果断明确。对请示事项的批复意见,一定要体现出果断的态度,同意与反对,批准与否定都应旗帜鲜明,毫不含糊。不要出现"可以研究研究"这样模棱两可的词语。

(2)多方协调,全面周到。批复要从宏观视角出发,高屋建瓴,才能掌握好批复的尺度。如有涉及上下左右的关系或利益时,应尽量做好协调工作,避免顾此失彼,产生消极的后果。

(3)迅速及时,讲究效率。对下级机关呈报的请示,不管是否同意批准,都应在规定的工作日内尽快答复。在快节奏的社会经济生活中,不提高办事效率,改变官僚主义的作风,就有可能耽误工作,造成无法挽回的损失。

第六节　议案、函、纪要

一、写作议案

(一)目标引领

(1)知识目标:了解议案的基本知识。

(2)能力目标:能写作规范的议案。

(3)素质目标:养成严谨、规范的平行法定公文写作习惯。

(二)理论导航

1.议案的含义

《条例》规定:议案适用于各级人民政府按照法律程序向同级人民代表大会或人民代表大会常务委员会提请审议事项。

议案与提案不同。提案一般由各级政协会议和企事业职工代表大会的代表人或法律、章程上规定的机构或个人提请会议讨论、处理的意见或建议。

2.议案的特点

(1)法定性。议案的发文机关和主送机关都是特定的,议案的制发机关只能是各级人民政府,政府的各工作部门无权提出议案。

(2)特定性。议案的内容,必须属于该人民代表大会或常务委员会职权范围内的问题,超出职权范围的不能作为议案提出。

(3)时效性。议案必须在同级人民代表大会或其常务委员会举行会议规定的期限前提出,超过期限提交的议案一般改作"建议"处理,或移交下次人大会议处理。

3.议案的分类

(1)立法性议案。政府机构制定了某项法律或法规之后提请人大审议通过时或者建议、请求某行政机构制定某项法规时就属于立法议案。

(2)重大事项议案。关于政治、经济、文化、教育、科技、卫生等领域中的重大事项的决策,需要提请人民代表大会审议批准时使用的议案,就属于重大事项的决策性议案。

(3)人事任免议案。行政机关向权力机关提请任命、免去或撤销行政机关工作人员职务,请求人民代表大会审议批准的议案,就是任免性议案。

4.议案的结构与写法

(1)标题。标题由发文机关、事由、文种三部分构成。议案的标题不可以出现发文机关加文种形式,这是不规范的。

(2)主送机关。议案的主送机关是固定的,左起顶格,正文前用全称或规范化简称。

(3)正文。一般由议案根据、议案内容和结语三部分组成。

首先,写明提请审议事项的缘由、政策依据、法律依据和事实依据。

其次,提出具体的措施或建议,写明审议问题的解决途径和办法。

结尾部分,通常以一句祈使语结束。如:"请审议""现提请审议""请审议决定""请予审议"等。

议案的正文一般都非常简洁明确,语言高度凝练,只需明确写出要提请审议的事项即可。适合提交人大议案审议的事项,必须是重要事项,符合群众的意愿和要求,而且议案中提出的方案办法措施,也必须是切实可行的,才有可能获得通过。

(4)落款。一般行政公文,最后签署的都是发文机关的名称,而议案有所不同,要由政府首长签署。国务院提交给全国人大的议案,要由总理签署;各省、自治区、直辖市提交给同级人民代表大会的议案,要由省长、市长或自治区主席签署。首长职务和姓名之间要空一格。成文时间以行政首长签发的日期为准,格式与一般公文相同。

（三）例文示范

国务院关于提请审议设立重庆直辖市的议案

全国人民代表大会：

重庆市是我国西南地区和长江上游最大的经济中心城市。1983 年国务院决定将重庆列入全国首批经济体制改革试点城市和计划单列城市，赋予省级经济管理权限。为了充分发挥重庆市作为特大经济中心城市的作用，进一步推动川东地区以至西南地区和长江上游地区的经济和社会发展，并且有利于三峡工程建设和库区移民的统一规划、安排、管理，同时解决四川省由于人口过多和所辖行政区域过大、不便管理的问题，国务院经过认真研究、反复论证，拟将四川省的万县市、涪陵市和黔江地区所辖行政区域划入重庆市，设立重庆直辖市，总面积 8.2 万平方公里。总人口 3002 万人。重庆直辖市设立后，由国务院依据宪法和有关法律的规定。对其管辖的行政区域的建置和划分作相应的调整。

设立重庆直辖市是为了加快中西部地区经济和社会发展所采取的一项重要举措。国务院于 1996 年 12 月 20 日提请全国人大常委会审议。八届全国人大常委会第二十四次会议审议后，决定提请第八届全国人民代表大会第五次会议审议。现将设立重庆直辖市的议案送上，请予审议。

国务院总理　李鹏

1997 年 2 月 27 日

（四）实作体验

江津区拟投资 1 亿元，修一条高速公路与重庆外环高速路连通。请你以江津区人民政府区长的名义写一篇议案。

（五）反思提升

（1）注意提出的问题重要而有价值，而且已经有解决的办法和具备解决的条件。

（2）根据法律法规的要求，注意提出的权力范围和时限性。

（3）一文一事，内容集中，便于审议。

二、写作函

（一）目标引领

（1）知识目标：掌握函的基本知识。

（2）能力目标：能熟练写作规范的函。

（3）素质目标：养成严谨、规范的平行法定公文写作习惯。

（二）理论导航

1.函的含义

《条例》规定：函适用于不相隶属机关之间商洽工作、询问和答复问题、请求批准和答复审批事项。

"不相隶属"关系指的是同一组织系统内的平级机关或部门之间的关系、上级机关所属部门与下级机关之间的关系、不同组织系统的任何机关、部门、单位、团体之间的关系。除了有上下级隶属关系外的一切组织之间商洽工作，询问和答复问题，请求批准和答复审批事项时，都用函行文。如能源部与社会保障部联系煤矿职工社会保险事宜，应用商洽函来行文；重庆市沙坪坝区人民政府向重庆市电力局申请电力指标，应用请批函来行文；重庆工程职业技术学院答复南桐矿业公司关于职工培训事宜，应用复函来行文。

2.函的特点

（1）使用灵活而广泛。函的使用不受行政级别的限制，也没有内容上的特别要求，既可用于平行机关之间商洽事宜、询问答复问题，也可用于向有关主管部门请求批准事项或是主管部门用于答复请求事项。由于行文方向灵活，使用很广泛。

（2）篇幅短小而简洁。函多用于解决日常事务中的问题，因而在语言表达上较为简洁明了，直截了当，有事说事，不必绕弯子，也不用长篇说理。

3.函的种类

从公文运行方向来划分，函可分为去函和复函两类。

（1）去函。发文机关需要商洽或解决有关事项而向受文单位发出的函，包括商洽函、询问函和请批函。

（2）复函。对来函所提出的商洽、询问联系、请求批准等相关事宜而作出的答复。对函商事宜的答复不能用批复，只能用复函。

4.函的结构与写法

函主要由标题、主送机关、正文三个部分组成。

（1）标题。函的标题由发文机关名称、事由和文种三个要素构成，也可省去发文机关名称，只要事由和文种两个要素，后两个要素不能再省略。如果是答复函，文种名称应写为"复函"或"函复"。如《国家环保总局关于同意浙江省列为全国生态省建设试点的复函》。

（2）主送机关。去函和复函的主送机关都只有一个，一来一往是对应的。

（3）正文。函的正文写法比较灵活，去函与复函的正文写法不尽相同。

去函正文的开头，一般先写清发函所商洽、请批、询问事项的缘由、依据、目的。理由要写得充分有说服力，让受文者能理解和接受。接着写事项，对要求请批、商洽和询问的事项应简明扼要地说清楚，让对方一看就能明白。最后是写希望用语，如"特此函商，请函复""敬请函复"等。

复函正文的开头，首先是引叙来函的日期、标题、发文字号等，以表明复函机关对来函的重视和函复的针对性。如"你局×月×日《关于××××××的函》（××发〔2024〕12号）收悉"。接着用一句过渡语来转入下文具体事项的答复，如"经研究，现将有关问题函复如下"。接着写答复事项，要针对来函叙述的问题，给予明确具体的回复，态度应该明朗肯定，不要含糊回避。如果不同意来函商询的事项和问题，除了表明不同意的态度，还应以善意委婉的语言讲清不同意的原因，把客观因素和存在的困难说明白，并表歉意，使对方能够理解，不致误会是有意为难，而影响双方今后的关系。最后写结束语，一般多用"此复""专此函复"等惯用语，也可根据实际情况，自然结束，不写结束语。

（4）落款。在右下方写上署名和日期。

（三）例文示范

教育部关于同意重庆科技学院更名为重庆科技大学的函

重庆市人民政府：

《重庆市人民政府关于申请重庆科技学院更名为重庆科技大学的函》（渝府函〔2023〕82号）收悉。根据《中华人民共和国高等教育法》《普通高等学校设置暂行条例》《普通本科学校设置暂行规定》有关规定以及第八届全国高等学校设置评议委员会评议结果，经教育部党组会议研究决定，同意重庆科技学院更名为重庆科技大学，学校标识码为4150011551；同时撤销重庆科技学院的建制。现将有关事项函告如下。

一、重庆科技大学为公办本科层次的普通高等学校，以本科教育为主，同时承担研究生培养任务，由你市领导和管理。

二、学校要切实加强党的建设，全面贯彻党的教育方针，坚持社会主义办学方向，落实立德树人根本任务，培养德智体美劳全面发展的社会主义建设者和接班人。

三、学校现有专业结构的调整和新专业的增设，按我部有关规定办理。

四、学校全日制在校生发展规模暂定为25000人。

望你市加强对学校的指导和支持，加大资金投入力度和资源支持强度，引导学校科学定位、内涵发展，推进学科交叉和科产教深度融合，不断提高教育质量、科研水平和办学效益，进一步办出特色、办出水平，重点培养服务区域经济社会发展的创新型、应用型、复合型人才，为推动国家能源与冶金产业高质量发展，以及重庆市的经济建设和社会发展作出更大贡献。

教育部

2023年11月21日

（四）实作体验

（1）长江商贸公司打算搞一次员工培训，目的是提高大家的外语水平。他们想办一个英语班，同时办一个日语班，但公司没有合适的教师。已经决定在2007年3月2日开始培训了，两个班都搞7天，他们便想找东华外语学院帮忙，请该学院派两名英语教师，两名日语教师。讲课酬金以及其他费用请学院决定后告诉公司，希望学院能够答应他们的请求。请你代该公司拟写一份商洽函。日期自定，但不能用"××"代替。然后再代东华外语学院拟写一份答复函。

（2）针对下列的商洽函的内容，写一篇答复函。

××省人事厅关于商调××同志的函

××市人事局：

因工作需要，拟调贵局××同志到我省人才研究会工作。如同意，请将该同志的档案、现实表现材料及健康检查表一并寄来。请大力支持。

××省人事厅

××××年××月××日

（五）反思提升

（1）一函一事，内容单纯。函的制发目的是与对方商询解决某个具体的事项，一般应以一函一事、集中单纯为好，不可一函多事。语言表达要简洁明确，把要商洽、询问或请求的事项写清楚，不能笼统，使人不明就里，否则，很难达到目的。

（2）态度诚恳，用语得体。函主要用于平级机关或不相隶属机关之间的交流，没有直接领导与被领导的关系。因此，函在语言表达上特别要讲究诚恳得体。无论是去函还是复函，都要以平和商洽的语气来写，有时还得使用谦称和致意性的词语。不可因有求于人而刻意逢迎，也不能因人有求于己而居高临下。

（3）直截了当，说事不绕弯。公函不同于私人信函，写作体式较为固定规范，语言表达方式也有具体的要求。为提高办事效率，一般多为开门见山，直叙原因和事项，用简洁平实的语言表达方式。不能像私人书信那样，先是寒暄客套一番，再漫无边际地抒情描绘，有很大的随意性。

三、写作纪要

（一）目标引领

（1）知识目标：掌握纪要的基本知识。

（2）能力目标：能熟练写作规范的纪要。

（3）素质目标：养成严谨、规范的纪要性法定公文写作习惯。

（二）理论导航

1.纪要的含义

《条例》规定：纪要适用于记载会议主要情况和议定事项。

纪要是在会议记录的基础上提炼、择要反映会议情况的公文，要注意与会议记录的区别。从文体看，纪要是正式的公文文种，而会议记录是事务文书；从内容看，纪要是记载会议的基本情况、会议的主要成果、会议议定的事项，概括地反映会议的基本精神，而会议记录是如实记录，原始材料；从形成的过程看，纪要是在会议结束后，通过选择归纳、加工提炼之后形成的，而会议记录是与会议同步产生的。

2.纪要的特点

（1）纪实性。纪要是会议成果的真实记录和集中反映，如实地反映会议的主要内容和议定事项。保证纪要的纪实性，才能保证会议精神的传达与落实，指导工作开展。

（2）纪要性。纪要突出的是一个"要"字，就是要把会议精神实质集中表达出来。一般来说，重大会议的内容都很丰富，议题也很多。但纪要不是照搬照录，而是对会议总体情况和各种内容进行综合、整理和概括，使人更易于把握会议精神，了解和贯彻会议内容。

（3）指导性。纪要是法定文种之一，其权威性和指导性与其他公文是一样的。会谈纪要是与会者及其组织领导者共同意志的体现，集中反映了会议的精神实质。其内容不仅有知照作用，而且还有统一思想认识、明确任务方向、指导工作实际的重要作用。对与会单位、受文单位的工作有明确的指导意义和约束力，必须要贯彻执行。

3.纪要的种类

根据会议性质的不同，纪要可以分为办公会议纪要、专题会议纪要两类。

（1）办公会议纪要。这是指机关、企事业单位召开的定期或不定期的工作会议形成的纪要。这种会议主要用于总结工作、沟通情况、交流经验、传达贯彻上级精神、研究决定重要事项、指导布置任务，并要求与会单位和相关部门人员认真贯彻执行会议的精神和决定的事项。

（2）专题会议纪要。这是指为研究专项问题而召开的会议所形成的纪要。如研讨会纪要、各种类型的座谈会纪要等。这类纪要主要用于通报情况、协调关系、指导工作，使有关人员了解会议的基本信息和主要精神；对有关方面的工作也有指示和指导作用。

4.纪要的结构与写法

根据《格式》要求，纪要可以使用专用眉首，专用眉首由版头标识、专用的文号、制文单位、发文日期组成。在结构形式上，纪要与其他公文不同的是不标识主送机关和生效标识，不加盖印章,成文时间常以题注形式写在标题下方。

纪要的主体部分是由标题和正文组成。

(1)标题。纪要的标题一般由会议名称和文种两个要素组成,如《全国第八届公文学术研讨会纪要》。有的纪要的标题也可写上召开会议的单位名称,或是由正、副标题组成,正标题揭示会议的中心内容,副标题写明会议名称和文种,如《对比反映差距,差距表明潜力——全市绿化规划研讨会纪要》。

(2)正文。纪要的正文由导言、主体和结尾三部分组成。

导言就是纪要的开头。其主要概括会议的基本情况,包括会议的名称、时间、地点、内容、规模、与会人员、主要议题和会议成果等。导言要概括准确,简明扼要,让人读后能对会议有个概略的了解。最后可用"现将会议的主要精神纪要如下"这样的过渡句过渡到主体部分。

主体是纪要的核心内容,主要记载会议情况和会议结果。写作时要注意紧紧围绕中心议题,把会议的基本精神,包括对工作的介绍评价、对问题的分析讨论、对事项的研究、提出的政策措施,特别是会议最后形成的决定、决议,准确地表达清楚。对于会议上有争议的问题和不同意见,也应如实予以反映。主体的写法一般有三种:分项叙述法、综合概述法、发言提要法。

分项叙述法适用于内容丰富、议题较多的会议。就是把主体内容,包括讨论的问题和议定的事项,按主次或先后顺序分成几个问题,然后加上小标题或是序号,一一写出来,使其条理化,一目了然。

综合概述法就是把会议的基本情况、讨论的主要问题和内容、与会人员的认识、议定的有关事项等,分成若干个部分进行综合概述说明。一般可用"会议认为""会议指出""会议强调""会议要求""会议希望"等习惯用语领起分层叙述。

发言提要法就是把与会者在会议上具有典型性、代表性的发言加以整理,提炼出内容要点和精神实质,然后按发言顺序或按内容性质摘录式地写出来。这种写法的好处是,能如实反映与会人员的意见,基本保留发言人谈话的风格,避免一般化和千篇一律,比较客观、具体。

结尾多以提出希望、号召,贯彻落实会议精神要求作为结语,也可意尽言止,不再单独写结语。

(三)例文示范

关于审理劳动人事争议案件会议纪要

各区、市人民法院、劳动人事争议仲裁委员会:

为进一步统一劳动争议案件裁判尺度、提高劳动争议案件裁判质量,青岛市中级人民法

院、青岛市劳动人事争议仲裁委员会于2016年11月28日召开联席会议,对一些具体问题达成一致意见:

一、职工达到退休年龄或符合退休条件,其要求用人单位为其办理退休手续,或要求赔偿迟延办理期间损失的,不属于劳动人事争议案件受理范围,劳动人事争议仲裁委员会、人民法院不予受理。

二、劳动者在申请仲裁或提起诉讼时仅主张确认具体法律事实,如要求确认工种、工作岗位、工资数额、工作时间等不符合法律关于确认之诉要件规定的诉求,劳动人事争议仲裁委员会、人民法院不予受理。

三、用人单位与劳动者只能约定一次试用期。用人单位与劳动者的劳动合同期满后,双方在续签劳动合同时再次约定试用期的,该约定无效。

四、带薪年休假工资属于劳动者依法享受的一项福利待遇,用人单位与劳动者因支付带薪年休假工资发生的争议,属于福利待遇纠纷,不适用劳动法、劳动合同法关于劳动报酬的相关规定。

《关于审理劳动争议案件会议纪要(二)》(青劳人仲委发〔2012〕1号)第二条的相关规定,不再执行。

五、因第三人侵权而发生的工伤事故,第三人在侵权纠纷案件中已支付或经生效判决判令第三人应支付工伤职工医疗费、护理费、误工费、残疾用具费、丧葬费等直接费用,在工伤保险待遇纠纷中,用人单位可不再重复赔偿上述直接费用。

六、工伤职工在停工留薪期未满时自愿恢复工作的,停工留薪期即行结束,工伤职工同时向用人单位主张停工留薪期工资和正常劳动所得工资的,劳动人事争议仲裁委员会、人民法院不予支持。

七、劳动者在办理退休手续之后被认定患有职业病且已享受工伤保险基金拨付的工伤待遇,劳动者再向用人单位主张工伤保险基金不予拨付的工伤待遇的劳动人事争议仲裁委员会、人民法院不予支持。

八、用人单位与劳动者签订非全日制用工协议,但劳动者主张其为全日制用工的,应对此承担举证责任。劳动人事争议仲裁委员会、人民法院经审查认为劳动者主张成立的,应按双方实际用工性质确定双方的劳动权利和义务。

九、在因劳动者主张休病假而引发的纠纷审理中,劳动人事争议仲裁委员会、人民法院除应审查劳动者是否向用人单位提交病假假条之外,还应审查其就诊、治疗等相关事实。

十、本纪要自下发之日起执行。本纪要实施前有关规定与本纪要不一致的,以本纪要为准。

青岛市中级人民法院青岛市劳动人事争议仲裁委员会

2016年12月8日

（四）实作体验

××市公安局治安部召开了一次全市开锁从业人员会议。根据下面一组无序的材料，以××市公安局名义写一份纪要。要求格式完整。

会议地点：市政府一楼会议室。会议时间：2016年4月12日。

会议主持人：李××局长

会议内容：新兴的开锁行业给群众提供了诸多方便，但也给社会治安带来了很多隐患。近日，黑龙江省××市公安局出台新的措施，对开锁人员严加管理。

几年来，××市公安局治安部门对开锁业这一特种行业一直严格管理，但随着开锁从业人员的日益增多，治安隐患也日趋严重。

为此，××市警方在日常治安管理工作中，积极探索开锁业管理的新思路、新办法，经过调研，摸清了全市开锁从业人员的底数，并制定下发了《关于进一步加强开锁业管理的紧急通知》，要求全市各级公安机关对开锁人员逐人建立档案。

近日，警方召开全市开锁从业人员会议，颁布了《全市开锁业从业人员管理规定》，一是要求符合开锁业资格的从业人员将手机号码及住址统一制成联系卡，送到派出所统一管理，禁止私自张贴广告，一旦发现此类问题，将依照治安管理处罚法予以处罚，同时取缔其从业资格；二是××市公安局制定了统一格式登记本，从业人员对每次求助开锁的情况进行全面登记，并要有求助开锁人员签字；三是从业人员的手机联系号码备存在各派出所，求助开锁群众如求助"110"，"110"指挥中心将根据求助群众的地址与辖区派出所联系，派出所与从事开锁人员联系，开锁人员到派出所后与求助群众、社区民警共同去开锁；如群众直接与开锁人员联系，开锁人员需先到派出所登记，方可进行开锁活动；四是未经公安机关允许，开锁从业人员不得从事私自招收徒弟或培训工作。

（五）反思提升

（1）要详细收集材料。写作纪要首先要弄清楚会议的目的、任务、内容和形式，掌握会议的所有文件材料，并认真研究各种意见，根据会议确定的宗旨进行综合归纳。会议讨论的议题如有意见不相一致的，应当体现主持会议机关的倾向性意见。对多数人的意见，应如实反映；而少数人的意见，如果是正确的，也应注意汲取。如讨论中意见确有分歧，难以取得一致，一般不应写入纪要。

（2）要抓住要点，突出主题。纪要虽然是会议情况和结果的反映，但不能面面俱到，照搬会议记录。必须突出"纪要"性，紧紧围绕会议的基本精神，突出重点，把会议讨论情况及其结论写得清楚、确切，充分揭示会议主题。把会议的主要情况简明扼要地反映出来，把会议议定的事项一一叙述清楚。

（3）要简洁、明快、清晰。写作纪要应根据会议内容确定写法和篇幅,要简明扼要。在语言表达上,尽可能简括通俗,不可长篇大论,应以叙述为主;在层次结构和段落安排上,要条理清楚,对会议讨论的意见,分类别层次、按顺序加以归纳,使人一看就清楚。篇幅一般不宜过长。

应用能力水平测试（三）

一、单项选择题。（每题 1 分,共 25 分,按小题号填写在括号里）

1.不符合公文语言要求的是(　　　)。

　　A.准确　　　　　　B.形象　　　　　　C.简明　　　　　　D.庄重

2.绝密、机密公文都应当标识(　　　)。

　　A.签发人姓名　　　B.处理时限　　　　C.份号　　　　　　D.附注

3.必须在附注处标识联系人和联系电话的是(　　　)。

　　A.通知　　　　　　B.报告　　　　　　C.函　　　　　　　D.请示

4.××校就新校区选址问题向教委提出建议,行文应选(　　　)。

　　A.通知　　　　　　B.请示　　　　　　C.意见　　　　　　D.函

5.××电力公司拟停电检修线路,行文告知公众应选(　　　)。

　　A.决定　　　　　　B.通知　　　　　　C.通告　　　　　　D.公告

6.公布任免和聘用事项,应采用的公文是(　　　)。

　　A.通告　　　　　　B.公告　　　　　　C.指示　　　　　　D.通知

7.行政公文是行政机关在行政管理中形成的具有(　　　)和规范体式的文书。

　　A.直接效用　　　　B.法定效力　　　　C.重要作用　　　　D.特殊作用

8.法定公文和机关事务文书,通常划入(　　　)范围。

　　A.私务文书　　　　B.科技文书　　　　C.规章文书　　　　D 公务文书

9.《×省人民政府关于一些地方和部门滥行着装问题的通报》是(　　　)。

　　A.表彰通报　　　　B.批评通报　　　　C.情况通报　　　　D.信息通报

10.东方大学请求上级增拨教育经费,应选(　　　)行文。

　　A.通知　　　　　　B.请示　　　　　　C.报告　　　　　　D.函

11.下列公文中,不属于行政公文文种的是(　　　)。

　　A.命令　　　　　　B.议案　　　　　　C.决议　　　　　　D.意见

12.下列公文中,不属于党的机关公文文种的是(　　)。

　　A.意见　　　　　　　B.通知　　　　　　　C.通报　　　　　　　D.通告

13.批复的正文开头应写出(　　)。

　　A.批复引据　　　　　B.批复目的　　　　　C.批复意见　　　　　D.批复事项

14.下列公文中,党政公文均有的一组是(　　)。

　　A.公报、报告　　　　B.条例、规定　　　　C.指示、决定　　　　D.意见、批复

15.某县公安局发文禁止赌博活动,应用(　　)。

　　A.公告　　　　　　　B.通知　　　　　　　C.通告　　　　　　　D.通报

16.某乡向上级反映遭遇严重干旱情况,应用(　　)。

　　A.请示　　　　　　　B.报告　　　　　　　C.函　　　　　　　　D.意见

17.某县交通局向县财政局请求增拨防寒经费,应用(　　)行文。

　　A.函　　　　　　　　B.通知　　　　　　　C.请示　　　　　　　D.报告

18.不能抄送给下级机关的公文是(　　)。

　　A.请示　　　　　　　B.通知　　　　　　　C.通报　　　　　　　D.决定

19.金阳物流公司向交通银行申请贷款,应用(　　)。

　　A.请示　　　　　　　B.报告　　　　　　　C.函　　　　　　　　D.意见

20.属于公文"版记"部分的要素(项目)是(　　)。

　　A.发文机关　　　　　B.下级机关　　　　　C.主送机关　　　　　D.抄送机关

21.某县教委向基层转发市教委来的公文,应用(　　)。

　　A.通知　　　　　　　B.通报　　　　　　　C.意见　　　　　　　D.函

22.公文区别于其他应用文的重要特点是(　　)。

　　A.法定性　　　　　　B.工具性　　　　　　C.真实性　　　　　　D.时效性

23.公文标题中绝对不能省略的一项是(　　)。

　　A.发文机关　　　　　B.关于　　　　　　　C.文种　　　　　　　D.事由

24.公文中可用汉字(小写)标识的是(　　)。

　　A.发文字号　　　　　B.成文日期　　　　　C.共印份数　　　　　D.层次序号

25.《党政机关公文处理工作条例》中规定的法定公文文种共有(　　)。

　　A.13 种　　　　　　　B.14 种　　　　　　　C.15 种　　　　　　　D.18 种

二、多项选择题。(每题有 2 至 5 个正确项目,未选全、错选均不得分。每小题 2 分,
共 10 分,按小题号填写在括号里)

1.公文的秘密等级分为(　　　　　)。

　　A.绝密　　　　　B.涉密　　　　　C.机密　　　　　D.保密　　　　　E.秘密

2.通报适用于(　　　　　)。

　　A.表彰先进　　　　　　B.汇报工作　　　　　　C.批评错误

　　D.向上级提出建议　　　E.传达重要精神

3.函适用于不相隶属机关之间(　　　　　)。

　　A.商洽工作　　　B.询问问题　　　C.请求批准　　　D.答复问题　　　E.做出指示

4.下列说法中正确的是(　　　　　)。

　　A.通知可以上行　　　　　B.函是平行文　　　　　C.批复是被动行文

　　D.请示应当一文一事　　　E.报告中可带请示事项

5.党的公文和行政公文都有的文种是(　　　　　)。

　　A.决定　　　　B.通报　　　　C.通知　　　　D.意见　　　　E.会议纪要

三、判断题。(每题 1 分,共 15 分)

1.意见是党政机关共有的公文文种。　　　　　　　　　　　　　　　　(　　　)

2.党政机关都可以用命令行文。　　　　　　　　　　　　　　　　　　(　　　)

3.世纪公司拟就重要问题向总公司提出建议可用意见行文。　　　　　　(　　　)

4.公示是党的机关的法定公文文种。　　　　　　　　　　　　　　　　(　　　)

5.《党政机关公文处理工作条例》自 2012 年 7 月 1 日实施。　　　　　　(　　　)

6.法定性是应用文最根本的特点。　　　　　　　　　　　　　　　　　(　　　)

7.行政公文都应标注签发人姓名。　　　　　　　　　　　　　　　　　(　　　)

8.法定公文都必须加盖单位印章。　　　　　　　　　　　　　　　　　(　　　)

9.批转下级机关的公文应用通知。　　　　　　　　　　　　　　　　　(　　　)

10.向无隶属关系的主管部门请求批准,应用通报。　　　　　　　　　　(　　　)

11.写"批复引据"时应先引发文字号,后引标题。　　　　　　　　　　　(　　　)

12.通报适用于经会议讨论通过的重要决策事项。　　　　　　　　　　　(　　　)

13.报告可用来请求上级解决某事项。　　　　　　　　　　　　　　　　(　　　)

14.对重要事项与重大行动作出安排,应使用的文种是决定。　　　　　　(　　　)

15.公文的紧急程度分为特急、急件。　　　　　　　　　　　　　　　　(　　　)

四、改错题。(共 20 分)

1.发文字号：[07]同乡政府发第 012 号

改：

2.公文标题：×司请求增拨研制经费的请示报告

改：

3.公文标题：×省人民政府批转《国务院关于做好防汛工作的意见》的通报

改：

4.公文标题：江淮大学对江大力同志见义勇为先进事迹的公报

改：

5.正文：你局(×局〔2004〕18 号)《关于拨款购置机动车的请示》收到了，内容全部晓得了。

改：

6.过渡语：现在给你们报告我县受灾的情况于后。

改：

7.公文结语：专门写信答复你们。

改：

五、写作题。(共 30 分)

1.请根据所给材料代永平职业学校拟写一份答复函。(10 分)

要求：标题用完全式。成文日期用具体的日期，不能用××代替。

新平职业学校收到红山机械厂的来函，来函的发文机关代字是"红机厂函"，是今年的第 20 号函，标题是《关于租借阶梯教室的商洽函》，红山厂因为要搞一次技术骨干培训，想租借一间阶梯教室，时间是 7 月 12、13 日两天。学校研究后，同意将 3 号教室借出，每天收租金 300 元。并要求爱护室内设施，如有损坏，要给予相应的赔偿。

2.请根据所给材料代东化集团公司拟写一份会议通知。(10 分)

要求：标题用完全式。正文结构用分条列款式表达。成文时间用具体的日期，不能用××代替。

东化集团公司总经理张全决定开个会，地点在公司总部第二会议室，这是一次销售工作会议，只开两天。会上要各个分公司汇报 2023 年销售工作情况，下达 2024 年的销售任务。会议定在 1 月 5 日开，上午 9 点开始。要求各分公司经理、公司各部门负责人都要准时来参加。

3.请根据以下材料(可略加补充)用规范的书面语言代该镇人民政府拟写一份请示。
(10分)

南岭县高山镇今年又遇到严重干旱,水田干得裂起口口。虽然镇里面积极组织各村搞生产自救,弥补了一些损失,但困难还是很大。因为这里是一个贫困的边远山区,遇上这样的困难,镇里自己确实无力自行解决,只有求县里了。今年旱灾造成的经济损失少说也有180多万元。原计划水稻种植面积为3600亩。实际只种了1500亩。改种的旱地作物也收成无望。农民今后的生活肯定很恼火。他们决定向县政府请求拨给救灾款80万元。

第四章　专用文书写作

专用文书是指在一定的业务范围内由专门的机关或业务部门形成和使用的公文,如军事文书、外交文书、司法文书、经济文书、科技文书、礼仪文书等。专用文书是用于特定场合、满足特殊需要的公文文种,与通用公文相比较,具有文体的专用性、材料的规定性、用语的确切性、格式的特定性等特点。本章主要学习处理礼仪类、经济类、司法类、学业类、求职类等常见的专用文书。

第一节　礼仪类文书

礼仪文书是指人们在社会交往和礼仪活动中,用来调整、改善、发展人与人、人与组织、组织与组织之间相互关系的文书。礼仪文书可以包括贺卡、请柬、名片、贺信、慰问信、感谢信、喜报、祝酒词、祝寿词、礼笺、对联等。根据用途不同,可细分为:用于迎来送往的有欢迎辞、欢送辞、答谢辞、祝酒辞等;用于表扬、感谢、慰问的有表扬信、感谢信、慰问信等;用于喜庆祝贺的有贺卡、祝词、贺词等;用于致哀、祭悼的有讣告、唁电、悼词、碑文等;用于邀请、聘任的有聘书、请柬、邀请函等;用于会议的开幕、闭幕的有开幕词、闭幕词等。它是人们在日常生活、学习、工作中进行文明交往、密切人际关系、增强友好氛围、显示礼仪风范的重要工具。下面主要学习感谢信、慰问信、贺信的写法。

一、写作感谢信

(一)目标引领

(1)知识目标:掌握感谢信的基本知识。

(2)能力目标:能熟练写作规范得体的感谢信。

（3）素质目标：培养感恩之心，展示礼仪风范。

（二）理论导航

1.感谢信的含义

感谢信是社会组织或个人对自己有过关心、帮助和支援的生产单位或人员表示感谢而写的专用书信。当一方受惠于另一方时，应及时地表达谢忱，使对方在付出劳动后得到心理上的收益，它是一种必不可少的公关手段。感激性、表扬性是其最突出的特点。

2.感谢信的分类

从感谢对象的角度来分，可以将感谢信分成两类：一是写给集体的感谢信。这类感谢信，一般是个人由于在困难时，受到了集体的帮助，使自己渡过了难关，走出了困境，所以要用感谢信的方式表达自己的感激之情。二是写给个人的感谢信。这类感谢信，可以是个人也可以是单位集体为了表达某个人曾给予的帮助、照顾而写的感谢信。

3.感谢信的结构与写法

感谢信是由标题、称谓、正文、结语和落款五部分构成。

（1）标题。第一行居中写文种名"感谢信"。

（2）称谓。第二行顶格写对方单位名称或个人姓名。个人姓名后面必须加适当的称呼，如"同志""师傅""先生"等，称呼后用冒号。

（3）正文。感谢信要写清楚三个方面的内容。首先，交代感谢的缘由，写出被感谢者值得感谢的事迹以及这一事迹所起到的作用和所产生的影响。这部分重在用事实说话，充分反映出对方的可贵品质，做到见人、见事、见精神。其次，表达自己的感激之情，对对方所表现的精神给予赞扬，并表明向其学习的决心。最后，如果感谢信是写给被感谢者所在单位或单位领导，以及通过新闻媒介传递的，可以写上对被感谢者给予表扬的建议。

（4）结语。另起一行空两格写上"此致"，在下一行顶格写上"敬礼"。

（5）落款。在结尾下方，右半行署上单位名称或者个人姓名。在署名的下边写上成文日期。

（三）例文示范

感谢信

亲爱的老师们、同学们，同志们：

2018年10月22日，我校迎来了六十七华诞。在校庆庆典活动圆满成功之际，我们谨代表学校党委、行政，向全校师生员工表示亲切的问候和崇高的敬意！

我校67周年校庆活动广受关注。重庆日报、重庆晚报、重庆电视台等数十家媒体及华龙网、中新网、中国高职教育网、中国高职高专教育网、重庆高职教育网等大量网络媒体,跟踪报道了我校庆活动及庆祝大会盛况。

庆典大会规格之高创纪录,教育部发来贺信,重庆大学、重庆邮电大学等市内外高校代表到校祝贺,重庆能投集团、四川煤炭产业集团等企业高层领导出席了庆典大会。庆典大会规模之大创纪录,到会来宾及校友有厅局级以上领导 56 人,处级以上领导 109 人,董事长、总经理 39 人。校庆接受货币捐赠额为 455.47 万元,实物捐赠折合 15.00 余万元,捐赠总额逾 470.00 万元。

校庆期间,我们主办了 2018 中国职业技能竞赛,举办了校庆文艺晚会,召开了杰出校友座谈会和校庆庆典大会。提高了学校国内外知名度,扩大了学校的产教结合和行业影响力,增进了学校与社会各界及校友的情谊。

庆典大会当天虽然下着雨,但全校师生发扬敢打硬仗、迎难而上的工作作风,确保了庆祝大会圆满成功。特别是庆祝大会现场的所有同学,始终保持激情昂扬的精神状态,充分展示了我校学生"自信、进取"的青春形象,给上级领导、来宾和校友留下深刻印象。

回顾校庆从筹备到结束的每一项工作,回首校庆活动中一幕幕热烈而感动的场景,我们在备感欣慰的同时,更有一种深深的感激之情。全校师生员工始终以强烈的主人翁意识和高度的责任感,团结协作、无私奉献,以饱满的热情投入校庆活动中,庆典大会的每一个环节都展示了广大师生强大的凝聚力和极大的积极性;实践和弘扬了我校"砺苦、谨信、技精、图强"的大学精神,从校庆筹备方案制订到工作方案实施,从校友分区座谈会到校友返校,从纪念画册的编撰到专题宣传片的拍摄,从学生志愿者服务到礼仪接待,从校庆氛围布置到安全保卫,从来宾接待到后勤保障,从庆典大会准备到隆重举行,从节目排练到文艺晚会演出……处处体现出了全校师生员工团结协作、奋发进取的精神风貌。在此,我们要感谢全校师生员工,你们为工程职院树立了良好的社会形象,为学校的跨越式发展注入了强大的活力。

六十载沧桑砥砺一甲子春华秋实。回首 67 年艰苦创业、自强不息的风雨历程,我们为取得的令人瞩目的成就深感自豪;展望学校美好明天,我们肩负光荣使命,任重道远。67 周年校庆活动已经圆满结束,我们又站在新的历史起点,即将迈向新的征程,创造新的辉煌。让我们全校师生员工团结起来,以 67 周年校庆作为继续前进的新起点,以创建国内知名的高职院校为目标,把校庆活动中创造的精神作为不断超越的新动力,在各自的工作、学习岗位上,努力工作,勤奋学习,乘势而上,开拓创新,为早日建成国际知名、国内一流、特色鲜明的高水平高职院校作出新的更大的贡献!

最后,祝全校师生员工工作顺利,学业进步,健康快乐!

党委书记 易俊 校长 张进

2018 年 10 月 26 日

（四）技能训练

根据你学习、生活、工作的实际，自定材料，写一封感谢信。

（五）反思提升

（1）感谢信是叙述对方对自己或本单位的帮助，一定要把人物、时间、地点、原因、结果以及事情经过叙述清楚，便于组织了解和群众学习。以说明事实为主，切勿不着边际地大发议论。

（2）感谢信要洋溢着感激之情。在叙述事实的过程中，除了要突出对方的好思想、好行为、好品质外，行文要始终饱含感情。感情要真挚、热烈，使所有看到信的人都受到感染与鼓舞。

（3）写表达谢意的话要得体，既要符合被感谢者的身份，也要符合感谢者的身份。

二、写作慰问信

（一）目标引领

（1）知识目标：掌握慰问信的基本知识。

（2）能力目标：能熟练写作规范得体的慰问信。

（3）素质目标：养成文明习惯，展示礼仪风范。

（二）理论导航

1.慰问信的含义

慰问信是以组织或个人名义向有关集体或个人表示安慰、问候、致意和鼓励的专用书信。一般在重大节日或是遇到某种特殊情况（如发生水灾、地震、战争等）时使用。目的是对有关国家、地区或某一组织及个人表示关切、安慰、劝勉、问候和鼓励。发文的公开性和情感的沟通性是其最根本的特点。

2.慰问信的分类

按内容，可把慰问信分为两类：一是表示同情安慰的慰问信；二是在节日表示问候的慰问信。

3.慰问信的结构与写法

慰问信是由标题、称谓、正文、结语和落款五部分构成。

（1）标题。第一行居中写文种名"慰问信"，或"致××的慰问信"。

（2）称谓。第二行顶格写对方单位名称或个人姓名。个人姓名后面必须加适当的称呼，如"同志""师傅""先生"等，称呼后用冒号。

（3）正文。慰问信正文一般包括三个内容：一是慰问缘由，即简要叙述因何事向对方写慰问信。二是详陈事由，即详细叙述对方取得的成绩或所受到的困难。三是表达慰问之情，提出希望、号召或对慰问对象给予鼓励。

（4）结语。另起一行空两格写上"此致"，在下一行顶格写上"敬礼"。或者是另起一行空两格写上"祝节日快乐""祝你们取得抗灾斗争的最后胜利"等。

（5）落款。在结尾下方，右半行署上单位名称或者个人姓名。在署名的下边写上成文日期。

（三）例文示范

中华全国总工会致全国各族职工的慰问信

全国各族职工：

岁序更替，华章日新。值此元旦、春节来临之际，中华全国总工会谨向辛勤工作在全国各条战线上的广大职工致以节日的问候和诚挚的祝福！

刚刚过去的2023年，是极不平凡、令人难忘的一年。在以习近平同志为核心的党中央坚强领导下，全党全国各族人民踔厉奋发、勇毅前行，开启以中国式现代化全面推进强国建设、民族复兴新征程。全国亿万职工在习近平新时代中国特色社会主义思想指引下，坚定不移听党话、矢志不渝跟党走，大力弘扬劳模精神、劳动精神、工匠精神，紧紧围绕贯彻新发展理念、构建新发展格局、推动高质量发展，在推进重大战略、重大工程、重大项目、重点产业中顽强拼搏、无私奉献，在千帆竞发的经济建设洪流中干事创业、奋楫争先，在突破关键核心技术、加快实现高水平科技自立自强中攻坚克难、创新创造，用勤劳的双手和卓越的智慧创造了骄人业绩和辉煌成就，为企业发展、社会进步、国家富强作出了巨大贡献，充分彰显了工人阶级主力军作用。在此，向你们表示衷心的感谢和崇高的敬意！

2024年是中华人民共和国成立75周年，是实施"十四五"规划的关键一年。面对新形势新挑战，中华全国总工会将认真贯彻落实习近平新时代中国特色社会主义思想和党的二十大精神，深入贯彻习近平总书记关于工人阶级和工会工作的重要论述，按照中国工会十八大工作部署，围绕中心、服务大局，团结引领广大职工群众听党话跟党走，组织动员职工群众建功立业创新创造，深化产业工人队伍建设改革，用心用情维护职工合法权益，突出重点解决职工群众急难愁盼问题，推动构建和谐劳动关系，加强工会内部建设，努力为强国建设、民族复兴作出重要贡献。

职工朋友们，让我们更加紧密地团结在以习近平同志为核心的党中央周围，坚持以习近平新时代中国特色社会主义思想为指导，锐意进取、埋头苦干，在全面建设社会主义现代化国家新征程上充分发挥工人阶级主力军作用，作出工会重要贡献。

祝全国各族职工新年快乐、身体健康、工作顺利、阖家幸福！

中华全国总工会
2024年1月1日

（四）技能训练

临近元旦，以公司董事长、总经理的名义，向辛苦工作一年的公司全体员工，写一封慰问信。

（五）反思提升

（1）慰问信要向对方表达亲切、关怀的感情，使对方有一种温暖如春的感觉。

（2）慰问信要较全面地概括对方的可贵精神，并提出希望，勉励他们继续努力工作，刻苦奋斗，取得胜利。

（3）行文要诚恳、真切，措辞要恰切，篇幅要短小。

三、写作贺信

（一）目标引领

（1）知识目标：掌握贺信基本知识。

（2）能力目标：能熟练写作规范得体的贺信。

（3）素质目标：养成文明习惯，展示礼仪风范。

（二）理论导航

1.贺信的含义

贺信是对他人、单位取得的成就、获得某种职位、组织的成立、纪念庆典等表示祝贺的专用书信。表达庆贺之意，以加深友谊、增进团结，互相勉励，共同进步，因此，庆贺性是其主要特点。

2.贺信的分类

按祝贺的对象，可以把贺信分为两类：一是贺事，二是贺人。贺事，如会议贺信、节庆贺信、典礼贺信等；贺人，如祝寿贺信、婚庆贺信等。

3.贺信的结构与写法

贺信是由标题、称谓、正文、结语和落款五部分构成。

（1）标题。第一行居中写文种名"贺信"。

（2）称谓。第二行顶格写对方单位名称或个人姓名。个人姓名后面必须加适当的称呼，如"同志""师傅""先生"等，称呼后用冒号。

（3）正文。贺信的正文一般首先直陈贺辞，即开门见山地对对方的喜事表示祝贺。如：顾闻贵公司举行六十周年庆典，谨向你们表示最热烈的祝贺！然后再写清下面三个内容：一是结合当前的形势状况，说明对方取得成绩的大背景，或者某个重要会议召开的历史条件。二是概括说明对方都在哪些方面取得了成绩，分析其成功的主观、客观原因。贺寿的贺信，要概括说明对方的贡献及其宝贵品质。三是表示热烈的祝贺。要写出自己祝贺的心情,由衷地表达自己真诚的慰问和祝福。要写些鼓励的话,提出希望和共同的愿景。

（4）结语。另起一行空两格写上祝愿的话,如"祝争取更大的胜利""祝您健康长寿""祝大会圆满成功"等。

（5）落款。在结尾下方,右半行署上单位名称或者个人姓名。在署名的下边写上成文日期。

（三）例文示范

贺信

值此 2022 年六五环境日国家主场活动举办之际,我谨表示热烈的祝贺!

生态环境是人类生存和发展的根基,保持良好生态环境是各国人民的共同心愿。党的十八大以来,我们把生态文明建设作为关系中华民族永续发展的根本大计,坚持绿水青山就是金山银山的理念,开展了一系列根本性、开创性、长远性的工作,美丽中国建设迈出重要步伐,推动我国生态环境保护发生历史性、转折性、全局性变化。

在全面建设社会主义现代化国家新征程上,全党全国要保持加强生态文明建设的战略定力,着力推动经济社会发展全面绿色转型,统筹污染治理、生态保护、应对气候变化,努力建设人与自然和谐共生的美丽中国,为共建清洁美丽世界作出更大贡献!希望全社会行动起来,做生态文明理念的积极传播者和模范践行者,身体力行、真抓实干,为子孙后代留下天蓝、地绿、水清的美丽家园。

习近平

2022 年 6 月 5 日

（四）技能训练

以你所就读的学院即将迎来××周年华诞为背景,以长期接收你院毕业生就业的××企业的名义,给学院写一封贺信。

（五）反思提升

（1）贺信要体现自己真诚的祝福,是加强彼此联系、增强双方交流的重要手段。所以贺信要写得感情饱满充沛。冷冰冰的陈述、评价是表达不出贺者心愿的。

（2）贺信内容要真实,评价成绩要恰如其分,表达决心要切实可行。语言要求精练、简洁明快,不堆砌华丽辞藻。

第二节　经济类文书

　　经济文书是记载和反映经济实践活动的专用文书,是经济活动中强化管理、交流信息、促进协作、提高效益、提供经济资料的工具。经济专用文书包括意向书、合同、招标书、投标书、市场调查报告、市场预测报告、可行性研究报告等。下面主要学习合同、招标书、投标书的写法。

一、写作合同

(一)目标引领

(1)知识目标:掌握合同的基本知识。

(2)能力目标:能熟练写作规范的合同。

(3)素质目标:养成法治意识和严谨、细致的习惯。

(二)理论导航

1.合同的含义

《中华人民共和国合同法》(以下简称《合同法》)第二条规定:"本法所称合同是平等主体的自然人、法人、其他组织之间设立、变更、终止民事权利义务关系的协议。"

　　这一规定明确了合同的主体范围、主体之间的地位和权利义务关系。合同的主体是自然人、法人、其他组织。"自然人"是指在民事上能享受权利和承担义务的公民。包括我国公民、外国公民,甚至无国籍的人。"法人",是指依法成立,具有民事权利能力和民事行为能力,依法独立享有民事权利和民事义务的社会组织。包括中国法人,也包括外国法人。"其他组织",是指不具备法人条件和资格的组织。包括不是法人的私营企业、中外经营合作企业、外资企业、有限责任公司的分公司、股份有限公司的分公司,以及不具备法人条件的机关、事业单位、社会团体中允许从事生产经营活动的部门等。合同主体之间的地位是平等的,都具有独立的法律人格,相互之间处于平等地位,不存在依附或者从属关系。合同的权利义务关系是民事权利义务关系,是受我国民法调整的,它不是行政机关的上下级领导关系,也不是破坏社会秩序的犯罪行为,如果标的本身是违法的,合同则为无效合同。

　　2.合同的特点

(1)内容合法性。订立合同必须遵守法律和行政法规,否则订立的合同为无效合同。任何组织和个人不得利用合同进行违法活动,扰乱社会经济秩序,损害国家利益和社会公共利益,牟取非法收入。

(2)平等互利性。合同的当事人在法律上的地位是平等的,当事人依法享有自愿订立合同的权利,订立、履行合同对双方都是有利的。订立、履行合同,必须遵循平等互利的原则,任何一方不得把自己的意志强加给对方,一方当事人取得权利,必须以承担义务为条件,不允许只有一方享有权利而另一方只承担义务。当事人之间相互权利和义务是双向对等的。

(3)法律约束性。合同依法成立,即具有法律约束力,当事人必须全面履行合同规定的义务,任何一方不得擅自变更或终止合同,否则必须承担相应的法律责任。

3.合同的种类

按内容划分,《合同法》将合同分为15类:买卖合同、供电合同、赠与合同、借款合同、租赁合同、融资租赁合同、承揽合同、建设工程合同、运输合同、技术合同、保管合同、仓储合同、委托合同、行纪合同、居间合同。

按形式划分,主要有表格式合同、条款式合同、综合式合同。

(1)表格式合同。表格式合同是把某项合同关系必然涉及、必须明确规定的内容,设计印制成固定的表格,签订这项合同时只要按表格项目一一填写就行。这种形式的特点是简单明了,使用方便,适用于常规性的业务活动。

(2)条款式合同。条款式合同是用文字叙述的形式,把双方协商一致的合同内容,一条一条地记载下来。条款的多少视内容多少而定。这种形式的特点是条理清楚,层次分明,适用于内容比较复杂的非常规业务合同。

(3)综合式合同。综合式合同是将表格和条款合二为一的一种形式。表格多用于表述数字,其他内容则用条款表述。这种经济合同集表格、条款之优势,是目前使用较为广泛的一种合同形式。

4.合同的结构与写法

合同不管采用哪种格式,其结构一般都包括标题、当事人名称、正文和签署四个部分。

(1)标题。标题即合同的名称。一般由合同性质及文种构成。如"购销合同""借款合同"等。有的合同有"合同编号""签订地点""签订时间",通常置于标题下一行或右侧,可视为标题的附属项目。

(2)当事人名称。当事人名称即订立合同双方单位名称或个人的姓名,顶格写。当事人名称写全称。为了正文说明方便,应在当事人名称之后分别用括号注明"甲方"或"乙方"。有的注明一方是"供方",另一方是"需方";或一方是"发包方",另一方是"承包方"。如:

(3)正文。正文部分包括开头语、主要条款、附则、附件和签署等方面的内容。

开头语。开头语又称引言,用一句话写明签订合同的根据和目的。开头语内容比较固定,它体现本合同遵照法定程序,自愿签订,具有法律效用,所以不可不写。一般这样表述:

"根据《中华人民共和国合同法》及相关法律法规,为了明确双方的权利和义务,经双方协商一致,签订本合同"。

主要条款。主要条款是合同内容的核心。参考《合同法》第十二条,合同的内容由当事人约定,一般包括以下条款:(一)当事人的名称或者姓名和住所;(二)标的;(三)数量;(四)质量;(五)价款或者报酬;(六)履行期限、地点和方式;(七)违约责任;(八)解决争议的方法。

①当事人的名称或者姓名和住所。

②标的。标的是合同双方当事人权利和义务所指向的对象,产品、货币、工程、劳务等都可以成为标的。如购销合同的标的是某种产品,借款合同的标的是货币,建设工程合同的标的是工程项目,运输合同的标的是劳务等。标的必须明确、具体,如果是产品,其商标、牌号、花色品种、货号、产地等都是标的内容,要一一写清楚。没有标的,权利和义务就无所指向,也就谈不上签订合同。

③数量和质量。数量和质量是标的的具体化。数量是标的计量,如购销合同中产品的数量,建设工程中的工程量等。国家有法定计量标准规定的,应采用国家规定的法定计量单位,如产品花色、品种、规格、型号,工程项目标准等。质量的规定,必须以明确具体的标准为依据,如国家标准,部颁标准,地方标准等。对没有质量标准的,可由双方议定标准。这种议定标准除在合同中写明外,还应"立标封样",作为履行验收和处理纠纷的依据。

④价款或报酬。价款或报酬是指取得产品或接受劳务的一方向对方所支付的代价。取得产品所支付的代价叫价款,接受劳务所支付的代价叫报酬。价款或报酬都是以货币数量来表示的,其中应写明单位价格、总金额、计算标准、结算方式和程序等。

⑤履行的期限、地点和方式。履行期限是指提交标的物以及支付价款或酬金的具体时间界限。明确履行期限有利于双方安排生产和工作。是否按期履约直接影响当事人的经济利益。所以交付合同标的或支付价金都要明确规定日期,并具体到年、月、日。履行期限与合同期限相关,但不是同一概念。有效期限常常先于履行期限开始,后于履行期限结束。履行地点是指当事人履行义务的具体处所。如建筑工程合同在建筑物所在地履行;给付货币的,在接受给付的一方所在地履行;购销合同由供货方送货的,一般在需方所在地履行,需方自提和供方代办托运的,在供方所在地履行。履行地点关系到运输、费用的负担,必须作出明确规定。履行方式是指当事人履行义务采取的方式。经济合同的履行方式,取决于标的的性质。不同性质的标的,有不同的履行方式。履行方式包括标的交付方式和价金的结算方式。标的的交付方式有送货、自提或代运等方式。价金的结算方式,有现金结算或转账等结算方式,应规定是一次履行,还是分批履行。

⑥违约责任。违约责任是指当事人一方或双方因其过错,造成经济合同不能履行或不

能完全履行,而由违约方承担的责任。违约责任的基本形式是支付违约金和赔偿金。违约责任条款是促进当事人履约的保证。

⑦解决争议的方法。解决争议的方法是指当事人解决合同纠纷的途径。解决经济合同纠纷主要有协商、调解、仲裁、诉讼等途径。协商、调解不是必经程序,当事人不愿通过协商、调解或协商、调解不成,当事人在仲裁或诉讼两种方法中选择其一。如选择仲裁,则必须写明仲裁机构的具体名称;如选择诉讼,应写明管辖法院的名称。

附则。附则是对合同的某些必要说明,包括合同的有效期限,合同的份数及执行,合同条款未尽事宜的处理办法及其他条款等。其他条款是指除了上述条款之外,根据法律规定或按合同性质必须具备的条款,以及当事人一方要求必须规定的条款。根据法律规定应具备的条款,主要是要求当事人在订立合同时,不要违反国家的法律,以保证合同的有效性。比如,建设工程合同对新建的厂矿企业,根据《中华人民共和国环境保护法》的有关规定,应具备消除废气、废水、废渣的污染,保护环境的条款,而且要做到同时设计,同时施工,同时完成。按合同性质应具备的条款,主要是保证当事人双方权利义务能够达到预期的目的。比如,承揽合同就要明确规定承揽方必须用自己的设备和技术力量完成承揽任务,或是否允许承揽方把接受的任务转让或分包给第三方。当事人一方要求必须规定的条款,体现了法律对当事人合法要求的积极保护。比如,农副产品购销合同,可以通过生产方要约,购买方承诺的方式订立不可抗力等条款。因为农副产品有时要"靠天吃饭",天有不测风云,在遇到人力不可抗拒的自然灾害时,生产方可要求部分或全部免予承担经济责任。以上其他条款,不是固定的条款,而是根据需要灵活制定的,但这些条款只要一经订立,也是合同的主要条款,它们与固定条款同等重要,不分主次。

附件。合同若有表格、图纸、实样、批文等附件,可在附件条款中列出,或在"附件"项分项标注名称和件数。

附则和附件实质上也是合同的条款,它们和主要条款具有同等法律效力。

(4)签署。合同的签署一般包括单位名称及印章,法人代表、代理人签名或盖章,公证、鉴证的意见及机关印章。公证是法律监督,由公证机关签署;鉴证是行政监督,由工商行政管理部门签署。公证和鉴证是在必要时采用的。为方便合同的履行,还可写明开户银行、银行账号、联系电话等内容。最后注明签订合同的具体日期。

（三）例文示范

农副产品购销合同

××食品加工厂（以下简称甲方）　　　　合同编号：×××

××商业中心（以下简称乙方）　　　　　签订地点：×××

　　　　　　　　　　　　　　　　　签订时间：××年××月××日

根据《中华人民共和国合同法》及相关规定，为了明确甲乙双方的权利和义务，经双方协商一致，签订合同如下：

一、产品名称、等级、数量、金额：

产品名称	等　级	计量单位	数　量	单价/元	总金额/元	备　注
黑木耳	特级	公斤	500	200	100000	
合计人民币金额（大写）：壹拾万元整						

二、运输及运输费用、交货地点：甲方于 2009 年 3 月 5 日前用汽车运输的方式，将货物运到乙方，运费由甲方承担。

三、包装及验收：甲方用塑料袋按每袋 250 克标准，分袋密封包装。货到后，乙方按封存的"南山"牌特级木耳样品质量标准验收。

四、付款方式：验收合格后十日内，乙方通过银行转账方式，一次性付清全部货款。

五、违约责任：

1.如甲方拒不交货，处以货款总额的 10% 的违约金；数量不足则按不足部分货款的 10% 处以违约金；货品质量与样品不符，乙方有权拒收。如甲方逾期交货，每天则处以总货款的 2% 的违约金。

2.如乙方拒不付款，处以总货款的 10% 的违约金。如乙方逾期付款，每逾期一天则处以总货款的 2% 的违约金。

六、解决合同纠纷的方式：如发生争议，由双方协商解决，协商不成可向仲裁机关申请仲裁，也可向人民法院起诉。

七、本合同一式三份，甲乙双方各执一份，鉴证机关执一份。本合同自签署之日起生效。

八、附"南山"牌黑木耳样品一份。

　　　　　　　　　甲方单位名称（章）××　　　　　乙方单位名称（章）××

　　　　　　　　　　　　单位地址：××　　　　　　　　　单位地址：××

　　　　　　　　　　　　法定代表人：××　　　　　　　法定代表人：××

委托代理人:××   委托代理人:××

电话:××   电话:××

开户银行:××   开户银行:××

账号:××   帐号:××

邮政编码:××   邮政编码:××

鉴(公)证意见:××

经办人:××

鉴(公)证机关(章)××

(四)实作体验

1.改正下列合同在表述上存在的问题。

(1)合同标题:合同与协议

改:

(2)合同标的、数量与质量:甲方向乙方购买市场上公认的名牌服装一批。

改:

(3)卖方履行合同时间:尽量提前将买方所需货物交给买方。

改:

(4)合同履行的地点:乙方负责将货物运到甲方所在城市。

改:

(5)买方履行合同方式:订立合同后先交一部分货款,货到验收后再付余款。

改:

(6)价款:完成工作职责,甲方支付工资标准为××元。(劳务合同)

改:

(7)工程要求:乙方在路侧挖排水沟一条,深×米,宽×米。(工程承包合同)

改:

(8)标的:原木质量标准为直径50厘米以上。交货地点:重庆。(买卖合同)

改:

(9)标的:货物包装标准为袋装。(买卖合同)

改:

(10)违约责任:乙方不能按期交货,应偿付甲方5%的违约金。(买卖合同)

改:

2.指出下面这份合同的毛病,在保留原文基本内容的前提下,改写这份合同。

合 同

××化工厂第四车间(甲方)

立合同人

××第二建筑公司生产科(乙方)

为建筑津东化工厂第四车间西厂房,经双方协商,订立本合同。

一、甲方委托乙方建设西厂房一座,由乙方全面负责建造。

二、全部建造费(包括材料、人工费)1270000元。

三、甲方在订立合同后先交一部分建造费,其余在西厂房建成后抓紧归还所欠部分。工期待乙方筹备就绪后立即开始,力争3月中旬开工,争取11月左右交货。

四、建筑材料由乙方全面负责筹备。

五、本合同一式二份,双方各执一份。

津东化工厂第四车间(公章)   津东第二建筑公司生产科(公章)

主任:(私章)   科长:(私章)

3.根据下面的材料拟写一份合同。

华盛茶叶公司法人代表王志勇和红叶茶场法人代表蔡德熙于1998年3月10日签订了一份茶叶购销合同,具体货物是红叶特级绿茶,数量为500千克,每千克价格为64元,1998年6月20日之前由茶场直接运往公司,运费由茶场负责,检验合格后,公司于收货10天以内通过银行托付货款。茶叶必须用大塑料外包,纸袋内装,外用纸箱或麻包袋装。包装费仍由茶场负责。茶场地址为:××省××县城北区,开户银行是××县农业银行,银行账号:0354,电话:2749883。茶叶公司地址为××市××路××号,开户银行为××市工商银行,账号667806,电话×××××××,合同签订后,如双方不履行,在正常情况下拒不交货或拒付款都须处以货款20%的罚金,迟交货或迟付款,则每天罚万分之三的滞纳金,数量不足,按不足部分的货款计赔,仍按20%的比例赔偿。质量不合格,则重新酌价。如遇特殊情况,则提前20天通知对方,并赔偿损失费10%,本合同由××工商行政管理所鉴证。

(五)反思提升

(1)立约内容要合法。立约内容合法,就是说合同的主要条款及双方当事人的权利义务都要符合国家的法律和政策,必须符合国家利益和社会公共利益,任何违反国家法律和政策、损害国家和社会公共利益的合同均为无效合同。

(2)主要条款要完备。经济合同中的主要条款必须完备。没有标的,当事人双方的权利义务关系就无法形成。没有数量和质量,就无法衡量当事人权利义务的大小轻重。没有价款或酬金,就不能进行价值的等价交换。没有履行的期限、地点和方式,就无法确定合同兑现的时间、空间及形式。没有违约责任的,当事人就可以随便不履行或不完全履行合同。没有解决争议的办法,合同的纠纷就难以解决。没有"其他必备的条款",就不能处理好特殊情况和特殊要求。主要条款完备,对经济合同的成立、生效和履行起主导性作用。

(3)文本格式要规范。为了加强经济合同的管理,改变过去经济合同文本格式比较混乱的情况,国家推行了经济合同示范文本制度,统一了经济合同文本格式,使经济合同文本有规可循,有样可依。因此,在签订合同时最好能采用这些统一的示范文本格式。如果没有到工商行政管理部门购买统一的合同纸,在自行拟订时,要参考有关的示范文本格式,以使经济合同的格式规范化。

(4)语言表达要准确。经济合同对语言最主要的要求是表达准确,不允许有歧义,不能令人费解。要达到这一要求,对经济合同中的每一句话、每一个词,甚至每一个字、每一个标点符号都要仔细斟酌推敲。经济合同不能用"也许""可能""力争"等推测性语言,也不能用"基本上""大部分""一定的"等模糊性语言。否则,语言中的任何一点疏漏,都会给经济合同留下隐患,甚至导致纠纷。从这一角度看,可以说经济合同是一种咬文嚼字的文种。因此,拟写经济合同时,语言表达一定要准确。

二、写作招标书

招标、投标是国内外经济活动中经常采用的、按法律程序进行的一种竞争性很强的交易方式。在交易过程中,一般大宗商品的采购、大型项目的建设以及科研技术的开发等业务的合作,都按规定的条件对外公开邀请符合条件的国内外企业竞争投标,然后由招标人从中选择价格和条件较合适的投标与其签订合同。对采购商来说,他们的业务是招标;对承包商来说,他们的业务是投标。

(一)目标引领

(1)知识目标:了解招标书的基本知识。

(2)能力目标:能编写规范的招标书。

(3)素质目标:养成法治意识、严谨习惯。

(二)理论导航

1.招标书的含义

招标是招标者按照规定条件发招标书,邀请投标人投标,在投标人中选择最理想合作伙伴的一种方式。招标书是招标过程中介绍情况、指导工作,履行一定程序所使用的一种专用文书。

招标书是一种告示性文书,它提供全面情况,便于投标方根据招标书所提供情况做好准备工作,同时指导招标工作开展。招标书也称为招标通知、招标公告、招标启事。

2.招标书的特点

(1)广告性。招标是利用投标者之间的竞争达到优选合作者的目的,它一般通过大众传媒公开,也称招标广告,具有广告性。

(2)公开性。招标应本着公开、公平、公正的原则进行,招标文件要公开发布或向所有投标者提供,整个过程具有透明性和公开性。

(3)规范性。招标文书制作过程和基本内容要符合《中华人民共和国招标投标法》的规定和要求。

3.招标书的种类

(1)按时间划分,可分为:长期招标书和短期招标书。

(2)按内容及性质划分,可分为:企业承包招标书、工程建设招标书、大宗商品交易招标书、技术引进或转让招标书等。

(3)按招标的范围划分,可分为:国际招标书和国内招标书。

4.招标书的结构与写法

招标书一般由标题、正文、结尾三部分组成:

(1)标题。写在第一行的中间。常见写法有四种:一是由招标单位名称、招标性质及内容、招标形式、文种四部分构成的标题;二是由招标性质及内容、招标形式、文种三部分组成的标题;三是只写文种名称"招标书";四是广告性标题,如"谁来承包×××工厂"。

(2)正文。正文由引言、主体部分组成。引言部分主要交代招标单位的基本情况、招标依据、原因。主体部分要翔实交代招标方式(公开招标、内部招标、邀请招标)、招标范围、招标程序、招标条件和要求、双方签订合同的原则、招标过程中的权利和义务、组织领导、其他注意事项等内容。

(3)结尾。招标书的结尾,应签具招标单位的名称、地址、法人代表、联系人、电话、电报挂号等,以便投标者参与。

(三)例文示范

招标书

重庆工程职业技术学院(以下简称"招标人")准备在近期对 2018—2020 年新生床上用品及军训物资供应商资格招标项目(内部计划编号:CQVIE20180620)采取竞争性谈判方式进行招标。现将有关事宜公告如下:

一、项目概述

本项目名称:重庆工程职业技术学院2018—2020年新生床上用品及军训物资供应商资格招标。本招标采购项目是供应商资格招标项目,项目内容为引入一家特许供应商,由供应商在招标人指定地点自主销售。

二、招标方式

竞争性谈判。

三、投标人资格条件要求

(一)基本资格条件

1.具有独立承担民事责任的能力;

2.具有良好的商业信誉;

3.具有履行合同所必需的设备和专业技术能力

4.有缴纳社会保障资金的良好记录;

5.参加本次采购活动前三年内,在经营活动中未曾与采购方发生采购及其他诉讼方面的法律纠纷,且信誉良好、供货及售后服务无不良记录。

(二)特定资格条件

1.投标人具有重庆市教育后勤协会颁发的有效期内的"学校后勤物资供货企业准入证"(提供证书复印件,加盖投标人公章后有效,原件备查);

2.投标人必须为2018年重庆学校后勤物资"网络平台集中展示学校线下招标采购"展示会上的企业(提供网页截屏,加盖投标人公章后有效);

3.投标人具有省级(含直辖市)及以上纤维检验局出具的《絮用纤维制品生产加工企业质量保证能力资格证书》(提供证书复印件,加盖投标人公章后有效);

4.投标人具有ISO9001质量管理体系认证证书、ISO14001环境管理体系认证证书、ISO18001职业健康安全管理体系认证证书,且相关认证范围包含床上用品和服装(提供证书复印件,加盖投标人公章后有效,原件备查);

5.投标人必须在重庆市范围内有售后服务机构(投标人直接在渝设立售后服务机构的,提供该机构工商注册证明;投标人授权在渝设立售后服务机构的,提供授权书或服务协议,同时提供被授权机构的工商注册证明。提供相关证明材料复印件,加盖投标人公章后有效)。

四、投标、开标有关说明

1.招标文件公告期限:自招标公告发布之日(2018年7月9日)起3个工作日。

2.招标文件购买费:招标文件购买费为300.00元/份(售后不退)。

3.招标文件发售方式:凡有意参加的供应商,请于规定的报名截止时间(2018 年 7 月 13 日,下午 1:30)前通过其银行基本账户缴纳招标文件购买费、投标保证金,按银行转账方式缴纳。投标报名时递交《投标报名登记表》(见招标公告附件格式—不装袋)后视为报名成功,投标人未按规定办理报名的,其投标文件将视为不响应招标文件而被拒绝接收。

4.供应商须满足以下三种要件,其投标才被接受:一是按时递交了响应文件;二是按时报名签到;三是按规定的方式足额缴纳了招标文件购买费、投标保证金。

5.投标地点:重庆市江津区滨江新城南北大道 1 号,重庆工程职业技术学院办公楼 1325 室。

6.递交投标文件开始时间:2018 年 7 月 13 日北京时间 13:00。

7.递交投标文件截止时间:2018 年 7 月 13 日北京时间 13:30。

8.开标时间:2018 年 7 月 13 日北京时间 13:30。

9.开标地点:重庆市江津区滨江新城南北大道 1 号,重庆工程职业技术学院办公楼三楼××会议室。

五、投标保证金及履约保证金提交方式

1.投标保证金金额:人民币 1.00 万元(大写:壹万元整)。

缴纳投标保证金方式:投标人从其公司基本账户通过银行转账方式缴纳,且在 2018 年 7 月 13 日 13:30 前必须到账。务必在进账凭证上明确"CQVIE2018××××"的计划编号。

2.投标保证金账户户名:重庆工程职业技术学院　开户行:建行××支行　账号:××××××
×××××

投标人缴纳完相关费用后请按《投标报名登记表》妥善保管好缴费凭证(招标文件购买费、投标保证金),以便报名时递交采购人查验。竞标人未按《投标报名登记表》要求办理缴费报名的,其投标文件将视为不响应竞争性谈判文件而被予以拒绝。

未中标投标人的投标保证金于采购人确定成交供应商后,5 个工作日内按来款渠道无息退还,成交供应商的投标保证金将转为履约保证金。

3.履约保证金

成交供应商投标保证金在签订合同前自动转为履约保证金,合同期满后,在无遗留问题的前提下,采购人在 15 个工作日内退还履约保证金(不计息)。

六、投标有关规定

1.单位负责人为同一人或者存在直接控股、管理关系的不同供应商,不得同时参加本项目采购活动。

2.本项目补遗文件(如果有)一律在重庆工程职业技术学院校园网上发布,请各投标人注意下载;无论投标人下载与否,均视同投标人已知晓本项目补遗文件的内容。

3.超过投标截止时间递交的投标文件,恕不接收。

4.投标费用:无论投标结果如何,投标人参与本项目投标的所有费用均应由投标人自行承担。

5.本项目不接受联合体投标,亦不允许分包转包。

6.本项目最终解释权在重庆工程职业技术学院。

七、联系方式

招标人:重庆工程职业技术学院

采购经办人:刘老师　　　联系电话:(023)×××××××

技术联系人:魏老师　　　联系电话:(023)×××××××

地址:重庆市江津区滨江新城南北大道 1 号

单位监督电话:(023)×××××××

2018 年 7 月 6 日

(四)实作体验

根据任务 3 投标书的例文,写一份建筑工程招标书。

(五)反思提升

(1)要周密严谨。招标书不但是一种"广告",而且也是签订合同的依据,因而是一种具有法律效力的文件。内容要明确具体,语言要周密严谨。

(2)要简洁清晰。招标书没有必要长篇大论,只要把所要讲的内容简要介绍,突出重点即可,切忌没完没了地胡乱罗列、堆砌。技术要求、相关图纸等可作为招标相关文件处理。

三、写作投标书

(一)目标引领

(1)知识目标:了解投标书的基本知识。

(2)能力目标:能编写规范的投标书。

(3)素质目标:养成竞争意识、诚信品质、法治思维、严谨习惯。

(二)理论导航

1.投标书的含义

投标书是对招标书的回应。它是投标者根据招标书中提出的条件和要求,向招标者提出自己的投标意向,提交报价并填具标单的专用文书。

2.投标书的特点

(1)竞争性。投标的目的是参与市场竞争,投标书不仅要按照招标书提出的项目、要求、条件,结合自身实际,有针对性地进行写作,有时还要预测竞争者,考虑竞争者的情况。

(2)约束性。投标书所承诺的各项内容具有严格的法律约束力。如果中标,必须履行承诺,严格遵守,否则要承担法律责任。

(3)保密性。投标书在没开标之前属于秘密,任何一方不能提前解密。制作好的招标书要求密封后邮寄或派专人送到招标单位。

3.投标书的分类

(1)按招标的范围可分为:国际投标书和国内投标书。

(2)按招标的物划分,可分为三大类:货物投标书、工程投标书、服务投标书。根据具体标的物的不同,还可以进一步细分。如工程类进一步可分施工工程、装饰工程、水利工程、道路工程、化学工程等。每一种具体工程的标书内容差异非常大。货物标书也一样,简单货物如粮食、石油;复杂的货物如机床、计算机网络。标书的差异也非常大。

4.投标书的结构与写法

投标书一般由标题、正文、结尾三部分组成。

(1)标题。标题一般由投标项目和文种组成,也可以只有文种。

(2)正文。主要介绍投标方的基本情况以及表明投标的意愿,具体详细地写明投标项目的具体内容与总报价(包括技术方案内容的提纲和投标价目表等),并承诺遵守招标程序和各项责任、义务,确认在规定的投标有效期内,投标书所具有的约束力。

(3)结尾。签署投标单位及法人代表名称或姓名,并写明日期。

另外,根据招标文书要求,一般还要附上投标保证文件、合同条件、设计规范、投标企业资质文件等。投标保证文件是投标有效的必检文件。保证文件一般采用三种形式:支票、投标保证金和银行保函。合同条件是招标书的一项重要内容。此部分内容是双方经济关系的法律基础,因此对招投标方都很重要。有的设备需要设计规范,如通信系统、输电设备,是确保设备质量的重要文件,应列入投标附件中。技术规范应对施工工艺、工程质量、检验标准作出较为详尽的保证,也是避免发生纠纷的前提。技术规范包括:总纲,工程概况,分期工程对材料、设备和施工技术、质量的要求,必要时写清各分期工程量计算规则等。投标企业资格文件主要是要求提供企业生产该产品的许可证及其他资格文件,如 ISO9001、ISO9002 证书、ISO14001 证书、ISO18001 证书、专用设备生产资质证书等。另外还要求提供业绩证明、缴纳社保资金记录证明等。

（三）例文示范

建设工程投标书

××公司：

1.根据已收到的招标编号为××的××工程的招标文件,遵照《工程施工招标投标管理办法》的规定,我单位经考察现场和研究上述工程招标文件的投标须知、合同条件、技术规范、图纸、工程量清单和其他有关文件后,我方愿以人民币××元的总价,按上述合同条件、技术规范、图纸、工程量清单的条件承包上述工程的施工、竣工和保修。

2.一旦我方中标,我方保证在2019年3月1日开工,2019年9月1日竣工,即181天(日历日)内竣工并移交整个工程。

3.如果我方中标,我方将按照规定提交上述总价5%的银行保函或上述总价10%的由具有独立法人资格的经济实体企业出具的履约担保书,作为履约保证金,共同地和分别地承担责任。

4.我方同意所递交的投标文件在投标须知第11条规定的投标有效期有效,在此期间内我方的投标有可能中标,我方将受此约束。

5.除非另外达成协议并生效,你方的中标通知书和本投标文件将构成约束我们双方的合同。

6.我方金额为人民币××元的投标保证金与本投标书同时递交。

单位名称:××建筑集团公司(盖章)

单位地址:××市××路××号

法定代表人:××(签字)

邮政编码:××　　　电话:××　　　传真:××

开户银行:××　　　银行账号:××

日期:2019年2月11日

（四）实作体验

根据任务2招标书例文的内容,写一份投标书。

（五）反思提升

(1)内容的针对性要强,必须紧扣招标书的要求,报价要综合自身实力、竞争对手情况全面考虑,做到合情、合理、合法。

(2)语言表述要明确、具体、周密,具有可行性和可操作性,以避免中标后发生不必要的纠纷。

（3）注意时效性，务必按照招标书的时限要求，送达投标书。

第三节　司法类文书

司法类文书是指公安机关、人民检察院、人民法院等国家司法机关为处理诉讼案件和诉讼当事人为保护自身合法权益参与诉讼时，针对案情，根据法律和法定诉讼程序所制作的具有法律效力或法律意义的文书。司法类文书是保护人民，惩罚犯罪，解决纠纷，协调社会关系，稳定社会秩序的工具。常见的司法文书有起诉状、答辩状、上诉状、判决书等。下面主要学习起诉状、答辩状的写法。

一、写作起诉状

（一）目标引领

（1）知识目标：了解起诉状的基本知识。

（2）能力目标：能写作规范的起诉状。

（3）素质目标：养成求实品质、法治意识、严谨习惯。

（二）理论导航

1.起诉状的含义

起诉状是刑事自诉案件的自诉人或民事、行政案件的原告向人民法院提出的指控被告的诉状。公民、法人或其他组织向人民法院起诉，应当递交起诉状。起诉状亦称诉状，是指公民或法人因自身合法权益遭受侵害而向人民法院提起诉讼请求的文书。根据诉讼的性质和目的的不同，起诉状可以分为民事起诉状、行政起诉状和刑事自诉状三类。

民事起诉状，是指公民、法人或其他组织，在认为自己的合法权益受到侵害或者与他人发生争议时或者需要确权时，向人民法院提交的请求人民法院依法裁判的法律文书。

行政起诉状，即公民、法人或者其他组织不服行政机关的具体行政行为，向人民法院递交的，请求人民法院对该行政行为是否合法予以裁决，用以保护当事人合法权益的行政诉讼文书。

刑事自诉状，是法律规定的自诉案件中，由受害人或者他们的代理人，直接向人民法院控告刑事被告人，要求法院追究其刑事责任所递交的书面请求。刑事自诉时如果有民事赔偿的，可以附带民事诉讼。

2.起诉状的特点

（1）法定性。《中华人民共和国民事诉讼法》（以下简称《民事诉讼法》）第一百二十二条规定,起诉必须符合下列条件:(一)原告是与本案有直接利害关系的公民、法人和其他组织;(二)有明确的被告;(三)有具体的诉讼请求和事实、理由;(四)属于人民法院受理民事诉讼的范围和受诉人民法院管辖。

《中华人民共和国刑事诉讼法》(以下简称《刑事诉讼法》)第二百一十条规定,自诉案件包括下列案件:(一)告诉才处理的案件;(二)被害人有证据证明的轻微刑事案件;(三)被害人有证据证明对被告人侵犯自己人身、财产权利的行为应当依法追究刑事责任,而公安机关或者人民检察院不予追究被告人刑事责任的案件。

《中华人民共和国行政诉讼法》(以下简称《行政诉讼法》)第四十九条规定,提起诉讼应当符合下列条件:(一)原告是符合本法第二十五条规定的公民、法人或者其他组织;(二)有明确的被告;(三)有具体的诉讼请求和事实根据;(四)属于人民法院受案范围和受诉人民法院管辖。

《行政诉讼法》第二十五条规定,行政行为的相对人以及其他与行政行为有利害关系的公民、法人或者其他组织,有权提起诉讼。(后略)

(2)规范性。从内容看,《民事诉讼法》第一百二十四条规定,起诉状应当记明包括当事人的基本情况、诉讼请求、诉讼的事实与理由以及证据及来源等事项。从格式看,起诉状应按照最高人民法院要求,规范格式进行制作。

刑事自诉状、行政起诉状参照民事起诉状的基本规范。

(3)专属性。三大诉状因内容的不同,有自身的专属性。

民事诉讼的主动性。民事案件侵犯的是公民个人的人身财产利益,以意思自治为主,因此民事起诉状都是原告主动起诉,法院才进行审判,基本原则是"民不告,官不究"。

刑事诉讼的互补性。我国刑事诉讼既有自诉,也有公诉,刑事犯罪多采用检察机关公诉为主、公民自诉为辅的形式,绝大部分刑事案件由人民检察院代表国家向人民法院提起公诉。只有某些案件是由被害人及其法定代理人、近亲属直接向法院提起自诉,由人民法院直接审理。因此,刑事自诉和检察机关的公诉起着互补作用。

行政诉讼的特定性。行政起诉状的起诉人即原告,是指受国家行政机关或其工作人员具体行政行为侵害的公民、法人或其他组织。国家行政机关在公务活动中,作为执行机关,只能作为被告,不能作为原告提出起诉,但国家机关自身是行政相对人时,也可作为原告。

3.起诉状的结构与写法

起诉状的结构包括首部、正文、尾部和附项。

(1)首部。首部包括标题和诉讼参加人的基本情况。

标题就是注明文书名称,在首页正上方居中标明"民事起诉状"。

诉讼参加人基本情况。诉讼参加人包括当事人和诉讼代理人。当事人分原告、被告和第三人,逐次写明,如果有数个原告、被告、第三人,则依据他们在案件中的地位和作用,分别依次排列。如果原告是公民的,写明姓名、性别、年龄、民族、籍贯、职业、工作单位和住址。如果原告是不满18周岁的未成年人,则需写明法定代理人的姓名,以及与原告的关系。原告如是机关、团体、企业事业单位的,先写原告单位名称、地址,然后另起一行写法定代表人姓名及职务,法定代表人应为单位的主要负责人。原告不论是公民或者是法人,如果委托了诉讼代理人的,在原告的下一项还要写明委托代理人的姓名、职务以及与原告的关系。被告栏的事项和写法与原告栏的事项和写法相同。

(2)正文。正文包括诉讼请求、依据的事实和理由。

诉讼请求。这一部分主要写明请求人民法院依法解决原告要求的有关民事权益争议的具体问题。如要求损害赔偿、债务清偿、履行合同、产权归还等。诉讼请求应写得明确、具体、简明扼要。

事实与理由。这一部分是民事诉状的正文和核心部分,是请求人民法院裁决当事人之间权益纠纷和争议的重要依据。一般是先写事实,后写理由。事实部分,主要是写明被告侵权行为的具体事实或当事人双方权益争执的具体内容,以及被告人所应承担的责任。包括发生争执的时间、地点、原因、情节和事实经过等都应具体写明,其中,应着重写清楚被告侵权行为所造成的后果和应承担的责任以及双方当事人争执的焦点和实质性分歧。理由部分,就是根据事实和证据,写明认定被告侵权或违法行为的性质和所造成的后果及应承担的责任;同时写明提出请求的政策和法律依据,但必须注意援引法律应准确、适当。

(3)尾部。包括致送人民法院名称、具状人签名和提交诉状的日期。

诉状所递交的人民法院名称。"此致"空两格书写,"××人民法院"另起一行顶格书写。

在右下方写具状人签名和日期,如果是法人或其他组织则应加盖公章。如果起诉状是委托律师代书,则在起诉日期下写明代书律师姓名及其所在律师事务所名称。然后注明提交诉状的具体日期。

(4)附项。附项是指提交法院的材料名称、数量,相关说明。一般应依次写明本诉状副本的份数,书证、物证的名称和件数,证人的姓名和住址等。

刑事自诉状、行政起诉状参照民事起诉状的结构与写法。

(三)例文示范

民事起诉状

原　告:杨××,男,1973年6月12日出生,现住××市甲区××街道12组97号。

被告人:李××,男,1964年3月12日出生,现住××市乙区××街道18组12号。

诉讼请求：

1.李××返还所欠杨××款项 30000 元人民币；

2.按照银行利息支付 6 个月的利息；

3.诉讼费 450 元由李××承担。

事实与理由：

2017 年 4 月 1 日,被告李××因经营资金紧张向原告杨××借款 30000 元用于周转,写下借条并约定 6 个月后一次还清欠款,利息按照银行利息支付。到期后,被告以经营没盈利为由拒绝归还。原告认为,借钱时被告并没有提出盈利的问题,该理由无效。为此,特向你院起诉,请依法判决。

此致

××市××区人民法院

起诉人　王××

2017 年 11 月 5 日

附：

1.本诉状副本 1 份。

2.证据、证人姓名和住址：

(1)李××所写欠条一张。

(2)见证人王××,××市甲区××街道司法所长。

(四)实作体验

根据生活场景,拟写一份民事起诉状,或刑事自诉状,或行政起诉状。

(五)反思提升

(1)首部一项中,被告的基本情况原则上应与原告基本情况所列事项一样。但由于案件具体情况不同,原告并不一定都能清楚地知悉被告的情况,因而允许原告知道多少写多少。

(2)事实部分,应围绕着诉讼目的来全面反映案件事实的客观真实情况,切忌在无关紧要的事情上东拉西扯而影响诉讼的根本目的。

(3)诉状所递交的人民法院,与一般文书写作不同,应写在诉状的尾部。

(4)证据。根据责任分配,相关责任人依法负有举证责任;证据要经过质证,真实有效。

(5)刑事自诉、行政起诉时可以附带民事诉讼。

二、写作答辩状

(一)目标引领

(1)知识目标:了解答辩状的基本知识。

(2)能力目标:能写作规范的答辩状。

(3)素质目标:养成求实品质、法治意识、严谨习惯。

(二)理论导航

1.答辩状的含义

答辩状是在诉讼活动中,被告方或被上诉方,针对原告或上诉人的指控,进行答复或辩驳的一种诉讼文书。

依照《中华人民共和国民事诉讼法》的规定,人民法院应当在立案之日起 15 日内将起诉状副本发送被告或被上诉人,被告或被上诉人在收到之日起 15 日内提交答辩状。

提出答辩状是当事人的诉讼权利,不是诉讼义务;被告人或被上诉人逾期不提交答辩状,不影响人民法院审理案件。

2.答辩状的特点

(1)平等性。答辩状充分体现了诉讼当事人在诉讼活动中的权利平等原则,被告或被上诉人享有与原告或上诉人平等的法律地位,他可以针对原告或上诉人所提出的起诉事实、理由,进行答复辩解,反驳对方的诉讼请求,维护自身的合法权益。

(2)公正性。答辩状的辩词给法院提供了一份全面的资料,让法院更能知道诉讼双方的基本情况,不至于偏听偏信,从而有助于法院作出更公正的判决,更好地维护诉讼双方各自的正当权益。

(3)论辩性。民事答辩状的核心部分是答辩理由,重点是针对原告或上诉人提出的事实、理由和诉讼请求进行答复和辩驳,要针锋相对,有的放矢,切中要害,驳倒对方的不实指控和不合理请求,切实维护自己的合法权益。

3.答辩状的分类

(1)民事答辩状。被告或被上诉人针对原告或上诉人的民事起诉或上诉,阐述自己认定的事实和理由,予以答复和辩驳的一种法律文书。

(2)刑事答辩状。刑事自诉案件的被告人或被上诉人根据刑事自诉状的内容,针对刑事自诉状陈述的事实和理由,进行答复和辩驳的法律文书。

(3)行政答辩状。行政诉讼中的被告或被上诉人针对原告或上诉人,在行政起诉状或上诉状中提出的诉讼请求、事实与理由,向人民法院作出的书面答复。

4.答辩状的结构与写法

答辩状的结构包括首部、正文、尾部和附项。

(1)首部。包括标题、答辩人的基本情况和答辩案由。

标题。居中写明"民事答辩状""刑事答辩状"或"行政答辩状"。

答辩人的基本情况。写明答辩人的姓名、性别、出生日期、民族、职业、工作单位和职务、住址等,如答辩人系无诉讼行为能力的人,应在其项后写明其法定代理人的姓名、性别、出生日期、民族、职业、工作单位和职务、住址,及其与答辩人的关系。答辩人是法人或其他组织的,应写明其名称和所在地址、法定代表人或主要负责人的姓名和职务。如答辩人委托律师代理诉讼,应在其项后写明代理律师的姓名及代理律师所在律师事务所名称。

答辩案由。写明答辩人因什么案进行答辩。

(2)正文。包括答辩理由和答辩请求。

答辩理由。主要对原告或上诉人的诉讼请求及其所依据的事实与理由进行反驳与辩解,被告或被上诉人的答辩主要从实体方面针对原告或上诉人的事实、理由、证据和请求事项进行答辩,全面否定或部分否定其所依据的事实和证据,从而否定其理由和诉讼请求。一审被告的答辩还可以从程序方面进行答辩,如提出原告不是正当的原告,或原告起诉的案件不属于受诉法院管辖,或原告的起诉不符合法定的起诉条件,说明原告无权起诉或起诉不合法,从而否定案件。无论一审被告,还是二审被上诉人提出答辩理由,都要实事求是,要有证据。

答辩请求。答辩请求是答辩人在阐明答辩理由的基础上针对原告或上诉人的诉讼请求,向人民法院提出应根据有关法律规定保护答辩人的合法权益的请求,同时,还可以提出反诉请求。

(3)尾部。包括致送人民法院的名称、答辩人签名和答辩日期。

(4)附项。主要应当写明答辩状副本份数和有关证据情况,答辩中有关举证事项,应写明证据的名称、件数、来源或证据线索,有证人的,应写明证人的姓名、住址。

(三)例文示范

民事答辩状

答辩人:肖鹏,男,1998年出生,汉族,学生,住址:××××××

答辩人因原告肖亮诉我遗产继承纠纷一案,现根据事实和法律答辩如下:

一、原告肖亮已丧失了继承权。理由是:原告肖亮和被告肖鹏之父肖明为第一顺序继承人,但2016年肖立被宣告死亡后,被告肖明(肖鹏之父)与被告肖鹏表示继承肖立遗产古画

5 幅、存款 23 万元、120 平方米房屋一套,而原告肖亮未表示接受继承,实际该遗产已由肖明继承,自此算起原告已知其权利受侵犯之日到 2018 年 6 月已超过两年的诉讼时效。因此原告肖亮已丧失了继承权,请求法院驳回原告的诉讼请求。

二、被告肖鹏所继承的财产是父亲肖明所应继承的财产。肖立被宣告死亡后,父亲肖明已继承了肖立的遗产古画 5 幅、存款 23 万元、120 平方米房屋一套,肖明于 2017 年在一次车祸中死亡,被告肖鹏作为肖明合法的继承人,继承了肖明所继承的肖立的遗产,不属于代位继承。

三、肖立所立的两份遗嘱合法有效,对第二份遗嘱,古画 2 幅、存款 5 万元可以由肖鹏继承。因为被告肖鹏自 2018 年 6 月才得知有该份遗嘱,从其主张继承的权利至提出继承权止未超过两个月的时间。

综上所述,被告肖鹏认为,原告已丧失了继承权,应驳回原告的诉讼请求,而被告肖鹏可以继承古画 2 幅和存款 5 万元。

此致
××市人民法院

答辩人　肖鹏

2018 年 12 月 2 日

附项:

1.本答辩状副本 2 份。

2.肖立所立两份遗嘱复印件 1 份。

（四）实作体验

自定内容,针对一份起诉状,拟写一份答辩状。

（五）反思提升

（1）答辩理由是答辩状的主体部分,一般从两方面答辩:就案件事实部分进行答辩,就适用法律方面进行答辩。

（2）明确提出答辩主张,即对原告起诉状或上诉人上诉状中的请求是完全不接受,还是部分不接受。对本案的处理依法提出自己的主张,请求法院判决时予以考虑。

（3）针对原告的指控要进行针对性、有理的答辩。

（4）要注意证据的保存。

第四节　学业类文书

学业类文书是指在完成学业的过程中经常使用的、具有相对固定格式的应用文。常见的学业类文书有包括实验和实习在内的学业情况报告、社情民意调查报告、读书笔记、课程设计、毕业设计、毕业论文等。下面主要学习实习报告和毕业论文的写法。

一、写作实习报告

(一)目标引领

(1)知识目标:掌握实习报告的基本知识。

(2)能力目标:能熟练写作规范的实习报告。

(3)素质目标:养成求实品质、科学态度、严谨习惯。

(二)理论导航

1.实习报告的含义

实习报告是各类实习人员在实习结束后撰写的,对实习期间的工作、学习、经历以及收获、体会等进行总结性陈述的书面报告。

实习报告是了解实习人员在实习期间的基本情况,考察实习效果的重要依据,也是实习人员总结实习成绩与教训,汇报实习成果的重要材料。

2.实习报告的分类

根据实习的目的不同,可将实习报告分为认识实习报告、生产实习报告、毕业顶岗实习报告以及见习期实习报告等。

3.实习报告的结构与写法

实习报告的结构安排及主要内容有:

(1)前言。简明扼要地介绍实习的缘由、依据、组织安排等基本情况,用"现将实习情况报告如下"承上启下。

(2)实习目的。交代实习的目的以及通过实习应当达到的目标。

(3)实习时间。时间期限,用括号注明实习的起止时间。

(4)实习地点。写清楚实习的具体地点、实习单位和部门。

(5)实习内容。这是实习报告的核心部分。要详细地写明实习的具体项目,以及自己的收获与得失,如参观哪些地点,参与哪些具体工作,收集了哪些资料,了解了哪些工艺,掌握了哪些操作技能,提高了哪些能力等。在结构安排上:可按横式结构组织安排材料,即按照实习的项目并列分别介绍;也可采用纵式结构,即按实习的进程,分阶段、分步骤一一介绍;还可采用纵横交错的结构来组织安排材料。一般这部分字数要求不低于5000字。

(6)实习总结。总结对实习的认识、感想与体会。

(三)例文示范

认识实习报告

根据学院教学计划的安排,在杨卫老师的组织、带领下,我参加了认识实习,现将这次实习的情况报告如下:

一、实习目的

通过对西柞高速公路、永咸高速公路的实地实习认识,使我们对高速公路的路基处理、沥青路面的施工、道路的设计、公路桥梁的设计与施工以及其他公路相关设施的设计与布置有了一次全面的感性认识,加深了我们对所学课程知识的理解,使学习和实践相结合。

二、实习时间

两周(2019年5月27日6月10日)

三、实习地点

西柞高速公路、永咸高速公路的部分施工工地。

西安至柞水高速公路起于西安绕城高速公路南段曲江互通式立交,止于柞水县九里湾,路线全长64.714公里。

永寿至咸阳公路是国家规划的西部大通道银川至武汉高速公路在陕西省境内的重要路段,也是陕西省公路主骨架的重要组成部分,是全国12条公路勘察设计典型示范工程之一。本项目是在建的凤翔路口至永寿高速公路向东延伸段,已建成的西安至咸阳高速公路向西延伸段,途经西安咸阳国际机场。

四、实习内容

(一)路基部分

路基的实习主要在永咸高速公路的部分施工工地,包括地基处理、路堤、桥涵等内容。

1.路基处理

该路段位于湿陷性黄土地区,处理办法是换填土法。即将上面80厘米路床范围内的多余的土全部挖掉,然后分层回填50厘米的素土,上面是沙粒。但是这种情况很不好的一点就是沙粒遇到水之后,水还会下渗到路基的黄土上,破坏其稳定性。于是对原设计进行了变更,即将原来80厘米的土挖掉,先进行全段碾压,碾压后回填40厘米素土,再回填40厘米

5%的石灰土,最后在两侧设计盲沟。

对于湿陷性黄土有两种处理方法:一是冲击碾压法,二是强夯法。对比二者机能后,该路段全部采取强夯法处理。处理工序是:首先进行清表;然后按照设计要求打网格,进行土方调配设计;最后确定机械的夯实机能(120吨米,60吨米)。

另外,对结构物的处理。由于湿陷性黄土对结构物会有很大的影响,处理方法是先把基坑开挖,然后用大吨级机械进行强夯,保证结构物安全。

对于路堤的处理,采用碾压夯实法。其机理是:土是三相体,土粒为骨架,颗粒之间的孔隙为水分和气体所占据。压实的目的在于使土粒重新组合,彼此挤紧,孔隙缩小,土的单位重量提高,形成密实整体,最终导致强度增加,稳定性提高。

方法是先对原地面进行碾压,用环刀法测定密实度;再进行分层填土碾压,用灌沙法测密实度。在机具类型、土层厚度及行程遍数已经选定的条件下,压实操作时宜先轻后重、先慢后快、先边缘后中间(超高路段等需要时,则宜先低后高)。压实时,相邻两次的轮迹应重叠轮宽的三分之一,保持压实均匀,不漏压,对于压不到的边角,应辅以人力或小型机具夯实。压实全过程中,经常检查含水量和密实度,以达到符合规定压实度的要求。

土方施工的工序是:粗平—放样—打灰线—精平—测压实度。

碾压机械采用羊足碾压实。

2.桥涵

高速公路由于等级高,全线封闭、立交,加上跨河谷等,所以桥梁甚多。我们实习的范围主要包括咸阳机场高架桥和双星沟大桥两段。

这段咸阳机场高架桥全长980米全部采用预应力组合箱梁和现浇梁,单梁跨度为25米,采用张拉工艺,在梁内布置预应力钢角线,减小形变增加承载力。

双星沟大桥是一个2米×85米的T型钢构桥,其上部工艺采用挂篮悬臂浇筑法。现在两桥墩做到38米左右,设计高度为51.5米,下面桩基深达75米。墩身采用的是箱型薄壁墩,上部3米为合拢段,将两墩硬性连接在一起,增加其整体效果。属于大体积混凝土浇筑,浇筑中有散热设计。

(二)路面部分

路面的实习范围主要集中在西柞高速公路的工地(沥青路面)。这条高速路采用了厂拌法热拌沥青混合料路面的施工工艺。其路面由面层、基层、底基层组成。面层分为:上面层5厘米、中面层7厘米、下面层10厘米。其材料有改性沥青、粗细集料等。基层为二灰稳定碎石;底基层为二灰稳定土。

热拌沥青混合料适用于各种等级道路的沥青面层。高速公路、一级公路和城市快速路、主干路的沥青面层的上面层、中面层及下面层应采用沥青混凝土混合料铺筑。热拌沥青混合料材料种类应根据具体条件和技术规范合理选用。应满足耐久性、抗车辙、抗裂、抗水损害能力、抗滑性能等多方面要求,同时还需考虑施工机械、工程造价等实际情况。

厂拌法沥青路面包括沥青混凝土、沥青碎(砾)石等,施工过程可分为沥青混合料的拌制与运输及铺筑两个阶段。

1.沥青混合料的拌制与运输

在工厂拌制混合料所用的固定式拌和设备有间歇式和连续式两种。前者系在每盘拌和时计量混合料各种材料的重量,而后者则在计量各种材料之后连续不断地送进拌和器中拌和。该拌和站采用的是 3000 间歇式拌和机。

在拌制沥青混合料之前,应根据确定的配合比进行试拌。试拌时对所用的各种矿料及沥青应严格计量。通过试拌和抽样检验确定每盘热拌的配合比及其总重量(间歇式拌和机),或各种矿料进料口开启的大小及沥青和矿料进料的速度(连续式拌和机)、适宜的沥青用量、拌和时间、矿料和沥青加热温度以及沥青混合料出厂的温度。对试拌的沥青混合料进行试验之后,即可选定施工的配合比。

材料的运输是靠卡车直接运到施工路段进行摊铺。

2.铺筑

铺筑工序如下。

(1)基层准备和放样

面层铺筑前,应对基层和路基进行检查处理,确保道路的基层和面层有很好的黏结,减少水分浸入基层。

为了控制混合料的摊铺厚度,在准备好基层之后进行测量放样,沿路面中心线和四分之一路面宽处设置样桩,标出混合料的松铺厚度。采用自动调平摊铺机摊铺时,还应放出引导摊铺机运行走向和标高的控制基准线。高速公路和一级公路在施工前应铺筑试验段。试验段的长度应根据试验目的确定,宜为 100 至 200 米。试验段宜在直线段上铺筑,如在其他道路上铺筑时,路面结构等条件应相同,路面各结构层的试验可安排在不同的试验段上。

(2)摊铺

沥青混合料可用人工或机械摊铺,高等级公路沥青路面应采用机械摊铺。

沥青混合料摊铺机有履带式和轮胎式两种。二者的构造和技术性能大致相同。沥青摊铺机的主要组成部分为料斗、链式传送器、螺旋摊铺器、振捣板、摊平板、行驶部分和发动机等。

(3)碾压

沥青混合料摊铺平整之后,应趁热及时进行碾压。碾压的温度应符合规定的要求。压实后的沥青混合料应符合压实度及平整度的要求,沥青混合料的分层压实厚度不得大于 10 厘米。

沥青混合料碾压过程分为初压、复压和终压三个阶段。初压用 60~80 千牛双轮压路机以 1.5~2.0 千米/小时的速度先碾压 2 遍,使混合料得以初步稳定。随即用 100~120 千牛三轮压路机或轮胎式压路机复压 4~6 遍。碾压速度:三轮压路机为 3 千米/小时;轮胎式压路机为 5 千米/小时。复压阶段碾压至稳定无显著轮迹为止。复压是碾压过程最重要的阶段,混合料能否达到规定的密实度,关键全在于这阶段的碾压。终压是在复压之后用 60~80 千牛双轮压路机以 3 千米/小时的碾压速度碾压 2~4 遍,以消除碾压过程中产生的轮迹,并确保路面表面的平整。

碾压时压路机开行的方向应平行于路中心线,并由一侧路边缘压向路中。用三轮压路机碾压时,每次应重叠后轮宽的 1/2;双轮压路机则每次重叠 30 厘米;轮胎式压路机亦应重叠碾压。由于轮胎式压路机能调整轮胎的内压,可以得到所需的接触地面压力使骨料相互嵌挤咬合,易于获得均一的密实度,而且密实度可以提高 2%~3%。所以轮胎式压路机最适宜用于复压阶段的碾压。

3.接缝施工

沥青路面的各种施工缝(包括纵缝、横缝、新旧路面的接缝等)处,往往由于压实不足,容易产生台阶、裂缝、松散等病害,影响路面的平整度和耐久性,施工时必须十分注意。本路段采用的半幅机械施工,中间设计有分隔带。在施工中有两台机械同步摊铺,则机械间的纵缝应注意处理。

4.排水设施

整个路面为一个拱形,所以一般路面采用坡面向两侧漫流,流入公路两边的边沟中排水;在道路曲线的地段,公路外侧设有超高,采用单面排水,在中央分隔带设有雨水管道,收集曲线外侧路面的雨水,再由路基下敷设的横向排水管流入边沟。

五、实习体会

通过这次外业的道路实习,我们对高速公路的路基、路面的设计与施工有了一次比较全面的感性认识,进一步理解接受课堂上的知识,使理论在实际的生产中得到了运用。近年来,我国的公路事业特别是高速公路得到了迅猛的发展,并且其需求也越来越大,这对于从事道路的工作者来说,既是一个机遇,也是一个挑战。作为将要走出学校的学生来说,更应该在有限的时间内,掌握更多的专业知识,加强实践和设计能力,这样更有利于将来的发展,使自己在此领域内也有所作为。

(四)实作体验

请找出一份自己过去写作的实习报告,检查存在哪些问题,并将不规范之处修改过来。

(五)反思提升

(1)内容要突出重点。实习报告的写作重点是实习的具体项目、实习内容、实习过程,要通过实习报告,全面、真实地反映出自己在实习过程中的表现,反映出自己在实习中的收获与体会。

(2)语言要专业规范。在写作实习报告时可适量地运用一些专业术语,来反映专业工作的情况。这不仅能使实习报告的语言简洁清晰,而且还能展示自己对专业、行业工作的了解程度。

二、写作毕业论文

(一)目标引领

(1)知识目标:掌握毕业论文的基本知识。

(2)能力目标:能熟练写作规范的毕业论文。

(3)素质目标:养成求实品质、科学态度、严谨习惯。

(二)理论导航

1.毕业论文的含义

毕业论文是高等学校学生毕业之前,在教师指导下,运用所掌握的基本理论、专门知识和基本技能研究或解决本学科领域的某一具体问题,并以此为内容撰写而成的总结性、综合性学术论文。

撰写毕业论文是高等院校教学中的一项重要环节,是高校学生在毕业前独立完成的一次大型的综合性作业,也是对高校学生学习情况的综合检验,是学校检验学生能否毕业或授予相应的学位的重要依据。

2.毕业论文的特点

(1)科学性。毕业论文的科学性,要求作者在立论上不得带有个人好恶的偏见,不得主观臆造,必须切实地从客观实际出发,从中引出符合实际的结论。在论据上,应尽可能多地占有资料,以最充分的、确凿有力的论据作为立论的依据。在论证时,必须经过周密的思考,进行严谨的论证。

(2)创造性。科学研究是对新知识的探求。创造性是科学研究的生命。学术论文的创造性在于作者要有自己独到的见解,能提出新的观点、新的理论。这是因为科学的本性就是"革命的和非正统的","科学方法主要是发现新现象、制定新理论的一种手段……旧的科学理论就必然会不断地为新理论推翻"(斯蒂芬·梅森)。因此,没有创造性,学术论文就没有科学价值。毕业论文的创造性主要体现在前人的基础上内容有新发现、领域有新拓展、角度有新突破、应用有新进展等。

(3)理论性。毕业论文在形式上是属于议论文的,但它与一般议论文不同,它必须有自己的理论构架,不能只是材料的罗列,应对大量的事实、材料进行分析、研究,使感性认识上升到理性认识,提出有创新性的观点与看法。一般来说,学术论文具有论证色彩,或具有论辩色彩。论文的内容必须符合历史唯物主义和唯物辩证法,符合"实事求是""有的放矢""既分析又综合"的科学研究方法。

(4)平易性。指的是要用通俗易懂的语言表述科学道理,不仅要做到文从字顺,而且要做到准确、鲜明、和谐、力求简洁、明晰。

3.毕业论文的分类

根据研究内容的不同,毕业论文可分为由理、工、农、医等内容构成的自然科学技术毕业论文和由政、经、史、哲、文、管等内容构成的社会科学毕业论文。

根据研究对象与方法的不同,毕业论文可分为理论型论文、观测型论文和实验型论文。

4.毕业论文的写作步骤

毕业论文是高校学生完成学业的最后一个环节,它是学生总结性独立作业,目的在于总结学习专业的成果,培养学生综合运用所学知识解决实际问题的能力。从文体而言,它也是对某一专业领域的现实问题或理论问题进行科学研究探索的具有一定价值的论说文。

(1)选择课题。选题是论文撰写成败的关键。选题是毕业论文撰写的第一步,它实际上就是确定"写什么"的问题,亦即确定科学研究的方向。如果"写什么"不明确,"怎么写"就无从谈起。选择课题要坚持两条基本原则。

一是坚持选择有科学价值和现实意义的课题。一般来说,可从以下三个方面来选题。一是从现实的弊端中选题。学习了专业知识,不能仅停留在书本上和理论上,还要下一番功夫,理论联系实际,用已掌握的专业知识,去寻找和解决工作实践中亟待解决的问题。二是从寻找科学研究的空白处和边缘领域中选题。科学研究还有许多没有被开垦的处女地,还有许多缺陷和空白,这些都需要填补。应考者应有独特的眼光和超前的意识去思索,去发现,去研究。三是从寻找前人研究的不足处和错误处选题。在前人已提出来的研究课题中,许多虽已有初步的研究成果,但随着社会的不断发展,还有待于丰富、完善和发展,这种补充性或纠正性的研究课题,也是有科学价值和现实指导意义的。

二是根据自己的能力选择切实可行的课题。具体地说,可从以下三个方面来综合考虑。一是要有充足的资料来源。"巧妇难为无米之炊",在缺少资料的情况下,是很难写出高质量的论文的。选择一个具有丰富资料来源的课题,对课题的深入研究与开展很有帮助。二是要有浓厚的研究兴趣。选择自己感兴趣的课题,可以激发自己研究的热情,调动自己的主动性和积极性,能够以专心、细心、恒心和耐心的积极心态去完成。三是要能结合发挥自己的业务专长。每个学生无论能力水平高低,将来工作岗位如何,都有自己的业务专长,选择那些能结合自己将来工作的岗位、发挥自己业务专长的课题,对顺利完成课题的研究大有益处。

（2）研究课题。研究课题一般程序是：搜集资料、研究资料，明确论点和选定材料。

搜集资料。这是研究课题的基础工作。学生可以从查阅图书馆、资料室、互联网上的资料，从实地调查研究、实验与观察等三个方面来搜集资料。

研究资料。这是研究课题的重点工作。学生要对所搜集到手的资料进行全面浏览，并对不同资料采用不同的阅读方法，如阅读、选读、研读等。在研读过程中要积极思考，要以书或论文中的论点、论据、论证方法与研究方法来触发自己的思考，要眼、手、脑并用，发挥想象力，进行新的创造。

明确论点。这是研究课题的核心工作。在研究资料的基础上，学生提出自己的观点和见解，根据选题，确立基本论点和分论点。提出自己的观点要突出新创见，创新是灵魂，不能只是重复前人或人云亦云，也要防止贪大求全。

选定材料。根据已确立的基本论点和分论点选定材料，这些材料是在自己对所搜集的资料加以研究的基础上形成的。组织材料要注意掌握科学的思维方法，注意前后材料的逻辑关系和主次关系。

（3）执笔撰写。执笔撰写包括拟订提纲和按论文基本格式进行正式写作。

拟订提纲包括题目、基本论点、内容纲要等。内容纲要包括大项目（即大段段旨）、中项目（即段旨）、小项目（即段中材料或小段段旨）。拟订提纲有助于安排好全文的逻辑结构，构建论文的基本框架。

正式撰写按照引论、本论和结论三个部分构思写作。根据实际情况，选择横式、纵式或纵横结合式结构安排材料，完成论文写作。

（4）修改定稿。这一环节，重点审定写作意图是否表达清楚，基本论点和分论点是否准确、明确，材料用得是否恰当、有说服力，材料的安排与论证是否有逻辑效果，大小段落的结构是否完整、衔接自然，句子、词语、标点符号是否正确妥当，有无错、漏之处，文章是否合乎规范。

5.毕业论文的结构与写法

根据国家标准局 GB 7713—87《科学技术报告、学位论文和学术论文的编写格式》和 GB 7714—87《文后参考文献著录规则》两个标准，一般毕业论文由标题、作者及工作单位、摘要、关键词、正文、致谢、参考文献等 7 个方面内容构成。下面以社会学科毕业论文为例，简述毕业论文的基本结构。

（1）标题。一是标题要准确、规范。准确就是论文的名称要把论文研究的问题是什么、研究的对象是什么交代清楚，论文的名称一定要和研究的内容相一致，不能太大，也不能太小，要准确地把你研究的对象、问题概括出来。二是标题要简洁，不能太长。不管是论文或者是课题，名称都不能太长，能不要的字就尽量不要，一般不要超过 20 个字。

（2）作者及单位。根据文责自负的规定，论文应当署上作者姓名及单位。

（3）摘要。摘要又叫提要，即摘出论文中的要点放在论文的正文之前，结论与结果是重点，以方便读者阅读，所以要简洁、概括。摘要的字数宜为200~300字。

（4）关键词。关键词是从论文中选取出来用以表示全文主题内容信息的词语或术语。每篇论文的关键词3~8个，词与词之间空一格，不用任何标点符号。有时还要求把摘要和关键词翻译成英文。

（5）正文。这是毕业论文的核心内容，包括绪论、本论、结论三大部分。绪论部分主要说明研究这一课题的理由、意义，要写得简洁。要明确、具体地提出所论述课题，有时要写些历史回顾和现状分析，本人将有哪些补充、纠正或发展，还要简单介绍论证方法。本论部分是论文的主体，即表达作者的研究成果，主要阐述自己的观点及其论据。这部分要以充分有力的材料阐述观点，要准确把握文章内容的层次、大小段落间的内在联系。篇幅较长的论文常用推论式（即由此论点到彼论点逐层展开、步步深入的写法）和分论式（即把从属于基本论点的几个分论点并列起来，一个个分别加以论述）两者结合的方法。结论部分是论文的归结收束部分，要写论证的结果，做到首尾一贯，同时要写对课题研究的展望，提及进一步探讨的问题或可能解决的途径等。

（6）致谢。致谢是毕业论文写作格式中的选择项目，酌情使用。致谢的对象主要是在作者论文写作、发表时对作者提供过帮助的单位与个人。

（7）参考文献。这是指撰写论文过程中研读的一些文章或资料，要选择主要的列在文后。其常用格式："序号，空一格，作者姓名，名点，书名，句点，版本，句点，出版地，冒号，出版者，逗号，出版年，句点，页码"。

参考文献格式示例

一、参考文献的类型

参考文献（即引文出处）的类型以单字母方式标识，具体如下：M—专著，C—论文集，N—报纸文章，J—期刊文章，D—学位论文，R—报告。对于不属于上述的文献类型，采用字母"Z"标识。

二、参考文献的格式及举例

1.期刊类。格式：[序号]作者.篇名[J].刊名,出版年份,卷号(期号):起止页码.

如：[1]王海粟.浅议会计信息披露模式[J].财政研究,2004,21(1):56-58.

2.专著类。格式：[序号]作者.书名[M].出版地:出版社,出版年份:起止页码.

如：[4]葛家澍,林志军.现代西方财务会计理论[M].厦门:厦门大学出版社,2001:42.

3.报纸类。格式：[序号]作者.篇名[N].报纸名,出版日期(版次).

如:[6]李大伦.经济全球化的重要性[N].光明日报,1998-12-27(3).

4.论文集。格式:[序号]作者.篇名[C].出版地:出版者,出版年份:起始页码.

如:[8]伍蠡甫.西方文论选[C].上海:上海译文出版社,1979:12-17.

5.学位论文。格式:[序号]作者.篇名[D].出版地:保存者,出版年份:起始页码.

如:[11]张筑生.微分半动力系统的不变集[D].北京:北京大学数学系数学研究所,1983:1-7.

6.研究报告。格式:[序号]作者.篇名[R].出版地:出版者,出版年份:起始页码.

如:[12]冯西桥.核反应堆压力管道与压力容器的LBB分析[R].北京:清华大学核能技术设计研究院,1997:9-10.

7.条例。格式:[序号]颁布单位.条例名称.发布日期

如:[15]中华人民共和国科学技术委员会.科学技术期刊管理办法[Z].1991-06-05

8.电子文献。格式:[序号]主要责任者.电子文献题名[电子文献及载体类型标识].电子文献的出处或可获得地址,发表或更新日期/引用日期(任选).

如:[11]王明亮.关于中国学术期刊标准化数据库系统工程的进展[EB/OL].http://www.cajcd.edu.cn/pub/wml.txt/980810-2.html,1998-08-16/1998-10-04.

三、注释

注释是对论文正文中某一特定内容的进一步解释或补充说明。注释前面用圈码①、②、③等标识。

6.毕业论文的答辩

(1)答辩的一般程序。答辩一般按准备、陈述、答辩、评判、反馈几个步骤进行。

准备。学生必须在论文答辩会举行之前半个月,将经过指导老师审定并签署过意见的毕业论文一式若干份,提纲、草稿等交给答辩委员会,答辩委员会的主答辩老师在仔细研读毕业论文的基础上,拟出要提的问题,然后举行答辩会。

陈述。在答辩会上,先让学生用15分钟左右的时间概述论文的标题以及选择该论题的原因,较详细地介绍论文的主要论点、论据和写作体会。

答辩。主答辩老师一般提三个问题。老师提问完后,有的学校规定,可以让学生独立准备15~20分钟后,再来现场回答,也有主答辩老师提出问题后,要求学生当场立即作出回答(没有准备时间),随问随答。可以是对话式的,也可以是主答辩老师一次性提出三个问题,学生在听清楚并记下来后,按顺序逐一作出回答。根据学生回答的具体情况,主答辩老师和其他答辩老师随时可以有适当的插问。

评判。学生逐一回答完所有问题后退场,答辩委员会集体根据论文质量和答辩情况,商定是否通过,并拟定成绩和评语。

反馈。由主答辩老师当面向学生就论文和答辩过程中的情况加以小结,肯定其优点和长处,指出其错误或不足之处,并加以必要的补充和指点,同时当面向学生宣布通过或不通过。至于论文的成绩,一般不当场宣布。对答辩不能通过的学生,提出修改意见,允许学生修改一段时间后,再另行组织答辩。

（2）老师提问技巧。在毕业论文答辩会上,主答辩老师的提问方式会影响到组织答辩会目的的实现以及学生答辩水平的发挥。主答辩老师有必要讲究提问的技巧。

为增强学生信心,提问要贯彻先易后难原则。当提出的问题很复杂时,可以把一个大问题分成若干个小问题,并采取逐步深入的提问方法。当答辩者的观点与自己的观点相左时,应以温和的态度、商讨的语气与之开展讨论,即要有"长者"风度,施行善术,切忌居高临下、出言不逊。当学生的回答答不到点子上或者一时答不上来,应采用启发式、引导式的提问方法。

（3）学生答辩技巧。学生要顺利通过答辩,并在答辩时真正发挥出自己的水平,除了在答辩前充分做好准备,还需要了解和掌握答辩的要领和答辩的艺术。

携带必要的资料和用品。学生参加答辩会,要携带论文的底稿和主要参考资料。若遇到一时记不起来,稍微翻阅一下有关资料,就可以避免出现答不上来的尴尬和慌乱。带上笔和笔记本,以便把主答辩老师所提出的问题和有价值的意见、见解记录下来。通过记录,不仅可以减缓紧张心理,而且还可以更好地吃透老师所提问的要害和实质是什么,同时还可以边记边思考,使思考的过程变得很自然。

要有自信心,不要紧张。在做了充分准备的基础上,要树立信心,消除紧张慌乱心理。过度的紧张会使本来可以回答出来的问题也答不上来。只有充满自信,沉着冷静,才会在答辩时有良好的表现。

听清问题,经过思考再作回答。主答辩老师在提问题时,学生要集中注意力认真聆听,并将问题回答略记在本子上,仔细推敲主答辩老师所提问题的要害和本质是什么,切忌未弄清题意就匆忙作答。如果对所提问题没有判断清楚,可以请提问老师再说一遍。如果对问题中有些概念不太理解,可以请提问老师做些解释,或者把自己对问题的理解说出来,并问清是不是这个意思,等得到肯定的答复后再作回答。只有这样,才有可能避免答非所问。

回答问题要简明扼要,层次分明。在弄清了主答辩老师所提问题的确切含义后,要在较短的时间内作出反应,要充满自信地以流畅的语言和肯定的语气把自己的想法讲述出来,不要犹犹豫豫。回答问题的要点:一要抓住要害,简明扼要,不要东拉西扯,使人听后不得要领;二要力求客观、全面、辩证,留有余地,切忌把话说"死";三要条分缕析,层次分明。此外还要注意吐词清晰,声音适中等等。

对回答不出的问题,不可强辩。有时答辩委员会的老师对答辩人所作的回答不太满意,还会进一步提出问题,以求了解论文作者是否切实搞清和掌握了这个问题。遇到这种情况,答辩人如果有把握讲清,就可以申明理由进行答辩;如果不太有把握,可以审慎地试着回答,能回答多少就回答多少,即使讲得不很确切也不要紧,只要是同问题有所关联,老师会引导和启发你切入正题;如果确是自己没有搞清的问题,就应该实事求是地讲明自己对这个问题还没有搞清楚,表示今后一定认真研究这个问题,切不可强词夺理或进行狡辩。

当论文中的主要观点与主答辩老师的观点相左时,可以与之展开辩论。答辩中,有时主答辩老师会提出与你的论文中基本观点不同的观点,然后请你谈谈看法,此时就应全力为自己观点辩护,反驳与自己观点相对立的思想。主答辩老师在提问的问题中,有的是基础知识性的问题,有的是学术探讨性的问题,对于前一类问题,是要你作出正确、全面的回答,不具有商讨性。而后一类问题,是非正误并未定论,持有不同观点的人可以互相切磋商讨。

要讲文明礼貌。论文答辩的过程也是学术思想交流的过程。答辩人应把它看成向答辩老师和专家学习,请求指导,讨教问题的好机会。因此,在整个答辩过程中,答辩人应该尊重答辩委员会的老师,言行举止要讲文明、有礼貌,尤其是在主答辩老师提出的问题难以回答,或答辩老师的观点与自己的观点相左时,更应该注意如此。答辩结束,无论答辩情况如何,都要从容、有礼貌地退场。

此外,毕业论文答辩之后,作者应该认真听取答辩委员会的评判,进一步分析、思考答辩老师提出的意见,总结论文写作的经验教训。一方面,要搞清楚通过这次毕业论文写作,自己学习和掌握了哪些科学研究的方法,在提出问题、分析问题、解决问题以及科研能力上得到了提高。还存在哪些不足,作为今后研究其他课题时的借鉴。另一方面,要认真思索论文答辩会上,答辩老师提出的问题和意见,修改自己的论文,加深研究,精心修改自己的论文,求得纵深发展,取得更大的成果,使自己在知识上、能力上有更大提高。

(三)例文示范

浅谈高职美育建设的作用

孙明明

(渤海大学 辽宁锦州 121000)

摘 要:美育作为素质教育的重要组成部分,其作用越来越重要。但是目前高职教育中却普遍存在着忽视美育的现象。本文从研究高职美育匮乏所造成的问题入手,强调了美育在人才培养过程中的重要性,并着重分析了美育在高职生的全面发展、道德教育、智力提高、人格升华等方面发挥的重要作用。目的在于引起人们对高职美育建设的重视,培养高素质专业人才。

关键词：美育；高职美育；寓教于乐

Abstract：Aesthetic education, an important part of quality-oriented education, is becoming more and more important, but at present it is often ignored in higher Vocational Education. On the base of the problems resulted from lack of aesthetic education, this paper emphases the importance of aesthetic education in the cultivation of talents, and focuses on the prominent parts in higher Vocational students' overall development, moral education, improvement in intelligence and making personalities better, and it aims at calling attention to aesthetic education in higher Vocational Education and fostering high-quality students.Key Words：aesthetic education；higher Vocational Education；combining education with recreation

"爱美之心人皆有之。"但有了爱美之心却不一定探寻到美的真谛。唯有通过美育才能提高人们的审美感受能力、审美认识能力和审美创造能力。法国雕塑家罗丹曾说："美到处都有的,对于我们的眼睛,不是缺少美,而是缺少发现美。"美育思想源远流长。孔子认为"移风易俗,莫过于乐",进而提出"礼、乐、射、御、术、数"六艺的人才培养模式,强调美育的社会功能。荀子则进一步强调了美育的感染力,认为"夫声乐之入人也深,其化人也速"。美育作为一个概念是由德国美学家席勒在《美育书简》中提出的。马克思从全面培养人的角度探讨美的功能,认为"艺术对象创造出懂得艺术和能够欣赏的大众"。笔者认为所谓美育是培养审美主体审美感受能力、审美认识能力、实践创造美的能力,使之追求自我完善,并通过审美的方式来感化身心,使之净化、升华、提高,达至"天人合一"的过程。

我国高等教育的目标是培养德、智、体、美、劳全面发展的社会主义建设者和接班人。可见美育是综合素质教育必不可少的一个重要方面。高职教育作为高等教育的一部分,要进行素质教育也离不开美育。目前我国高职教育中美育的地位有了一定程度的提高,但学生普遍缺乏美育的现象仍然存在,并引发了不少问题。市场经济带来的利益驱动,导致不少高职生受拜金主义思想影响,世界观、人生观、价值观严重错位,追名逐利习气渐盛,辨别善恶美丑能力减弱。大众文化的流行、亚文化对主流文化的冲击、审美价值标准的多元化,又使不少高职生无所适从,表现为机械的行为模仿、意识复制和盲目的突出个性。不少学生整天郁郁寡欢、萎靡不振,对生活缺少信心和激情,整天沉迷于网聊和游戏之中。相对于普通本科生,高职学生社会地位低、就业压力大、自卑心理较重。课堂上不少教师照本宣科、空洞说教,学生死搬硬套、机械学习,整个过程呆板凝滞,毫无愉悦美,又加重了问题的严重性。心理学研究表明,如果人的情绪不能从正面予以泄导,就会以反面的形式表现出来。相当一部分学生对人冷酷无情、破坏公物、语言粗鲁,缺乏基本的人文素质。不少高职院校只注意抓职业教育,以"必需、够用"为度,包括美育在内的人文教育往往被打入冷宫,学校不关心,学生漠然视之。这直接导致了美育在一些学校成为空白区。即使有的学生偶然获得一丝美感，也不能上升到审美认识，更不用提审美创造。这又从某种程度上影响了高职生创新能力的培养。可见高职教育的审美匮乏问题急需解决。只有发挥美育的作用才能扭转颓势，培养合格的专业人才。

一、以美育人，综合平衡，促进专业人才的全面健康发展

既然要培养德、智、体、美、劳全面发展的人才，那么在教育中一定要致力于各种教育的平衡和谐发展，美育是其中必不可少的一部分。以就业为导向的高职人才培养模式中，当然要根据社会发展和产业需求量身定度，培养专业技能人才。但这种人才首先必须是人格健全、健康发展的"人"。现在用人单位更加注重学生综合能力，其次才是专业知识。如果一个学生情趣低俗、自信心不足、功利色彩浓厚、创新能力差，就业时就会遇到困难，以后的发展也会受到限制。加强审美教育可以淡化教育培养的功利色彩，陶情冶志，疏导身心，激发潜力，增加人文涵养。"随风潜入夜，润物细无声"，美育以潜移默化的方式，净化心灵，升华人格。美育也是避免人被物化的一种重要方法，这一点对于和实用技术密切接触的高职学生尤为重要。美育通过各种审美媒介培养人的思想感情、启发人的聪明才智、改变人的精神面貌。美育的终极目标在于培养人。具体说，要让人获得精神的解放与自由，把人从物质世界的束缚中解放出来，进而上升到精神自由的至高境界，最终使人的个性得到全面充分的发展。

二、以美济善，寓教于乐，提高学生思想道德素质

"寓教于乐"是古罗马的贺拉斯在谈到艺术功能时提出的一项原则。这项原则强调美育和德育的结合，按照美的规律对人进行教化。"知之者不如好之者，好之者不如乐之者。"一切道德信念，只有成为个人的内心信仰才能被人所接受并转化为行动。要让人从内心接受道德信仰，美育的作用是无与伦比的。美育以感性的方式陶冶人的情操，而不是理性的说教；它是发自于内，而且是身心愉快的，并没有强制灌输的感觉。德育是"礼"的教育，内容是"序"，主要作用是维持社会秩序和社会规范。美育是"乐"的教育，内容是"和"，也就是调节性情。美育和德育结合最终达到"礼乐相济"，个人和社会的完美统一。人的情感并不天生是善美的，亦有善恶美丑之别。善美的情感可以引人进入高尚的境界，而恶丑的感情则诱人步入堕落的地狱。美育有助于同学、师生之间的感情认同，增强道德打动人心的效果。这一点远比枯燥的灌输、一味地说教要奏效。另外，美育中的艺术美能够集中反映生活现实。通过学习艺术美，学生能够穿越表层迷雾的困惑，把握更为真实的生活实质，提高辨别善恶美丑的能力。现实的高职教学中，不少教师将德育变成枯燥的政治说教，而失去其原有的伦理价值和精神内涵。德育的目的在于培养人的社会人格，主要依据现实原则和社会尺度。美育的目的在于在社会普遍性的基础上培养独特的个性，它主要依据理想原则和社会尺度。

将美育的情感性、艺术性融入德育的现实性、科学性之中,高职德育便会产生事半功倍的效果。

三、以美求真,激发潜能,提升高职生智力水平

1.美育平衡感性和理性,活跃科学思维。科学研究表明人的大脑分左右两半球。左半球用于逻辑思维,右半球用于形象思维。只有当人的左右脑均衡发展、相互补给时其机能才能得到全面而充分的发挥。与普通本科院校学生的知识基础较为广泛不同,高职教育中专业课程的开设具有针对性和实用性,以"必需、够用"为度。这样导致左脑超负荷运转,而右脑闲置荒芜。左右脑发展的不平衡,不仅会限制形象思维能力的发展,缺乏灵活创新的能力,而且抽象思维能力也受到抑制。只有加强美育,激发大脑智力潜能,促进左右脑的平衡协调,理性和感性能力才能得以和谐发展。另外,美育和科学也有密切联系。科学是对自然和社会构成规律的探求,即对世界和谐构成状态原理的研究,而和谐就是美。近年来,美育思想不仅在社会科学中得到体现,而且逐渐渗透到数学、物理、化学等自然科学领域。在高职教育的专业课中渗入美学思想与专门开设审美课程有着异曲同工之妙。

2.美育能提高学生的感受力和洞察力。感受力是美感的起点,审美感受的重要特征在于有新鲜感,新鲜的感受才能引起情感的波动。审美感受能力的提高能够加深学生对外界的直观把握能力,并逐渐形成从整体上观照和领悟客观世界的能力。拥有较强审美感受力,就能够敏锐地觉察到事物的细微变化。洞察力则是一种由感性上升到理性过程中的较高层次的能力。经常进行审美教育,训练感受力和洞察力,高职生的感官就会较为敏锐,容易迅速找到事物之间的微小差别和整体联系。这样学生便能迅速找到问题的症结,积极适应复杂多变的环境,从更为广阔的思维视角解决问题。

3.美育训练学生记忆力和思维力。人正是凭借记忆才能在感性的基础上形成思维、想象、创造等高级的心理过程。美育利用其显著的直观性、可感性特点,以艺术手段培养对具体事物的形象记忆能力。如美术教育能增强学生对图像、色彩的识别能力,音乐教育能够训练音准、旋律、节奏等形象记忆能力。这种识别记忆能力渗入学生的日常生活学习并发挥作用。另外,美育通过平衡左右脑同样也可以提高人的抽象思维能力。美育对思维能力提高作用,表现在通过审美,使学生在自然美、社会美、人性美的教育中扩展思维深度,加强对现实生活的理解。

4.培养高职生想象力和创造力。想象力是一种心理活动,它是人们在外在对象和事物的刺激下,在头脑中对原有的记忆表象进行加工创造,进而形成新形象的精神活动过程。想象是人类大脑的特殊功能。想象可以移花接木、铁树开花,可以设身处地、以假为真,也可以情之所至、化无为有。想象是人类最不可思议的奇迹。目前高职生中普遍存在着想象力干涸的现象。如何培养学生的想象力成为一个急需解决的问题。要解决这个问题,美育作为

培养人的想象力的主要途径所发挥的作用是无与伦比的。因为不管是自然美、社会美,还是艺术美,都为学生锻炼想象力提供了空间。与想象力密切相关的是创造力。创新是一个民族的灵魂,是国家兴旺发达的不竭动力。拥有较强的创新能力对高职生至关重要。高职生在校学习,学习的知识限于够用。然而就业以后,随着社会需求的不断变化发展,专业知识需要不断更新,遇上工作调整还要适应新工作的要求。如果没有创新思维,囿于旧有知识范畴是不够的。另外,随着经济的发展商品的文化价值、审美价值正逐渐超过使用价值和交换价值。这要求我们在专业教育中要注意学生审美创造能力的培养。美育在培养高职生创新精神方面有独特作用。创新思维最关键的新思想、新意象、新假设需要充分发挥想象、联想、直觉、灵感、幻想等非逻辑思维的功能。而美育正是培养和发展这些非逻辑思维能力的最佳途径。

四、以美陶情,健全人格,开拓人生新境界

李泽厚指出,美是以直接塑造、建设人的感情为基准和目标的,华夏文化、文艺及美学不是"再现",也不是"表现",而是"陶冶性情"即塑造情感。蔡元培也指出:"美育者,应用美学之理论于教育,以培养感情为目的者也。"美育通过各种审美媒介升华人们的思想感情,改变人的精神面貌,进而健全人格。美育通过艺术等美感活动与审美方式来提高人们的素质和修养,转移人的心理气质,从而达到培养人才的目的。美育转移人的心理气质,开拓人生新境界的作用主要表现在以下几个方面。(1)从生理的兴奋和快感转移到内心的恬适和愉悦。(2)从个别的感觉和印象转移到普遍的沉思和观照。(3)从功利性的占有和享受,转移到非功利的脱洒和玩赏。具体到高职生教育,这种作用表现如下:(1)疏导身心,发泄不良情绪,脱离低级趣味,改变悲观厌世的态度,保持平和心态,从容应对挑战。(2)构建美好品格,发展和谐个性,改变冷漠待人的态度,处理好与周围环境的关系。(3)自由旷达,不急功近利,培养高尚的道德情操和独特的人格魅力。

参考文献

[1] 李泽厚.美的历程[M].天津:天津社会科学院出版社,2001.

[2] 胡家辉.审美学[M].北京:北京大学出版社,2000.

[3] 赵伶俐.审美概念认知[M].北京:新华出版社,2005.

[4] 宗白华.天光云影[M].北京:北京大学出版社,2005.

(四)实作体验

(1)以"加强高职学院学风建设的几点思考"为题,编写一份写作提纲。

(2)结合自己的所学专业,撰写一篇2000字左右的小论文。要求结构要素齐全,行文格式规范。

（五）反思提升

（1）选题要恰当。论题选择，是论文的起点和成败的关键。毕业论文的选题原则是：客观上有学科价值和主观上有基本条件。因此，选题范围和难度应大小适中、难易适度，太大太难则力不胜任，太小太易则无法发挥学识和体现研究水平。

（2）材料要扎实。要充分地占有材料，丰富、翔实的材料是支撑论文观点的基石。学生在动笔前应通过查阅文献、阅读参考书目、实验实习等多种途径，充分地搜集材料，并对材料进行分析、整理，为正式写作打下坚实基础。

（3）写作要规范。规范有两重含义：其一是指行文格式规范，结构要素齐全，特别是参考文献表的编排须符合规范；其二是指严守学术道德规范。严谨治学、杜绝剽窃、严禁抄袭，力求每一个观点都有来历，都注明出处。

（4）表达要科学。科学表达的含义是：其一，讲求理性思维，通过严密的逻辑推理过程来论证要表达的学术观点；其二，使用析理性语言，对论点、论证过程的表述，均应具有概括性、抽象度，用语精练、准确、学理化。

第五节　求职类文书

求职类文书是指在求职过程中经常使用的具有相对固定格式的应用文。常见的求职文书有用于书面推介自己的自荐信、求职信、推荐信、个人履历表、个人简介等，有用于测评考核的面试材料、笔试材料等。下面主要学习求职文书和申论的写法。

一、写作求职文书

（一）目标引领

（1）知识目标：掌握求职文书的基本知识。

（2）能力目标：能熟练写作规范的求职文书。

（3）素质目标：养成求实、诚信、得体品质。

（二）理论导航

1.求职文书的含义

求职文书是求职者为谋求某一职位，向用人单位表明求职意向，推介自己，希望对方予以录用的专用文书。

求职文书一般包括封面、求职信、个人简历、附录四部分。求职信大致可分为自荐信和应聘信两类。在不知道用人单位是否需要聘人的情况下求职用自荐信;在已知用人单位公开招聘某种岗位工作人员的情况下求职用应聘信。

2.求职文书的特点

(1)针对性。求职文书是紧扣用人单位的实际情况和招聘岗位的要求、条件来写,如果应聘单位和职位不确定,则要针对所学专业来写,因此有很强的针对性。

(2)自荐性。求职是推销自己,求职信是沟通求职者与用人单位的一种媒介,在互不熟悉、互不了解的情况下,求职者通过求职材料,主动推销介绍自己的成绩、特长、优势,或者个性等,具有明显的自荐性。

(3)真实性。求职文书的内容要实事求是,言之有物,不可夸大其词,无中生有;在态度上真挚诚恳,谦虚自信,展示"真实"的自我。

3.求职文书的结构与写法

在写作求职信、个人简历及附录时,要各有侧重,避免内容上的重复。一般说来,求职信用文字叙述的方式,更易体现一个人的综合素养,给人留下一个良好的第一印象,而个人简历用表格的方式,要突出的是经历、专业及相关能力,附录则是求职信和个人简历中提到的事实的原始佐证材料。

(1)封面。求职文书的封面内容包括姓名、专业、毕业院校、联系方式(电话、地址、邮编、信箱)。设计要求色彩亮丽、个性突出、稳重大方、排版合理。

(2)求职信。一般由标题、称谓、正文、结尾、落款、附注六个部分构成。

标题。以文种为标题,如"自荐信""应聘信"或"求职信"。

称谓。求职信的称呼与一般书信不同,须写得正规些,以示尊重和郑重。写单位名称要用全称或规范化简称,如××公司人事部。如以用人单位领导作为受文者,则应根据其身份、地位给予恰当的称谓,如"尊敬的××处(司)长""尊敬的××董事长(总经理)。求职信不管写给什么身份的人,都不要使用"××老前辈""××师兄(傅)"等不正规的称呼。如果打探到对方是高学历者,可以用"××博士""××硕士"称呼之,则其人会更为容易接受,无形中对你产生一种亲切感。

正文。正文一般应写明求职目标、自荐缘由和自身条件。

正文的开头应开门见山,不卑不亢,交代清楚求职目标、自荐缘由。如"我是××学院××专业应届毕业生,获悉贵公司正在拓展省外业务,招聘新人,且昨日又在《××商报》上读到贵公司招聘广告,故有意角逐营业代表一职"。又如"久闻贵公司实力不凡,声誉卓著,产品畅销全国。据悉贵公司欲开拓海外市场、故冒昧写信自荐,希望加盟贵公司。我的基本情况如下……"

自身条件的介绍是求职信的核心部分。围绕应聘的职务岗位的要求,有针对性地陈述自身条件。一般陈述的主要内容有：拥有的专业知识与技能、具有的实践经验与实绩、正确的态度情感与价值取向、良好的综合素质等。也可突出"闪光点"，不面面俱到，形式多种多样，不必太过拘泥某种规定格式。

结语。提出录用或复试的请示、希望，或者表达自己的工作态度、决心。如"我热切盼望成为贵公司的一员""希望惠予面试机会""祝贵公司财源广进"，也可以用"此致、敬礼"之类的模式语作结。

落款。在正文右下方写上求职者姓名与日期，姓名一般要求手签。

（3）个人简历。个人简历通常用表格的方式反映。表头填写基本信息，包括姓名、年龄、性别、民族、籍贯、婚否、身高、体重、健康状况、所学专业、求职意向、联系电话和照片等。主要栏目要根据自己的优势进行设计，一般包括专业知识、综合技能、实践经历、资格认证及获奖证明、所获荣誉、个人说明等。

用人单位一般比较看重毕业生在校期间的实践经历。填写的实践经历应包括实践的时间、地点、内容和收获。注意要体现自己的能力，要学会提升。比如"我在餐厅做服务员期间，在用餐高峰期，我通过对客户需求的分析，通过协调接待员，优化了点菜的流程，提高了效率。"这样就能看出你有组织和团队协作能力。做实习行政助理也一样，"我在做行政助理时，通过对历年办公用品进行分析，制定预算，并采用供应商招投标，选择最低成本，使得全年办公用品成本降低了30%"，这样的表述说明你有沟通能力，有成本意识，最后还有数据证实你的成绩，效果就会好很多。

个人说明应独立成段，主要突出四大职场性格：协作能力、沟通能力、个人规划、吃苦耐劳。

（4）附录。这是在求职信、个人简历中提到的相关证书的复印件，如资格证书、获奖证书、实践证明等。部分招聘单位还会要求提供专业设计作品、成绩单、学历证明等。1个证书复印1页，一般用A4纸复印，按照一定顺序，装订成册。

（三）例文示范

自荐信

尊敬的领导：

你们好！

我是重庆工程职业技术学院会计电算化191班的应届毕业生。在三年的大学生活中，我不断地学习知识、开阔眼界并在实践中不断锻炼提高自己，努力把自己塑造成为一名专业功底扎实、知识结构完善，适应能力强，富有团队精神的时代青年。

　　在学习方面：我认真刻苦地学好每门功课和专业技能，并做到对所学的知识融会贯通。由于成绩优异，曾获得国家三等奖学金以及学院奖学金。通过理论联系实际的实习真正地提高动手操作能力，在专业技能方面获得无线电装接工证书和电子 CAD 中级职业资格证书，达到高效率学习和理论联系实际的目的。同时我还非常重视英语和计算机能力的培养，英语正在向四级努力，获得过"CCTV 杯"全国英语大赛优秀奖，计算机达到二级水平。

　　在工作方面：自入校以来，曾担任纪律委员，在管理和协作教学工作中发挥了一定了作用，培养了时时为班级着想，时时为别人着想的服务意识和集体主义荣辱观。通过和大家的共同努力，所在班级取得了院"十佳优秀班级"的光荣称号。在 2012—2013 学年，曾在院学生会学习部任职，丰富了经验，锻炼了能力，增长了才干。此外，我还积极参加党校学习，并通过考试顺利结业，在思想上得到了提高。

　　在社会实践方面：利用课余时间，为"易求计算机培训中心"做业务员。我们利用晚自习到各班级做宣传，动员学生们学习计算机二级 C 语言，向他们介绍学习 C 语言的重要性、实用性，并解答他们提出的问题。付出总有回报，由于宣传到位，成效明显，业务能力突出，我获得"优秀业务员"荣誉称号。另外，我还利用周末和节假日积极参加社会实践，曾经做过市场调查业务员、市场宣传业务员和苏宁电器促销员等活动，增长了社会知识和生活经验。

　　通过三年的大学生活，我相信自己已经成为一个学习能力强、社会经验丰富的大学生。对贵公司的突出的业绩与良好的形象，我深受吸引并积极向往能为贵公司的事业尽自己的一份力，给我一个机会、一个舞台，相信我的实力将为我们创造共同的成功。

　　如果能与您携手同行，我将深感荣幸。恳请贵公司给我一个机会，让我有幸成为你们中的一员，我将以百倍的热情和勤奋踏实的工作来为回报您的知遇之恩。

　　最后，谨祝贵公司事业蒸蒸日上，前程似锦！

自荐人：陈小莲
2022 年 3 月 30 日

个人简历				
姓名	陈小莲	性别	女	贴照片
籍贯	重庆市合川区	出生年月	2001 年 1 月×日	
民族	汉族	政治面貌	团员	
专业	会计电算化	学历	大专（西南大学会计自考本科在读）	
毕业院校	重庆工程职业技术学院	求职意向	会计出纳人力资源销售等	

联系方式
联系地址:重庆市巴南区花溪镇走马羊景竹山村×号

专业知识
计算机应用基础、关系型数据库、基础会计、财政与金融、经济法、统计学原理、会计基本技能、企业财务会计、财务管理、会计电算化、成本会计、审计基础知识、管理会计、金融实务、流通会计实务等。

资格证书及专业技能
1.取得"国家计算机一级证书""会计电算化证书""会计从业资格证书";   2.参加过会计专业账务实操训练,账面和上机操作,成绩优秀,具备一定的账务处理能力;   3.熟练地运用运金蝶财务、用友财务系统应用软件及 Word 文字软件,Microsoft Excel 工作表等相关操作软件。

实践经历
2019 年担任班长,组织能力强、积极认真,大一军训期间,带领班级获得"军训先进集体"称号;   2019 年担任班长,责任心强,组织班级同学参加校园缤纷女生节开幕式吹气球活动,荣获"班级二等奖";   2020 年担任班长,有良好的管理及协调能力,组织班级同学参加校园第十一届运动会,荣获"优秀班级组织二等奖"和"道德风尚奖";   2020 年长期兼职于"重庆龙门阵国际旅游度假区"的校园宣传及售票代理人,至 2021 年 7 月结束工作;   2020 年周末在书店做书籍推销,在个体手机店做手机销售,在酒店做传菜员;   2020 年自己在校创办舞蹈协会,并组建自己的舞蹈团队,为学校各晚会活动进行舞蹈表演;   2020 年节假日组织舞蹈团队接受校外演艺公司进行街头商演,例如:苏宁电器;   2020 年担任过假期校外舞蹈班训练指导员;   2021 年(暑假两个月)在"重庆龙门阵旅游公司"水魔方工作,在水上乐园的运营部担任场内管理和水上救护职位;   2021 年在超市做收银员;   2021 年在校期间,课余时间在学院美发店上班,从事美容美发工作,工作至今。

个人爱好
体操、舞蹈、音乐、羽毛球

自我评价	
性格	乐观、开朗、大方、勇敢、干劲十足,具备青年活力形象及热血气息。
内质	亲和力强,有良好的沟通交流能力,做事细心,善于思考,条理清晰,勤快踏实,富有耐心,并具有优秀的组织能力和团队协作能力;遇事沉稳、冷静,寻求最佳处理方式;综上所述,本人具备良好的内在气质与思想品格。

附录

1.成绩单(略)。

2.证书复印件(略)。

（四）实作体验

请根据自己的求职意向,拟写一份求职文书。

（五）反思提升

（1）要有的放矢。求职者要根据不同的应聘单位、不同的工作职位、自身的特点及长处,来设计有针对性的求职文书,做到有的放矢,重点突出,切忌盲目。

（2）要扬长避短。求职文书要在实事求是的原则下,尽力展示自己的能力、特长、成绩、经验及特点等,写出人无我有、人有我优的"闪光点"。对于缺点,可以巧妙地回避。

（3）要写出个性。求职就是竞争,要想在竞争中取胜,一定要突显出独特的魅力,写出有个性的求职信,切忌千篇一律、千人一面。

（4）要谦虚自信。写作的态度及语气是自信而不自负,谦虚而不谦卑,正确把握好这个度,切忌自吹自擂、盛气凌人或低声下气、有失尊严。

（5）要简洁明了。求职信部分一般以500字左右为宜。如果用A4纸打印,以1页为宜,署名一定要手签。

二、写作申论文书

（一）目标引领

（1）知识目标:了解申论文书的基本知识。

（2）能力目标:能写作规范的申论文书。

（3）素质目标:养成阅读材料、分析材料、表达观点等思维习惯。

（二）理论导航

1.申论的含义

"申论"原出自孔子的"申而论之",本义为申述、申辩、论述、论证。作为现代文书的申论,是一种针对有关材料进行引申论述的文体。目前,申论是国家公务员招录考试中的一项笔试科目。

申论主要用于公务员考试。申论考试主要测试应试者对给定材料的阅读理解能力、分析归纳能力、提出和解决问题的能力以及逻辑思维与文字表达能力,这是专门针对学生综合能力进行的一种测试。

2.申论的题目构成

申论题目比较规范,要求明确。试题给定一篇或一组1500字左右的资料,要求应试者认真阅读理解,然后完成三个部分的题目。

（1）概括问题。仔细认真阅读背景资料,经过对资料的整理、分析、归纳后,准确地用简明扼要的文字概括出给定材料所反映的主要问题(一般要求不超过150字)。

(2)提出对策。针对主要问题,提出解决问题的对策和可行性方案(一般要求不超过350字)。

(3)申明看法。紧扣给定材料及其所反映的主要问题,申明、阐述、论证对问题的基本看法和解决问题的方法(一般要求1200字左右)。

3.申论的写作方法

(1)揭题部分。对文字材料的主题作概括,没有固定模式,常采用的揭题形式可用"总括句+分述句"的写法。总括句就是用一句话对全部材料的主要问题进行高度概括,如"这是一篇反映医药行业药价虚高情况的报道"。分述句就是将总括句中涉及的内容,分方面、分层次、分类别表述出来,如按"生产厂商的定价""中间商层层加价""医院或医生为病人开高价药""病人购买高价药品"四个环节来分析。

(2)拟案部分。这一部分要求提出解决问题的方案。可根据材料提供的内容,从不同角度或层面,有条理地提出解决方案。具体方法有:

分层法。如解决当前大学生就业问题,可从观念、制度、具体行为三方面提出具体方案。

职能分类法。如解决企业科学发展问题,可从企业、政府、法律、个人四方面提出具体方案。

核心要素分析法。抓住事件中的核心要素来分析,如车祸事件中的核心要素是"人""车""路",从这三方面提出具体方案。

(3)论述部分。这一部分相当于一篇小论文。

标题可采用陈述式标题,如《关于"留洋"的思考》;也可采用论点式标题,如《要敢和"洋人"打官司》。

正文通常采用三段式写法。

提出问题。开门见山,简明扼要。一般引用材料中提供的事例或事理,来提出问题。

分析问题。紧扣材料,突出重点,或由表及里,或由现象到本质,或正反对照,或由微观到宏观,逻辑严密地进行论证。

解决问题。联系实际,提出解决问题的总体思路或具体手段、措施。

(三)例文示范

申论试题

一、注意事项

(1)申论考试是对应考者阅读理解能力、综合分析能力、提出和解决问题能力、文字表达能力的测试。

（2）作答参考时限：阅读资料40分钟，作答110分钟。

（3）仔细阅读给定资料，按照后面提出的"申论要求"依次作答。

二、给定材料

1.互联网的风起云涌，从根本上颠覆了许多传统行业，同时也创造了新的行业和机遇。21世纪初，有学者提出了互联网时代协同消费的理念和发展模式，并将其分为若干阶段。最初，是代码共享，即通过互联网向用户提供信息，但信息流是单向的，用户不能参与其中进行评论和交流。当互联网进入Web2.0时代，用户开始通过网络平台向陌生人分享信息、表达观点，但其分享局限于内容或信息，不涉及实物交易，一般也不存在金钱报酬，仅仅是生活共享或是内容共享。

随着物物相联时代到来，网络平台公司通过互联网重新整合社会闲散资源和富余劳动力，然后再按需精准配置，实现物尽其用，社会分配从专业化向社会化转变，真正实现了离线资源的共享，即线上的分享协作渗透和延伸至线下，并由此改变了我们的文化和经济世界。如今，需求方不但可以享受到低价与个性化服务，也得到了社交机会。对企业而言，随着加入网络的节点及节点间的连接增加，网络的价值会随着用户数量的平方数增加而增加。作为一种新的商业模式，其势必会对现行制度和秩序造成冲击，为此，政府应积极提供相应的法律制度保障，才能实现其可持续发展。同时，任何商业行为都是以盈利为目标，任何市场的开发也都需要资金的支持，而过度的资本运作可能导致市场滥用其优势地位，甚至违背市场规律采取不正当竞争。政府理应鼓励相关企业采取科学的商业模式，新经济应当创造真正的消费者，而不仅是通过补贴来吸引消费者。

2.美国某租赁房屋公司曾发生一起事件。一名房东发现她的公寓被从该公司网站上招来的房客洗劫一空。她在给该公司的信上写道："他们在我的柜子上凿了个洞，劫走了里面的护照、现金、信用卡和我奶奶的珠宝首饰。不仅如此，他们又搜走了我的照相机、老式电脑和装有我所有相片、日志等备份的外接硬盘。他们掠走了我的一切。"这大概是所有人对互联网时代协同消费经济模式的顾虑了。某调查公司针对美国用户对这一经济模式的调研数据显示，参与调查的人群中，57%的人表示，"对这种消费模式感兴趣，但是仍有顾虑"；而在熟悉这种经济模式的人群中，69%的人认为，"除非信任的人推荐，否则将不会相信"。

共享充电宝在成为许多市民生活"标配"的同时，也引发了不少争议。除了共享充电宝自身存在质量安全，使用者可能还会面临个人信息泄露的风险。曹先生是一位互联网公司的程序员，他说："每次看到有人使用共享充电宝，我都为他们捏把汗。其实它本质上就是一台电脑，有电脑的地方就会有黑客。现在大数据、算法不断发展，数据公司和社交软件合作，无孔不入地对个人信息进行收集。如今，我们消费时常扫二维码，通过第三方进行授权，但是第三方支付其实都绑定了个人身份信息、银行卡信息，在扫码过程中，就存在信息泄露的可能。"

本应更方便、更优惠的互联网协同消费经济，有时还会让人陷入更大的麻烦。随着家庭用品加速升级换代，如何让闲置物品流转起来，使旧物出售和消费变成"动动手指就能办成的事"，成为商家瞄准的一片蓝海。不过，由于买卖不需要"打照面"、交钱与交货环节分离等原因，网络二手交易平台的信誉难尽人意，"省时省力不省心"，是不少人的共同印象。与一般商品不同，非标准化是二手商品的最大特点，其损耗程度、保养情况等很难得到最合理的评估、考证。如何让踏实放心取代买卖双方的彼此猜忌，除了考验平台的服务智慧、相关部门的治理决心，还有赖于社会征信体系的建立。

3."观众想细看养心殿的文物，不用再趴窗户了。"据媒体报道，从2017年9月28日到次年2月，深藏于故宫博物院养心殿的268件文物"移驾"首都博物馆，接受公众的检阅，这也是养心殿文物首次"出宫"。大批珍贵文物走出故宫，不仅仅是博物馆系统内部的一次完美合作，而且有着更为深广的意义。即文物不再一味地深"藏"不露，矜持内敛，而是正在以越来越开放的姿态，越来越亲民的路径，融入老百姓的生活。正如一位学者所言，一个一流的博物馆并不在于藏品多么丰富，而在于人们有机会看到这个馆里大量珍贵的藏品，并将博物馆文化融入自己的生活，从中汲取有助于现实生活的灵感。

如今飞入寻常百姓家的王谢堂前燕，可谓比比皆是。如今公众像"追剧"一样密切关注海昏侯墓的考古发掘。无论是展示时间，还是展览手段，均创下了纪录。这样的努力，既是一种文化普及，也是一次全民性的价值提升。遗憾的是，从全国范围看，文物休眠的情形不在少数。由于资金缺乏，在许多县级文保所，众多国宝级文物多年深藏在地库之中。有些文保所甚至连一个像样的仓库都没有，大量宝贵的出土文物随意堆放在地上，令人叹息。第三次全国文物普查数据显示，全国登记的不可移动文物高达76万处，而全国重点文物保护单位为4295处。这里面有多少文物常年深藏"冷宫"而不为人知？听任文物闲置，无疑是一种极大的文化浪费。国内不少地方，虽然也建起了宏伟富丽的博物馆，但由于理念的落后以及过度保护的错误意识，能够展出来与公众见面的文物仍十分有限。文物就应该走出封闭状态，接受公众的观赏，让民众共享。文化的传承、历史的重现、艺术的熏陶，往往在这种亲炙一面中得以完成。一个人若有幸在众多传承有序、历史和文化价值极高的文物精品中获得滋养，也一定会受用终身。

4.从16世纪开始，关于梁祝故里的争议就一直不断。在各地反映梁祝故事的戏曲和民间文艺作品中，梁祝的故乡一直没有得到确认。据考证，梁祝故事的流传涉及多个城市。一直以来，各地都言之凿凿，声称自己是正宗嫡派。相对于梁祝故里的热闹，中国民俗保护开发研究中心的陈教授在田野调查时发现，如今能原汁原味将梁祝传说从头至尾讲一个钟头的人,只剩寥寥无几的几位老人了。"人们所熟悉的梁祝,只剩一个简单的故事、一个概念。它所蕴含的精神实质和文化内核,实已到了濒危的境地!"面对这样的危机,各地都认识到,合作才能共赢,一花独放不是春,百花齐放春满园。经过多方协商,这些城市达成共识,共同发布"梁祝传说"联合申遗倡议书,确立起"天下梁祝文化是一家"的理念。终于,"梁祝传说"进入我国第一批非物质文化遗产名录。

在这些城市的共同协作下,对梁祝遗存的保护与抢救也取得了很大成绩:抢救了一批梁祝文化传承人的录音、录像;整理了一批梁祝传说、歌谣;收集了一批历代有关梁祝的记载与相关文物、资料;保护了一批与梁祝传说有关的遗址遗迹;创作了一批关于梁祝的文艺作品,出版了《梁祝文化大观》《梁祝文库》等专著。与此同时,共享"梁祝"品牌资源,也给各遗存地注入了发展活力。依托梁祝文化资源,有的城市举办中国梁祝婚俗节、建设梁祝文化园,有的打造梁祝文化小镇,以此带动婚纱摄影、婚庆、休闲旅游等文化产业发展,有的对景区进行改造,恢复传统的观蝶节等。

5.近日,某国产知名品牌校园洗衣房正式入驻 R 市大学城,18 台物联网自助洗衣设备开始投入使用,为大学生提供自助洗衣服务。与过去的自助投币式洗衣机不同,大学生只要扫描下载该品牌洗衣 APP,就可以随时随地实现在线预约排队、在线支付及在线状态查看等智慧功能。

基于对中国当代大学生的长期观察和了解,该品牌依托物联网打造出这一创新模式。这种自助洗衣设备一入驻 R 市大学城,就受到了大学生们的喜爱。课间查看空余机位,一键下单,手机支付,该品牌洗衣逐渐成为大学生校园生活中的一部分。"自从学校有了这种自助洗衣设备,之前排队洗衣的时间可以用在逛书店和学习上了。现在我们宿舍的六个室友,每人都装了洗衣 APP,给我们带来了很多便利。"一名收到洗衣 APP 取衣提醒后前来取衣的学生告诉记者。

6.老张是一位瓜农,年收入一万多斤瓜。每到丰收的日子,他总是喜忧参半。2016 年夏天一个早晨。他开着四轮拖拉机赶往城里叫卖。他本想去政府指定的西河小区里卖,可没想到刚走到城里。遇到一女子要买瓜,于是就停下车卖了一个。结果电子台秤就被巡逻的执法人员收走了。老张沮丧地来到西河街道办服务大厅,交了罚款。拿回被收缴的电子台秤。事后,老张说,他也知道自己错了,不该在路边卖瓜影响城市环境,但罚款太高,一天辛苦都白费了。更糟糕的是,为了拿回电子台秤,他奔忙了一上午,西瓜都蔫了。2017 年 10 月起,老张就不必为此担忧、沮丧了。国务院新颁布的《无证无照经营查处办法》规定,在县级以上地方人民政府指定的场所和时间,销售农副产品、日常生活用品,或者个人利用自己的技能从事依法无须取得许可的便民劳务活动不属于无证无照经营,同时取消了"没收工具"等规定,降低了罚款数额。

何时做加法,何时做减法,是一门公共管理的艺术,需要智慧,需要眼光,需要技巧,更需要视野。加法或是减法,不一样的切入角度,体现不一样的心态和思维逻辑,直接决定了最终的成败。党的十八大以来,国务院各部门取消或下放行政审批事项六百多项;取消中央指定地方实施行政审批事项近三百项。"简政放权、放管结合、优化服务"的改革得到了有效落实。面对新经济的商业模式、经营方式等与传统产业的不同,政府把更多精力转向监管,本着鼓励创新、包容审慎的原则,为经济发展和转型留出了空间。

如今在中国常看到这样的场景:出行上班前,通过打车软件叫一辆车;坐在车上,通过手机浏览最新最火的帖子;下班回家太累不想做饭,通过 APP 请一位厨艺达人到家做饭;没有一个房间也可以开酒店,没有一辆车也可以开出租车公司,没有一件商品也可以开商场……如今许多年轻人更喜欢把钱节省下来,用在上面所描述的生活方式上,或者去培养自己的初创企业。在中国,看到消费者在支付终端前摇晃手机或通过扫描二维码完成交易是极寻常的事。

三、申论要求

1.根据给定资料1-2,针对当前互联网协同消费经济存在的问题,提出相应的对策。

要求:紧扣资料,对策可行,不超过300字。

2.假设你是某文化报的记者,请根据给定资料3-4,以"文化共享惠民生"为题,写一篇短评。

3.根据你对给定资料6中画线部分"何时做加法,何时做减法,是一门公共管理的艺术,需要智慧,需要眼光,需要技巧,更需要视野。加法或是减法,不一样的切入角度,体现不一样的心态和思维逻辑,直接决定了最终的成败"的理解,自拟题目,写一篇文章。

要求:

(1)自选角度,立意明确;

(2)联系实际,不拘泥于给定资料;

(3)思路清晰,语言流畅;

(4)总字数 1000~1200 字。

答题要点及参考答案

第1题:

【答案要点】

第一,政府理应鼓励相关企业采取科学的商业模式,加强对消费者的审核管理。

第二,政府需要加强对互联网协同消费经济企业的监督管理,不但要加强对其产品质量安全的检查,而且需要加强对信息安全保障力量的审核。

第三，政府要引导网络二手交易平台提升服务能力，引入科学力量准确评估、考证商品损耗程度与保养情况，同时有关部门需要尽快建立社会征信体系。

第四，立法机关应该紧跟时代发展，针对"互联网＋"劳务近年兴起后出现的各类问题，制定完善的法律法规。

第五，政府要引导互联网平台企业提升诚信意识，同时针对企业违法违规发布不实信息的情况进行严厉处罚。

第2题：

【答案要点】

文化共享惠民生

深藏故宫的268件文物首次"出宫"，接受公众检阅。珍贵文物以开放的姿态、亲民的路径融入百姓生活，助力人们汲取生活灵感的同时，践行着文化共享惠民的目标。

可因资金缺乏，众多文物深藏地库，随意堆放。众多博物馆理念落后和错误保护，展出文物有限。文化闲置会造成巨大浪费。而"共享"的思想，让文化得到充分利用。梁祝故里争议不断，多城市合作申遗、共同抢救，珍贵资料得以流传，文化产业日益繁荣。全国美术馆免费开放带动基层，藏在深闺的作品频繁露脸，吸引观众。

共享让文化价值充分发挥，让百姓自豪自信，坚定民族发展未来。我们应坚持文化开放共享，让民众获得文化滋养。

第3题：

【参考例文】

做好公共管理需要慎用加减

"何时做加法，何时做减法，是一门公共管理的艺术，需要智慧，需要眼光，需要技巧，更需要视野。"这是因为公共管理的对象是复杂多变的社会事务，身处不同阶段可能需要采取不同的措施。只有具备统观全局，放眼未来的长远视野，才能正确处理问题。因此，我们从事公共管理，需要慎重使用加减法。

做减法，是为破除阻碍助力事物成长。身处信息时代，科学技术的发展演变催生了众多新生事物，其中新兴产业数量众多。虽然它们的发展前景尚不能准确预估，但只有破除障碍，才能给予它们发展的可能。近年来，我国政府大力推行简政放权，不但减少企业办事流程，而且下放部门审批权力，其目的便在于通过做减法，破除事物成长的障碍。目前这一举措起到了明显效果，在新能源领域中，我国新能源汽车产业发展迅猛，产品种类丰富，无论是一般新能源，还是高档纯电动，都在国际竞争中取得了一定优势，而在共享领域中，我国共享单车产业更是出海国外,它让人们重新拾起这一健康环保的交通方式,伦敦市长更是宣布投入 10 亿美元修建车道和相关项目。可以说,做减法让我国诸多新兴产业跑在世界前列,引领行业发展。

做加法,意在立规定制保障健康发展。如果说,做减法可助力新生事物茁壮成长,那么做加法,则是为了避免它们野蛮生长。信息技术的发展,催生了移动支付。但是,移动支付缺乏政府统一监管,支付公司可以实行跨行清算,给反洗钱和税收征收带来挑战。而大型支付企业更可能垄断支付数据,一旦保障不力将对客户隐私造成泄露问题。对此,央行下发规定,将网络支付业务由直联模式迁移至网络平台处理,通过政府严格管理,消弭隐患。无独有偶,我国电子商务发展多年,产业日渐成熟,但虚假宣传、虚构交易、销售假货等问题却也日渐增多。此时,我国将电商立法提上日程,正是希望通过建章立制避免电子商务发展错位。对经营者来说,也许这些加法是"镣铐""累赘",会令企业发展的脚步放缓,但是我们更应该看到,没有规矩不成方圆,做加法正是为了实现健康、持续的发展。

康熙皇帝认为,在社会管理中"一事不谨,即贻四海之忧;一念不慎,即贻百年之患",因此统治者要秉持谨慎原则。社会公共管理,面对社会广大群众,一举一动都牵扯众多。肩负治理职责的我们需要具备宽广的视野,准确评估事物发展的阶段、状态,选择正确的管理方式。确保加减使用得当,助力事业最终成功。

(四)实作体验

1.注意事项

(1)申论考试,是对分析驾驭材料能力、解决问题能力、言语表达能力的测试。

(2)作答参考时限:阅读资料 40 分钟,作答 110 分钟。

(3)仔细阅读给定的材料,然后按申论要求依次作答,答案书写在指定的位置。

2.给定资料

材料 1:《现代职业教育体系建设规划(2014—2020 年)》将"培养数以亿计的工程师、高级技工和高素质职业人才"这一目标写进了规划。这无疑是振奋人心的。离规划实现的时间只剩下 1 年半,我们完全准备好了吗? 快速摆脱误区,思考如何立足产业所需、如何服务于中国制造转向中国创造、打造完整版的中国职业技术教育,也许正当其时。从现实来看,职业教育至今还不是令老百姓满意的教育。表现在职业教育的吸引力虽然有所进步,但是对于家长和学生来说"这是无奈的选择"的格局并没有得到根本改变;对于企业行业来说,虽然目前职业教育解决了有和无的问题,但是还没有解决优和精的问题。

材料 2:职业教育作为一种跨界的教育,在办学制度层面,跨越了企业与学校;在人才培养层面,跨越了工作与学习;在社会功能层面,跨越了职业与教育的疆域。所以,职业教育不能只遵从教育规律、认知规律,还要遵循职业发展规律、技能形成规律。但是,目前的职业教育距离升级版的中国经济的需要还差得很远。其中,有两个明显的问题,制约了现代职业教育体系的建设。一、用人的劳动制度与育人的教育制度的分离。这不仅表现为劳动人事部门与教育行政部门在职业教育管理职能上的交叉,而且更重要的是表现在劳动市场的用人信息与职业教育的育人供给的脱节,尤其是行业、企业在职业教育发展与改革的"失语"现象。劳动制度与教育制度的分离,必然导致职业教育的办学缺乏劳动市场与职业预警的有效调控引导,校企合作、工学结合的实施困难重重,劳动市场的信息资源、学校的教育资源与行业企业的实训资源的无法综合配置。二、职业资格证书与教育学历证书的分离。现有的职业教育证书制度,存在着两套体系:一是作为教育属性的学历证书结构,它起于初中层次的初等职业教育,经过高中层次的中等职业教育,止于专科层次的高等职业教育,其证书为学历证书,由教育部门颁发;二是作为职业属性的职业资格证书结构,它建构于初级、中级、高级、技师、高级技师五个等级,其证书为职业资格证书,由人社部门颁发。鉴于这两者之间不存在对应关系,中职和高职的学生在获得学历证书之时,应该获取哪一级职业资格证书,都无明确的依据。这样,一方面职业资格证书名目繁多,一方面职业资格证书与教育学历证书不能实现等同或等值,两种证书制度"各行其道",很难对经济和社会发展所需要的职业人才予以评价、认定和合理使用,客观上造成学生就业与企业招工时的无所适从。

材料3:如何打造完整版的职业技术教育?应该做到如下几点:职业技术教育的内涵理解要更新。要十分重视提升学生的技术素养。不仅要让学生熟练掌握各种技能,而且要让学生具备对某种技术的举一反三的应用能力,使他们经历持续改进或创新现有工艺、产品、生产过程、管理过程或服务方式的完整的技术活动过程。要围绕具备复合型、创新型、发展型这三个特征要素,来制定新的人才培养方案和课程体系。教学设计的逻辑起点要更新。不仅要从岗位或职业的需求出发,而且还要从培养学生具备一定的技术消化、吸收、改良、反求、创新能力的需求出发,来作为教学设计的逻辑起点。实践教学内容要更新,不仅要强化技能训练,而且要同时强化技术训练。除了必须要体现生产过程或工作过程中应知应会的职业岗位要求,同时要体现职业技术教育的"技术教育"特性:真刀真枪地让学生进行技术开发的训练,防止实践教学简单肤浅和低水平重复的弊病。

3.申论要求

(1)结合给定材料,概括当前职业技术教育存在的问题。要求:分析深入、全面,有条理,不超过200字。(20分)

(2)针对职业技术教育问题提出具体措施。要求:对策合理、有针对性,不超过400字。(30分)

(3)如果说以前我国对职业教育还不够重视的话,现在我们已经认识到了职业教育的重要性,已经解决了由无到有的问题,可是如何做到由有到优,还值得我们认真探讨。根据你的认识,写一篇探讨职业教育的发展的文章,题目自拟。(50分)

要求:(1)中心明确,语句通顺;

(2)联系实际,可以不拘泥于给定资料;

(3)不超过 1000 字。

(五)反思提升

(1)读懂材料是基础。要认真研读给定材料,由表及里,由现象到本质,明确测试意图,抓住材料核心,为拟案及论述打基础。

(2)理清思路是关键。无论是概括材料,还是拟案、论述一定要有一个明确的思路,或纵式结构,或横式结构,或者纵横交错结构,应做到条分缕析,层次分明。

(3)平时积累是重点。申论是综合测试,平时要关心党的路线方针与政策,了解国家法律法规,关注社会与生活中的"热点""焦点""难点",培养自己独立思考与分析问题的能力。

应用能力水平测试(四)

一、单项选择题。(每题 1 分,共 25 分,将正确选项填写在括号里)

1.合同是平等主体的自然人、法人、其他组织之间设立、变更、终止(   )权利义务关系的协议。

    A.刑事   B.民事   C.行政   D.生活

2.在签订合同时,首先要表述明确的项目是(   )。

    A.标的   B.数量   C.质量   D.价款与酬金

3.数量关系到当事人权利与义务的大小,是确定标的物的(   )。

    A.具体内容   B.数字概念   C.核心条款   D.重要工具

4.确认合同是否按时履行或延期履行的标准是(   )。

    A.履行的期限   B.履行的地点   C.履行的方式   D.履行的对象

5.合同的违约责任不可以是(   )。

    A.赔偿金   B.违约金   C.退还订金   D.人身伤害

6.招标书具有(   )。

    A.保密性   B.公开性   C.随意性   D.猜测性

7.投标书的正文包括(　　　)和主体两部分。

　　A.事实确凿　　　　　B.数据准确　　　　　C.分析透彻　　　　　D.客观预测

8.民事起诉状中的具状人是指(　　　)。

　　A.被告　　　　　　　B.第三人　　　　　　C.诉讼代理人　　　　D.原告

9.刑事自诉状中自诉人是指(　　　)。

　　A.被告　　　　　　　B.原告　　　　　　　C.代理人　　　　　　D.检察机关

10.行政起诉状的被告一般是指(　　　)。

　　A.公民　　　　　　　B.社会组织　　　　　C.行政机关　　　　　D.法人

11.民事答辩状的答辩人是指(　　　)

　　A.第三人　　　　　　B.原告或上诉人　　　C.诉讼参加人　　　　D.被告或被上诉人

12.刑事答辩状的答辩理由具有(　　　)

　　A.单一性　　　　　　B.多样性　　　　　　C.复杂性　　　　　　D.针对性

13.行政答辩状的诉讼请求一般是要求(　　　)

　　A.必须维持具体行政行为

　　B.撤销具体行政行为

　　C.对具体行政行为维持,部分撤销,或是表示愿意重新作出具体行政行为

　　D.反诉公民行为的不合法性

14.行政诉讼中(　　　)对诉讼的具体行政行为负有举证责任

　　A.被告　　　　　　　B.原告　　　　　　　C.法院　　　　　　　D.第三人

15.实习报告核心内容是(　　　)

　　A.实习内容　　　　　B.实习目的　　　　　C.实习时间　　　　　D.实习地点

16.撰写毕业论文是高等院校(　　　)中的一个重要环节。

　　A.事务　　　　　　　B.教学　　　　　　　C.公务　　　　　　　D.政务

17.(　　　)是毕业论文写作之本。

　　A.创造性　　　　　　B.专业性　　　　　　C.科学性　　　　　　D.规范性

18.毕业论文引言的写作应做到言简意赅,不与(　　　)雷同。

　　A.前置　　　　　　　B.主体　　　　　　　C.附录　　　　　　　D.结尾

19.毕业论文写作的三个重要环节,即确定选题、收集材料和(　　　)。

　　A.编写提纲　　　　　B.论证阐述　　　　　C.参考文献　　　　　D.总结规律

20.毕业论文的格式中(　　　)部分是核心和重点。

　　A.主体　　　　　　　B.前置　　　　　　　C.附录　　　　　　　D.结尾

21.求职文书的主要特点是(　　　)。

　　　A.谦虚谨慎　　　　B.扬长避短　　　　C.夸张渲染　　　　D.刻意低调

22.求职信中应着力陈述的主体部分是(　　　)。

　　　A.求职目标　　　　B.求职缘由　　　　C.求职条件　　　　D.求职要求

23.求职信要简明扼要,一般以(　　　)左右为宜。

　　　A.300字　　　　　B.500字　　　　　C.1000字　　　　D.2000字

24.申论是(　　　)录用考试中的笔试科目。

　　　A.公务员　　　　　B.教师　　　　　　C.医生　　　　　　D.律师

25.申论考试中,针对主要问题提出解决问题的办法和可行性方案为(　　　)。

　　　A.提出对策　　　　B.概括问题　　　　C.申明看法　　　　D.发出号召

二、多项选择题。(每题有2至5个正确选项,未选全、错选均不得分,每小题2分, 共20分,将正确选项填写在括号里)

1.订立合同应遵循的原则是(　　　　　)。

　　　A.平等公平　　B.自愿协商　　C.诚实信用　　D.条款齐备　　E.遵纪守法

2.合同的主要条款应包括(　　　　　)。

　　　A.价款或酬金　　　　　　B.数量和质量　　　　　　C.标的

　　　D.违约责任　　　　　　　E.履约的期限、地点、方式

3.按招标的范围分,招标书可分为(　　　　　)。

　　　A.国际招标书　　B.地区招标书　　C.国内招标书　　D.省际招标书　　E.区县招标书

4.按招标的物划分,投标书可分为(　　　　　)。

　　　A.货物投标书　　B.工程投标书　　C.服务投标书　　D.经济投标书　　E.文化招标书

5.我国三大诉讼法是指(　　　　　)。

　　　A.民事诉讼法　　　　　　B.刑事诉讼法　　　　　　C.行政诉讼法

　　　D.治安处罚条例　　　　　E.刑事附带民事诉讼法

6.刑事自诉状中,尾部包括(　　　　　)。

　　　A.原告　　　　B.被告　　　　C.具状人　　　D.日期　　　　E.附项

7.实习报告按照内容可分为(　　　　　)。

　　　A.教学实习报告　　　　　B.生产实习报告　　　　　C.课程实习报告

　　　D.毕业实习报告　　　　　E.顶岗实习报告

8.毕业论文的主要特点有(　　　　　)。

　　　A.创新性　　　　B.客观性　　　C.学术性　　　D.普遍性　　　E.周知性

9.求职文书要扬长避短,是指(　　　　　)。

　　A.虚构长处　　　　　　B.可说点假话　　　　　　C.写出"闪光点"

　　D.夸大长处　　　　　　E.排除对实现求职目标不利的因素

10.申论考试的测评功能,涵盖了(　　　　　)两种考试形式。

　　A.策论　　　　B.作文　　　　C.阅读　　　　D.理解　　　　E.表达

三、判断题。(每题 1 分,共 10 分)

1.感谢信、贺信、慰问信常以文种为标题。　　　　　　　　　　　(　)

2.感谢信具有感谢和表扬作用。　　　　　　　　　　　　　　　(　)

3.签订合同前所交纳的定金可以写作订金。　　　　　　　　　　(　)

4.招标书和投标书都具有法律效力。　　　　　　　　　　　　　(　)

5.意向书和协议书均具有法律效力。　　　　　　　　　　　　　(　)

6.刑事自诉状可以附带民事诉讼。　　　　　　　　　　　　　　(　)

7.行政起诉状可以起诉相关的法律法规。　　　　　　　　　　　(　)

8.实习报告应实事求是,材料具体。　　　　　　　　　　　　　(　)

9.求职信应全面完整地陈述自己的种种优点。　　　　　　　　　(　)

10.申论考试是模拟公务员日常工作性质的能力测试。　　　　　　(　)

四、改错题。(每小题 2 分,共 20 分)

1.合同标题:合同与协议

改:

2.合同标的、数量与质量:甲方向乙方购买市场上公认的名牌服装一批。

改:

3.卖方履行合同时间:尽量提前将买方所需货物交给买方。

改:

4.合同履行的地点:乙方负责将货物运到甲方所在城市。

改:

5.买方履行合同方式:订立合同后先交一部分货款,货到验收后再付余款。

改:

6.民事起诉状请求理由:请求法院依法追究被告的刑事责任。

改:

7.刑事自诉状致送机关:重庆市渝中区人民检察院。

改:

8.行政起诉状诉讼请求:撤销行政处罚法。

改:

9.求职文书称谓:亲爱的师兄。

改:

10.求职文书结语:请公司务必录用我。

改:

五、写作题。(共 25 分)

1.根据下面所给材料(可适当增补)拟写一份合同。

立原公司法定代表人是王德。他在 2023 年 3 月 3 日那天,同华福药材场的法定代表人文远进行了商谈,会谈是在鲁宁县闲居宾馆举行的。药材场同意卖 900 千克枸杞给立原公司,全部是"宁红"牌特级品。枸杞先用标准塑料袋装,每袋净重 0.5 千克。外用纸盒包装,每盒 40 袋。每千克单价 30 元,共计 27000 元(含包装费)。这是他们协商定下来的。双方商定交货日期为 2023 年 10 月 6 日至 14 日。由立原公司派人派车到药材场去提货,验货后用转账支票付清货款,然后运回。如果违约,违约方要被处以货款总额 12%的违约金。装运费由立原公司自己出。

2.请根据下列案例,拟写一份民事起诉状和民事答辩状。

某贸易公司将本单位一辆已使用 12 年的汽车向保险公司投保,投保种类是全险,投保金额为 30 万元,保险公司足额收费后签发了保险单。

保险期内,该车被盗,查无下落,贸易公司遂向法院提出诉讼,要求保险公司按 30 万元的 80%即 24 万元理赔,理由是:1.保险金额 30 万元,是投保人与保险人协商确定的;2.该车购置虽 12 年,但因很少使用,且保养很好,所以认定价值为 30 万元符合实际,保险金额没有超过实际价值,且保险公司已按保险金额 30 万元计收了保险费。

保险公司只同意给予 10 万元的 80%即 8 万元,理由是保险单正本背面印载了《机动车辆保险条款》,《条款》中已载明:"险车辆实际价值按下列公式确定:实际价值=新车购置/国家规定使用年限×(国家规定使用年限-已使用年限)。"

3.请根据下面的招聘启事写一封求职信。

××公司诚聘员工启事

本公司主营摩托车制造,因业务拓展,经有关部门批准,向社会公开招聘员工20名。招聘具体事项如下:

一、招聘岗位:文秘2名、电脑操作员3名、公关策划2名、营销员8名(其中常驻外地5名)、流水线维修员2名、电气设备管理员1名、会计员1名、出纳员1名。

二、应聘条件:大专以上学历、年龄35岁以下,品德优良,身体健康,有住房者优先。

三、公司地址:××市××街××号邮政编码:××××××

联系电话:××××××××

联系人:张先生、王小姐

××公司人事部

××××年×月×日

参考文献

[1] 杨怀勇.应用文写作[M].长沙:湖南教育出版社,2009.

[2] 张家恕,等.现代应用写作教程[M].重庆:重庆出版社,2006.

[3] 岳海翔.专业化最新公文写作人员能力培训速成大全[M].北京:东方出版社,2020.

[4] 孙绍玲.应用文写作[M].大连:东北财经大学出版社,2006.

[5] 叶坤娓.新编实用文体写作教程[M].长沙:中南大学出版社,2007.

[6] 杨文丰.实用经济文书写作[M].北京:中国人民大学出版社,2006.

[7] 郑敬东.现代应用文导写[M].重庆:重庆出版社,2001.

[8] 张洪英,等.应用写作教程[M].成都:西南交通大学出版社,2008.